KOREAN DREAM

3・1独立運動 100周年記念版

統一コリアへのビジョン

ヒョンジン・プレストン・ムン
Hyun Jin Preston Moon

幻冬舎MC

KOREAN DREAM

3・1独立運動100周年記念版

統一コリアへのビジョン

私はこの著書を、
コリアン・ドリームの実現のために生涯を捧げた
私の父、Rev. Dr. ソンミョン・ムンに捧げます。

AWARDS
受　賞

ウォール・ストリート・ジャーナル　ベストセラー（2020年）

ワシントン・ポスト　ベストセラー（2020年）

ロサンゼルス・タイムズ　ベストセラー（2020年）

アメリカ国防情報局 長官読書リスト（2018年）

韓国出版文化芸術大賞 ブック・オブ・ザ・イヤー（2014年）

序文

本書の執筆とコリアン・ドリームの概念を明確に表現できたことは、いくつかの要因が合わさってなされたものである。第一には、私の家族の背景によるものがある。私の父は、分断された2つのコリアを癒やすために生涯を捧げた。父は、朝鮮半島の統一には世界平和実現に向けたグローバルな基盤作りが不可欠であると考えた。彼は、この信念のために北朝鮮の強制労働収容所で苦難に耐えながらも、1991年に金日成との会談を通して、最終的に北朝鮮の門戸を開く道を開拓した。私の家系をもう少し遡ると、父の大叔父にあたる文潤国牧師は、1919年の朝鮮独立宣言書の起草に関わっている。

このような背景に加え、私は常に歴史を熱心に学び、特に朝鮮半島に関心を持ってきた。コロンビア大学では、第二次世界大戦が終結した1945年から朝鮮戦争が始まった1950年までの戦間期に関する卒業論文を提出した。コロンビア大学で歴史を専攻し、ハーバード大学で経営学修士（MBA）、統一神学校で宗教教育学修士を取得した後、私は父の世界平和活動、特に朝鮮半島統一への取り組みを近くで手伝うことになった。歴史から、経営、宗教までの様々な学歴を持つ私は、統一という課題やビジョン、原則、具体的な成果の重要性について、独自の視点を持つことができた。

私にとって、統一が何を生み出すべきかを明確にしないまま、事後対応的な政策決定によって今後の道筋を決めるべきではない。むしろ、私たちのユニークな歴史的遺産によって形成された朝鮮民族としてのアイデンティティーから出発すべきである。そして、そのアイデンティティーが私たちの運命を規定し、ひいては統一の目標と世界における私たちのより大きな役割を明らかにするのである。

幼少期から現在に至るまで、私は世界の多くの国々を見て回る機会があった。特に、南半球の新興国を訪問することが多かった。私は世界的な平和運動を主導し、これらの国々で数多くの奉仕活動、教育、ビジネスプロジェクトを立ち上げてきた。こうしたグローバルな基盤を通して、国際関係や発展途上国の課題、そして統一コリアが両方の課題で果たすべき役割について、独自の視点を持つようになったのだ。

私の家族や、私自身の教育的背景、そして人生経験と実績のすべてが、本書で紹介する概念を誕生させたのである。本書は、統一の政策やプロセスについて述べるものではない。統一の過程を論じる前に、先行すべき指標として、羅針盤の役割を担うビジョン、いわばコリアンの歴史とアイデンティティーと運命に対する熱望を表したものである。

この本は、もともと韓国人に向けて書かれた。私は、この本が現在の政治的分裂を乗り越え、韓国国民をひとつにする力を持っていると信じる。そして、コリアンが現在の価値と優先順位を見直し、歴史に刻まれた最高の理想、特に「弘益人間」の原則に忠実に生きることを求める。これは、過去にとらわれず、未来に目を向けることを意味する。それは、普遍的な原則と価値に基づき、北東アジアにより大きな平和と安全、そして繁栄をもたらす国を創ることを意味するのだ。

朝鮮半島の原則に基づいた統一の追求は、北東アジア地域全体に広く影響を与えることになることから、２０１４年初版の韓国語版『コリアン・ドリーム』に続き、２０１５年に日本語版を出版した。

朝鮮半島の将来は、北東アジアという枠をはるかに超えた領域にまで影響を及ぼす。良くも悪くも、世界の平和と繁栄に影響を与えるだろう。特にアメリカは、この地域に、地政学的、安全保障的、経済的に強い関心を持っている。さらに重要なのは、韓国と深い絆で結ばれていることである。アメリカ人は朝鮮戦争で韓国の自由を守るために、韓国の兄弟たちと一緒に血を流した。

それ以来、両国の関係は緊密化し、韓国はアメリカの最も強力な同盟国のひとつとなった。また、韓国は今日世界の舞台でリーダーとして活躍し、アメリカや他の先進国とのパートナーとして目覚しい成長を遂げている。つまり、アメリカの利益は韓国と密接に連携しているのだ。とりわけ両国は私の著書の中心テーマである基本的かつ普遍的な原則と価値に立脚し、それを尊重しているからである。

このような思いから、私は、英語圏、特にアメリカ人に『コリアン・ドリーム』を紹介することを光栄に思う。アメリカにはコリアンの友人がたくさんいて、両国の未来が結びついていることを理解している。また、アメリカにはコリアンが増え、祖先の土地に絆を感じながらも韓国語を読むことができないコリアン2世、3世がたくさんいる。英語版は、そのような読者のために、原則の土台の上に統一されたコリアから派生する大きな可能性を示し、その夢の進展を支援するために作成されたものである。コリアン・ドリームを体現した統一民族は、アジアの平和と繁栄の触媒となるばかりでなく、多くの問題を克服する強力なモデルとなる。それはまた、今日の世界を引き裂いている多くの紛争を克服するための強力なモデルを提供するものである。

今日の状況は、平和的統一の可能性をより現実的なものにしている。2014年以降、私たちは統一のビジョンが、遠い将来の話から今や国際的な注目の中心を占めるようになったことを目の当たりにしている。だからこそ、統一のための強力な道徳的基盤を準備し、構築することが急務なのだ。

２０１４年8月、ローマ教皇フランシスコ一世は韓国を訪問し、北朝鮮と韓国の和解を促し、平和への新しいアプローチの探求を促した。そしてすべての韓国人に対し、「朝鮮民族の最も崇高な伝統的価値によって形成された文化をつくってください」と語った。

本書では、その伝統的価値の上につくられるべきコリアの未来のビジョンと、それに向かう我々の運命について紹介したい。

ヒョンジン・プレストン・ムン（文顯進）

目次

統一コリアへのビジョン
KOREAN DREAM

第2章 分断された祖国の子どもたち——悲しみと苦悩に満ちた分断の歴史

第3章 今がチャンスだ——朝鮮半島統一への機会と課題

第4章 古きをたずねて新しきを知る――朝鮮の精神的遺産に目覚める

第5章 民衆の力――国家を動かした事例と朝鮮半島統一への道

第6章 政府だけではない――コリアン・ドリーム実現への市民社会の役割

第7章
世界平和のビジョン──コリアン・ドリームから“One Family Under God”へ

第8章

夢の実現——大義を果たす先導者となって

装丁◎うちきば がんた

第 1 章

ビジョンの力

――朝鮮半島の統一が偉大な夢によって鼓舞されなければならない理由

私はコリアン・ドリームが朝鮮半島の統一に対する
念願を超えて、朝鮮民族の建国神話を起源とする
朝鮮民族の召命であるということを明らかにしたい。
この召命は弘益人間のビジョンであり、
朝鮮民族の歴史の中に息づいている。
これは朝鮮民族が誇りとすべきアイデンティティーの礎であり、
朝鮮半島、さらには東北アジアと人類の未来に
偉大な影響を与えるものになるだろう。
それが今韓国人一人ひとりの手にかかっているのである。

ひとりの夢は“夢”にすぎないが、
すべての人が同じ夢を見る時、
それは“現実”になる。

チンギス・ハン

朝鮮民族は、五〇〇〇年にわたる悠久の歴史の中で、同一言語を基盤とする固有の文化・伝統を共有してきた単一民族である。しかし、第二次世界大戦終戦前の時代において、西側自由陣営と、ソ連をはじめとする東側諸国共産圏の対決による新たな地政学的緊張の渦の中で、民族の意志とは関係なく南北に分断されることになった。このことは朝鮮民族にとって癒えることのない傷として残ったばかりでなく、その弊害は朝鮮半島だけでなく東北アジアや世界の安寧さえも脅かしてきた。

立ち遅れた農業に依存していた韓国経済は、漢江の奇跡を通じて、わずか半世紀で、今日の製造業と貿易と技術分野をリードする、世界14位の経済大国にまで成長した。しかし、このような経済発展は多くの犠牲を生んだのも事実である。物質的豊かさを追求し、西欧的な進歩主義と大衆文化を受容する過程において、我々の貴重な文化伝統と価値の相当部分が喪失されてしまったのである。韓国人と北朝鮮人の血の中には、長い苦難の歳月を共に耐え抜いた歴史の遺伝子が流れている。しかし、同一民族という認識が希薄化する中、世代を経るごとに、国民の心の中で、統一に対する希望や今まさになすべきことであるという意識すらも、徐々に色褪せているというのが実情である。

北朝鮮は事実上ひとつの巨大なブラックホールに変わってしまった。夜間に人工衛星から見下ろしたソウル、釜山、東京、北京をはじめとする東アジアの主要都市、そして、中国の幅広い沿岸都市は燦々と光り輝いているにもかかわらず、南北が分断された休戦ライン以北の豆満江と鴨緑江に至る北朝鮮地域は、一面闇に覆われている。一筋の光も滲み出ない漆黒の闇は、希望を見いだせない北朝鮮の現実を否応なく見せつけている。北朝鮮民の長きにわたる貧困と飢餓は、一向に解決の兆しを見ることがない。何より深刻な問題は、北朝鮮民には最小限の自由や人権すらも許されていないという事実である。

北朝鮮との接触や、それに関わる情報が大幅に制限されているため、韓国国民は北朝鮮の現実を身近に感じることがない。ソ連の崩壊によって共産主義の失敗が決定的となったにもかかわらず、北朝鮮は使い古された理念と体制を捨てることができず、未だ冷戦時代の思考にまみれた政治・経済・体制を敷いている。こうした現実は、社会・政治・経済面における南北の格差を拡大させ、時代の経過とともに統一をより困難なものにしているのである。

しかし、単一民族として共に守り抜いてきた五〇〇〇年の歴史から見れば、１９４８年の政府樹立・分断以降の67年という歳月は、大海に落ちる雨の一滴のような、極めて小さなパートにすぎない。今日、朝鮮民族は、現在の分断状態からより視線を高め、共通した歴史的経験、伝統、文化に基づく新しい統一の未来を模索すべき岐路に立っている。

大きな夢（ビッグ・ドリーム）を信じる私は、いかなる挑戦にも堂々と立ち向かい、歴史的なチャンスを見いだす力量が韓国にあると信じている。私は本書を通して、この想いを説明するとともに、朝鮮半島と東北アジア、そして世界を変える新しいビジョンを提示したいと思う。

では、その夢というのは具体的にどのようなものだろうか？　その問いに答える前に、私は『人類史はいつの時代も夢を見る人たちによって発展してきた』という点を強調したい。夢がある人は時代の限界を超えて新しい可能性を模索し、人々がその夢を実現するようなインスピレーションを与えてくれる。そして一定の過程を経た後、予測もつかない驚くべき方法で世の中に変化をもたらすのである。これを証明する東西洋のふたつの例を紹介したいと思う。

チンギス・ハンの夢――ひとつの天の下のひとつの世界――

チンギス・ハンは「ひとつの天の下のひとつの世界」を夢見ていた。広大な領土を征服し、巨大な帝国を建設した彼が、どのように自身の夢を成し遂げたのかを探索する過程において、我々はいくつかの教訓を発見することができる。

13世紀前半、チンギス・ハンは機動性に優れ訓練の行き届いた騎兵隊を率いて、モンゴル平原地帯を制圧した。迅速な軍事作戦によって、彼は、アレクサンダー大王やローマ帝国よりも広大な、歴史上類を見ない大帝国を短期間に建設し、その影響力は、東には朝鮮半島、西にはポーランド、北にはシベリア、南にはペルシヤとインドにまで及んだのである。

彼は優れた組織リーダーであり、軍事戦略家であった。第一次世界大戦が終わった後、機甲戦の専門家たちは、戦車の戦略的使用のための資料として、彼が駆使した軍事作戦を研究したりもした。近代インド初代首相であり独立指導者のジャワハルラル・ネルーは、「チンギス・ハンの前では、アレクサンダーやシーザーも霞んで見える」と語った。

チンギス・ハンが軍事的に優れた能力を持っていたことは明らかであるが、これだけで彼の成功を説明することはできない。彼が育った場所は、先祖代々暮らしを営んできた寂莫たるモンゴル草原地帯である。様々な場所に移り住んできた遊牧民にとって、戦争は日常と隣り合わせであり、部族間の反目と分裂という暴力の悪循環に苛まれてきた。

チンギス・ハンもそのような環境の中で、苦しい時期を過ごさなければならなかった。幼少時、族長だった父の死後、兄弟らは母と共に家門から追放され、盗賊の群れに交じって生きるしかなく、後には彼の最初の妻となるボルテが、敵軍のメルキト部族の戦士らに拉致され、捕虜にされるという屈辱を味わったりもした。

しかし彼はそのような逆境にも屈せず、かえって現実にとらわれない大きな夢を追い求めたのである。親族だけを保護し競争者を打倒するという部族長の枠を超えてモンゴル部族をひとつに統合し、数世紀にわたって続いた闘争の歴史を終わらせるという夢である。その夢を追求した結果、ついに彼は以後数世紀にわたって、ユーラシア大陸の版図を塗り替えるような国家を誕生させたのである。

チンギス・ハンは、「ひとりの夢は〝夢〟にすぎないが、すべての人が同じ夢を見る時、それは〝現実〟になる」と言ったが、この夢の力こそが彼の成功の秘訣であると言っても過言ではない。彼も他の部族長と同様に部族間衝突の解決に武力を用いたが、モンゴル部族を統合させた力は、他でもなく彼の夢だった。

「奴隷は仕方なく服従するが、自由人は自ら選択して従う」という言葉がある。偉大なリーダーは、追従者を奴隷のように服従させるのではなく、自分の意志を彼らと調和させることによって、未来を導く夢やビジョンとして昇華させる。チンギス・ハンは自分についてきたモンゴルの人々の意志はもちろん、モンゴルと接する地域の人々の意志までひとつに結束させ、彼の征服の動機となった夢を皆が共に追求するように仕向けたのである。このようにしてチンギス・ハンはモンゴル部族をひとつに統合し、以後ヨーロッパ大陸までその勢力を拡大したのである。

チンギス・ハンを駆り立てた「ひとつの天の下のひとつの世界」というビジョンはシンプルだが、その中には奥深い意味が込められている。実にこの夢は世界平和へ向かう究極の鍵だったのである。このような夢の結実は、アメリカの文化人類学者であるジャック・ウェザーフォードが、彼の著書『パックス・モンゴリカ：チンギス・ハンがつくった新世界（Genghis Khan and the Making of the Modern World)』の中で言及している「モンゴル帝国の持続的普遍主義」に表れている。彼は、モンゴル人たちが、「普遍的文化と世界秩序の基礎」を根付かせたと評価している。

「ひとつの天の下」は、単なる言葉のあやではなく、チンギス・ハンが抱いた夢の核心なのである。彼は平和と繁栄の鍵が、神が定めた普遍的秩序にあると信じていた。ネルーは偉大な平和主義者だったにもかかわらず、チンギス・ハンに魅了された。それは彼が優れた軍事戦略家であると同時に、より次元の高い偉大な人物だということに気付いたからである。ネルーは、チンギス・ハンの「絶対不変の法則」を信じており、「不変の法則には誰も抗うことができない。皇帝であってもこれに服従しなければならない」という彼の信念に感銘を受けた。

このような観念に基づき、チンギス・ハンは、基本的自由と初期段階の人権の観念に根付いた、普遍的かつ容易に適応可能な法律を発布した。ウェザーフォードは、モンゴル帝国の法と体制の中で、帝国滅亡後にも長い期間にわたって持続したグローバル文化の初期形態を発見したが、「自由な商取引、開放的な意思疎通、知識の共有、世俗政治、宗教の共存、国際法、外交免責特権」等がその例である。

これらはすべてチンギス・ハンの夢が実現させたものである。抑圧と葛藤の要素を和らげるため、帝国は征服地域の文化を尊重し、宗教の自由を認めた。モンゴル人は、社会的身分ではなく能力によって優遇される社会を志向し、身分制度を廃止し、現地支配階層が享受していた独占的権力を打破した。それだけでなく、女性差別を減らし、すべての人間の命の尊厳を擁護し、多文化、多人種、多宗教間の結婚を奨励した。

モンゴル法典のヤサは、帝国全体で長きにわたって部族間紛争と葛藤を引き起こしてきた原因を抑制することにより、平和と繁栄に寄与した。その結果、モンゴル帝国による平和を意味する「パックス・モンゴリカ」は、13世紀中盤にモンゴル帝国の征服が終わる時点から14世紀末まで続いたのである。その影響はユーラシア大陸全体に波及し、俗に「頭に金の塊を乗せた娘も安心して街を闊歩できる」という表現で当時の時代像が描写されている。

このような平和の直接的な受恵者が、イタリアのベネチア出身の探検家マルコポーロである。アジアから中東を経て、東ヨーロッパ全域まで確立された自由貿易と、安定した治安のおかげで無事中国に到着したマルコポーロは、自身の旅行談を『東方見聞録』という本によって広めた。その結果、『東方見聞録』は偉大なチンギス・ハン帝国に対するヨーロッパ人の関心を触発したのである。

帝国の平和統治により東西文明間の交易が活発になり、アジアでつくられた物品や技術がヨーロッパ地域に紹介された。それよってついにヨーロッパは、ローマ帝国没落以降の長い眠りから目覚めることになったのである。もしチンギス・ハンがいなかったとしたら、ヨーロッパはより長い間、眠りから覚めることはなかっただろうし、近代化への発展も遅れていたに違いない。

チンギス・ハンの話は、我々を取り巻く環境がいかに困難で苦しいものであったとしても、現在にとらわれずにより良い未来を夢見る時、それが実現できるという教訓を与えてくれる。その夢が、個人の意志を超えた普遍的な原則・価値に基づき、民族や国家、さらに大陸全体に共有される時、夢は以前には想像もつかないような方法で現実を変える力を持つということを、モンゴル帝国が歴史的に立証したのである。実際にその夢は、啓蒙が遅れていた中世ヨーロッパやアジアにおいて、新しい文化および世界のシステム伝播に力を発揮したのである。

チンギス・ハンの征服の本当の動機が何だったのかについては知る由がない。しかし歴史的に明らかな事実は、チンギス・ハンを動かしたのは権力欲ではなかったということである。彼が立てた「ひとつの天の下のひとつの世界」というビジョンは、権力や身分に関係なく、すべての人に適用される不変の法則の出発点であり、その中に内包された普遍的な念願と原則、価値が、彼を偉大な人物にしたということである。

韓国人はモンゴルやモンゴル民族、そしてモンゴルの歴史に親近感を覚える。韓国とモンゴルは多くの部分で文化的要素が似ているだけでなく、蒙古斑という特徴も共有しているからか、チンギス・ハンの話は格別なものがある。彼を通して、偉大な夢は人間を環境の制約から解き放ち、民族を国家として統合させ、世界を変革する力を与えるということを学ぶことができるのである。

これは単なる歴史上の話ではない。今日の我々の選択や行動が明日を決定し、過去は現在の困難に立ち向かう知恵と力を与えてくれる。我々はチンギス・ハンの例を通して自らに問いかけてみなければならない。祖国の未来と世界のために大きな役割を果たす我々の夢とは、一体何なのだろうか――？

アメリカン・ドリームと近代の胎動

ふたつ目は、近代世界への道を開いた「アメリカン・ドリーム」である。人権と自由に関する近代的思想の胎動の一役を担ったこのアメリカン・ドリームは、今日まで全世界に影響を与えてきた。だが、アメリカン・ドリームとは、正確には一体何なのだろうか？この質問に正しく答えることは、コリアの未来の方向を考えるにあたって重要だ。

第二次世界大戦以降、世界の先導国家として君臨していたアメリカは、今日「唯一残っている超強大国」である。アメリカは建国二百年余りの年月を経て、最も強大な軍事力を有した世界首位の経済大国に成長した。しかし、そのアメリカも、最初から豊かで強力な国家だったわけではない。大部分の土地が未開発であり、その上、独立以前に建設された

13カ州は、すべて大英帝国支配下の農業植民地だった。世界がヨーロッパを中心に回っている時、アメリカは辺境の一大陸にすぎなかったのだ。ではそのアメリカがなぜ、今日のような強力な国家として成長することができたのだろうか。

近代世界出現の一里塚のひとつとして記録されたヨーロッパ人のアメリカへの移住は、ルネサンスと宗教改革によって、ヨーロッパ人の世界観に大きな変化が起きたことによって発生した。その中における初期定着以降、数世紀にわたる南米と北米の歩みの違いを比較した時、我々はひとつの教訓を得ることができる。今日のラテン・アメリカの政治経済における発展は注目に値するが、歴史を検討すれば、北米の発展とは克明な差があることが分かる。その歴史は、政治腐敗や不安定、独裁政権、非効率的な経済システム、支配階級を除く絶対多数の貧困問題に要約される。

このように、ふたつの地域が全く違う道を辿った根本的な原因は、歴史的に受け継がれたものの出発点が違うという点である。北米大陸は、立憲政治の実施によって最初に市民の「基本権」を保障したイギリス的な伝統に基づいて形成されたが、一方で中南米は、全般的に、旧ヨーロッパの盟主であったスペインの封建的政治・宗教の伝統から影響を受けている。また、イベリア半島では封建体制が弱ってきた時点で再び絶対君主制に立ち戻っている。

韓国で生まれアメリカで教育を受けた私としては、アメリカの歴史に興味を引かれ、この国の成功の秘訣やアメリカン・ドリームの真の意味が何なのかについて研究を重ねてきた。世界の多くの人々がアメリカへの移民を希望する理由はどこにあるのだろうか？　そして私はアメリカン・ドリームの核心とは、物質的な面に見いだすものではないということを悟った。アメリカン・ドリームとは、大きな家でもスタイリッシュな車でも、また子女の教育でもなく、それこそまさに建国の基礎となった、原則や価値にあることを発見したのである。

13カ州の植民地における住民が、イギリスから独立を勝ち取るために糾号したことは、アメリカと世界史におけるひとつの分水嶺となった。アメリカ移住者たちは「イギリス生まれ」には与えられる臣民としての権利が、植民としての自分たちには許されていないと抗議した。植民地も厳然とした大英帝国の領土であり、その住民のほとんどがイギリス系の子孫である限りにおいて、彼らは自分たちも議会に代表者を送る資格があると信じたのである。しかし一切の代議権や請求権すらなく、政府の恣意的な命令に一方的に従わなければならないという事実に憤慨したのである。

アメリカの独立戦争以前にも世界各地で数多くの反乱や蜂起がありはしたものの、いずれも神から賦与された普遍的原則に訴えるものではなかった。そして１７７６年７月４日、新しい国家の理念を提示しながら、独立の父たちが独立宣言書を作成、署名し宣布することとなった。これが、アメリカン・ドリーム誕生の瞬間だった。

独立宣言書は、君主の恣意的であり絶対的な権力行使と、それを正当化する王権神授説に対する直接的な挑戦であった。イギリスでは既に国王チャールズ一世との流血内紛が起こり、王権神授説への挑戦が起こったことに加え、１６８８年の名誉革命を通して王の権限を大幅に縮小する立憲君主制が採択されていた。アメリカ建国の父たちは、このようなイギリス的な伝統に基づいて、自分たちの原則を構想することができたのである。

しかし海を挟んだヨーロッパ大陸では、以降長きにわたって王権神授説を土台とした絶対君主制が維持され、厳格な社会身分制度が存続した。神聖ローマ帝国は、事実上帝国としての権威を喪失し、その形態だけを何とか維持する程度であった。その最後の皇帝であるフランツ二世（１７６８～１８３５）は、ナポレオンとの戦争に敗れた後、皇帝としての地位を剥奪され、１８３５年に崩御するまでオーストリアとハンガリー王国の君主フランツ一世として生きた。そのような皇帝のもとで大臣を務めた一人の人物は、皇帝の政策を説明する中で「君主の権威は絶対的であり、その権威に対する一部の人々の参与要求はあり得ない」ということが皇帝の方針であると語った。この言葉は当時の皇帝の政治哲学の根底を如実に表す表現と言えるだろう。

一方アメリカ建国の父は、これとは全く異なる道を歩んだ。君主の権威が絶対的であるという考え方を拒否し、その代わりに独立宣言書には人間の根本的な権利と自由は国家や君主ではなく、創造主が人間に直接賦与したものであると宣言したのである。そして政府設立の目的は、まさにそのような権利を保護するところにあるとされた。

そのため各個人は生まれながらにして創造主から固有の価値を与えられており、その価値は各人に本質的な尊厳と、その尊厳の上におのずと伴う権利の基礎を築くのである。このように、啓蒙された自由・人権の誕生は、普遍的な自由・人権に対する近代的な概念の方向性を提示した。

建国の父たちは、平等な人権と根本的な自由の原則は、市民がこれを責任をもって用いることができる徳性を備えた場合にのみ、効果があると考えた。自由市民は高い道徳基準に従わなければならないが、これは言い換えれば徳を備え自らを治めることができる人物のことを言う。大陸会議の代表として活躍したジョン・アダムスが、その意味をおそらく最も的確に表現しているが、彼は「我々の憲法は、もっぱら道徳的で宗教的な人々のためにつくられており、これは他の政府には全く該当しないものである」と言った。

アメリカが宗教の自由をなぜそれほど重要視したのか、その理由がまさにここにある。人々が自由に宗教を選択できるだけでなく、彼らの宗教が求める美徳が大衆に大きな影響力を行使できる雰囲気をつくり上げるためであった。ジョージ・ワシントンは「……理性や経験を通じても、宗教的原則が排除された状態では、国家の道徳性が芽生えることはない」と語った。

実際にアメリカは、個人の自由と権利に対する保障を最高の価値に引き上げ、例を見ない革命的実験を敢行したのであった。それはアメリカに新たに定着する移民者の人生観を形成し、情熱が投入されるビジョンとなった。そのようにしてアメリカに「神の下のひとつの国家（One Nation Under God）」の建設という目標が立てられたのである。

多くの人が、アメリカの力は民主的な政治制度や自由市場経済体制に由来すると信じているが、政治経済のシステムが成功するか失敗するかは、そのシステムの中で働く人々を導き、動機を与える原則と価値によって決定される。ヒトラーが、当時民主国家であったワイマール共和国で、選挙により権力を握ったという事実は、民主的な手順のみで自由が保障されるものではないということを示している。２００８年、グローバル金融危機の震源地となったウォール街の事例も同様である。自由市場や資本主義体制が整っていたとしても、倫理的基準が不在、もしくは国民が倫理的基準を重視しないのであれば、近視眼的な貪欲と権力に向かう利己的な欲望から、自らを保護する手順や制度は存在しなくなってしまう。

アメリカ建国の原則・価値は、全歴史を通して政治経済システムの中に息づいており、活力とチャンス、自由に満ちた現在のアメリカを築いてきた。初代大統領のジョージ・ワシントンは辞任演説で「美徳と道徳が、国民政府の源泉」であると述べた。これが真の意味でアメリカの発展を導いたと言っても過言ではない。極めて精神的な原則・価値を、内面化、具体化、明文化したことにより、美徳・徳性を備えた国家を志向した国が建国を迎えたのである。

アメリカの歴史において、危機の度に独立宣言書が登場する理由がまさにここにある。これは現在を点検するひとつの試金石であり、建国の理念に則った未来へ導く案内書である。奴隷解放直前のアブラハム・リンカーン大統領は、ゲティスバーグ演説を通して、南北連合の攻撃によって始まった南北戦争について、人種に関係なくすべての人々が真に平等な社会を築くという独立宣言書の内容の実現に対する挑戦であると位置づけた。この精神はマーティン・ルーサー・キング牧師の「私には夢がある」から始まる演説につながった。１９６０年代、公民権運動が最高潮に達していた時点において、キング牧師はアメリカ人に対して独立宣言書に刻まれた原則を想起させながら、このような理想に反する人種差別と不平等の不当性に対して審判することを要求した。

言うなれば独立宣言書に込められた原則と価値がアメリカの歴史を発展させ、危機を克服し、アメリカ人を団結させたということである。海上において羅針盤で航路を確認するように、独立宣言書は建国のビジョンを示す案内書として、国民の政府と自由市場がより高い理想に向かうよう促し、アメリカをはじめとする全世界にその叡智を与えた。これは、全世界の抑圧を受けていた人々にとって希望のアジアの灯火となった。そして母国でその保護を受けることができず、機会や自由を得られない人々は「生命と自由、幸福」を求め、アメリカを目指したのである。

独立宣言書の精神はアメリカ社会の革新のための土台となった。自由、先駆性、創意性に代弁される企業家精神は、平凡な人々が「貧民から成金」へと変わる成功談を通して奨励されるようになった。アメリカン・ドリームは、その根幹である精神性のみにとどまらず、企業家たちに実質的な成功の証しとして可視化されることとなった。夢を持つ彼らは、アメリカが提供する機会を十分に活用し、成功のためにはいかなる危険も顧みることがなかった。このような彼らの成功談は次第に多くの人々の先駆的な開拓者精神を鼓吹した。大規模鉄道や高速道路や港が建設され、自由市場経済が花を咲かせ、アメリカ大陸の経済的繁栄をもたらしたことは、そのような「精神」を通して実現したのである。

独立宣言書は、今日においても世界各地でその影響力を及ぼしている。それは人権と自由、そして、人間の尊厳に対する志向性が普遍的なものであるからに他ならない。まさにそれはアメリカ人のためのものではなく、万民のための宣言と言うことができる。アメリカの独立は、世界的に専制君主制を廃止させ、民主主義と自由市場体制に転換する近代的な政治運動を触発したのである。

このような原則は、第二次世界大戦以降も、アメリカがとった外交政策にも垣間見ることができる。戦勝国であり世界唯一の超強大国であるアメリカは、敗戦国であるドイツと日本を植民地化するか、あるいは第一次世界大戦で勝利したイギリスとフランスがドイツに対して行ったのと同様、戦後賠償を求めることもできたが、実際にはそれとは全く異なる道を選択し、かえって敗北した敵対国の経済復興のために援助を行ったのである。これは悲惨な戦争を二度と繰り返すことがないよう、世界平和と繁栄の礎が築かれることを願う原則と理念によるものである。

第二次世界大戦で教訓を得たアメリカは、自国の建国理念を全世界へ拡大させ始めた。今日の国際連合は初期の理想からは遠く離れているものの、アメリカが国連の創設を主導した動機も元来そこに端を発するものである。それ故アメリカは、第三世界の新生国家群の独立を熱烈に支持し、その結果、ついにヨーロッパ列強による植民地時代は幕を下ろしたのである。

アメリカは全世界で自由守護の意志を行動によって示してきた。この目的のためには、どれだけ本土から遠く離れた戦場だとしても、犠牲を厭わず自国の若者を派兵した。それは韓国においても例外ではない。朝鮮戦争においては約4万名のアメリカの若者たちが故郷から遠く離れた朝鮮半島でその命を落とした。なぜアメリカの家族は、遥か彼方の異国の戦場に愛する者を送ることができたのだろうか？　これはアメリカの国が追求する精神的な原則や価値に対する深いコミットメントがなくては到底不可能なことである。つまり言い換えれば、我々人間が神から自由と人権を賦与されており、これを保護することは神が我々に与えた義務であり、自分自身だけでなく、遠い異国の地に住んでいる人々の自由と人権も保護されなければならないという信念があるからこそ可能なのである。

しかし今日のアメリカにおいて、このような崇高な犠牲の精神が、深刻な危機に晒されている。これは世界全体として見た時に不吉な現象と言えるだろう。1961年、ジョン・F・ケネディ大統領は就任式の演説で、「国があなたのために何をしてくれるかではなく、あなたが国のために何ができるかを考えようではありませんか」と語りかけた。しかし今日、犠牲的精神は放縦で利己的な個人主義にその座を奪われようとしている。

これはまさにアメリカ建国の精神が脅かされていることに他ならない。国を支えてきたその精神が揺らぎつつある中、美徳、責任感、自己犠牲に相反する享楽的大衆文化が蔓延《はびこ》り、根本的な原則や価値が存在するという事実を否定する政治哲学は、その勢いを増している。世界へ輸出されるアメリカの大衆文化が、アメリカのイメージを歪ませ、普遍的原則と価値の拡大のためのアメリカの影響力は弱まっている。アメリカが持続的に繁栄を謳歌し、世界における道徳的リーダーシップを発揮するためには、アメリカの建国精神を回復しなければならない。

アメリカ建国の父たちが持っていた夢は、当代世界史において類を見ない国を誕生させた。それだけでなく、世界各地において重要な足跡を残した。普遍的な人権、自由、責任感に対する理想を打ち立て、その理想を実現するために多くの犠牲を払った。もしアメリカがこれ以上このような努力を諦めたとしたら、果たして他の一体誰がこの任を負い、また全うするのだろうか？

では我々韓国人はどうあるべきだろうか？　アメリカは、世界中を舞台に、原則・価値に基づく人間の自由のための戦いをリードしてきた。最初は自国の奴隷解放のための戦いから始まり、後には独裁者や、列強から抑圧を受けていた海外植民地の人々のために戦った。このようなアメリカから我々が学ぶべきことは何だろうか？　現在のアメリカの浅薄な消費主義や放縦な個人主義まで似るべきなのだろうか？　我々は歴史上にいかなる足跡を残そうとしているのだろうか？

弘益人間、朝鮮民族の精神性とコリアン・ドリーム

強大国に囲まれた地政学的な条件によって、朝鮮半島は歴史的に大陸勢力と海洋勢力の相次ぐ侵略に苛まれてきた。とある歴史学者の研究によると、朝鮮半島が長い歴史を通して侵略を受けた回数は９３０回を下らないという調査がなされている。これは、世界史的にも類を見ない過酷で苦しい歴史であり、朝鮮民族は歴史的に弱者の悲しみを持ち合わせ

た民族であることは間違いない。このような歴史過程と経験を通して、朝鮮民族はいかなる性格を帯び、いかに有形の文化を創造してきたのだろうか？
朝鮮民族は、試練と苦難によって、必然的に生に対する省察を余儀なくされ、深い精神的理解と真理を渇望するようになった。そのような衝動が朝鮮民族固有の特性として反映された表現がまさに「恨の民族」である。「恨」は、理不尽や被害に対して復讐を図ったり、怨恨を抱いたりするという意味ではない。むしろそれによって生じる悲しみや悔しさを、愛と許しに昇華するという意味がある。そのような特性は、聖者と呼ばれる人のみに見られる、突出した個別的美徳ではなく、民族の構成員全体に共有され、共同体全体の念願が込められた情緒である。これは一般の人々の日常生活の中で、歌や文学、踊りとして表現されてきた。

このような民族的情緒と共に、朝鮮民族は常に平和を愛してきた。数多くの外界の侵略や挑発にもかかわらず、他の国を侵略した歴史がなかったと言われる。これは周辺国の歴史とは全く異なる特徴である。ではいかにしてこのような特性が朝鮮民族の中に育ったのだろうか？　その答えは、朝鮮民族の独特な精神的遺産の中に表れている。古朝鮮における建国の始祖・檀君は、弘益人間の建国理念と、以道輿治、光明理世、在世理化の思想を土台として国を建設した。このような建国精神は、「人間に広く益をもたらす」という意味の「弘益人間」という精神に要約される。檀君は、「道徳と真理」によって世界を治め（以道輿治）、真理によって世界を啓蒙し（光明理世）、世界で真理が具現化されること（在世理化）を願ったのである。真理の世界を具現化するという夢は、人類の起源が天（ハヌニム）だということと、朝鮮民族が天から世のため人類のために生きよという特別な使命を受けたという理解に基づいている。

私は自身の主催する国際会議において、檀君の話と弘益人間の精神について発表したことがある。その参加者の中、特に2名のアメリカ下院議員は、弘益人間のビジョンが、アメリカの独立宣言書と同じ原則と価値を求めているという説明から檀君神話に深い関心を示し、五〇〇〇年も前にこのような理念に立脚した国がつくられていたという事実に驚きを隠さなかった。人類の歴史が、一般的に、時代にかかわらず権力の源泉を力とし、忠誠心を家族、部族、国家の上に定義してきた一方で、古代の人々が部族と国とを超えて全人類を包括するという崇高なビジョンの下に、高い道徳的原則・価値に基づいて国家を治めたということは、思いもよらないことだったからである。

弘益人間は朝鮮民族が全歴史を通してその気高い理想の実現を望んできた証拠である。

アメリカの誕生と共に人類の思想が今日のような成熟した形になった一方で、朝鮮民族はそれより四〇〇〇年も前に、既に近代的意味で啓蒙された統治思想を発展させていたのである。この事実だけでも、朝鮮民族の歴史は、他の多くの古代文明と比較しても際立っている。他にこのような類の建国理念や哲学を持った国は見当たらない。

私は歴史学や考古学的な観点から檀君の建国神話を取り上げたわけではない。私が言いたいのは、弘益人間こそが朝鮮民族のアイデンティティーの根本であり、過去から綿々と受け継がれてきた民族の歴史という点である。歴史的に、様々な出来事や伝統、文化遺産を通して朝鮮民族は持続的にこの思想を内面化してきた。とりわけ危機が訪れる度にこの「過去」の精神は、抑圧されてきた朝鮮民族に生きる意味と目的を与え続けてきた。結論から先に言えば、古朝鮮の建国エピソードは単なる古代の神話ではなく、実際に朝鮮民族の歴史の根幹を形成しているというのが私の考えである。

人類に奉仕をするという弘益人間の精神の中に表現された当為性によって、有史以来、朝鮮民族は、人間の生というものをいかなる思想よりも大切な価値と見なしてきた。我々は常に、暗示的であれ明示的であれ、人類は皆平等であり、天を代表していると信じてきた。19世紀の東学運動を通して表現された「人乃天」思想は檀君神話に端を発するこのような伝統を如実に表している。「人が即ち天である」という言葉は、人間が幸福な世はすなわち天が幸福な世であり、天が願う世という意味である。

このように、人間性と天の意志に対する独創的な理解は、朝鮮民族に深い精神的悟りを促し、おのずと信心深い性格へと変えていった。このような悟りが建国神話を根とするものであることは確かだが、私個人の見解としては、朝鮮民族が歴史を通して受けた侵略や抑圧、外界の支配、南北の分断といった過酷な試練と苦難によって形成されたものと確信している。朝鮮民族が人の生および精神が持つ重要性を認識するようになった背景には、試練と苦難があったのではないだろうか？　結果的に、朝鮮民族は歴史的に奥深い精神性を養い、他の単一民族とは異なり、多様な信仰に対する開かれた姿勢を備えるようになったのだ。

そのひとつの例が仏教の伝来である。仏教は４世紀の後半、中国の前秦を通して朝鮮半島に初めて紹介された。たとえ外来宗教であったとしても、悟りと精神的覚醒の重要性を強調する仏教の教えは、朝鮮民族が求めてきた精神的理想と重なる部分が多かった。仏教は、既に古代から朝鮮民族社会に大きな影響を与えてきた土俗的伝統と衝突することもなく、体系的かつ形式を備えた厳格な信仰として取り入れられた。そして、弘益人間が主張する大乗的な倫理の伝統を継承した。

注目すべき点としては、それ以後に入ってきた他の外来宗教と同じように、仏教もまた韓国だけの固有な特性に沿ってこれに融和されたということである。さらに、韓国の仏教はより「総体的なアプローチ」を取り入れ、外来宗教として解釈し難い韓国固有の特性を説明するために努力してきた。その土着化の過程において、韓国人の精神的な念願と結合しながら、仏教と国家間の密接な関係が形成された。

三国時代（4～7世紀中盤）には韓国人の宗教・政治分野で仏教の影響力が増大し、高句麗、百済、新羅の三国は仏教を国教として採択した。三国の中で最も後発の新羅は、仏教の教えに基づいた「花郎徒」を育成し、花郎徒は後に三国統一を実現するにあたり、先鋒的な役割を果たした。統一新羅（7世紀末～10世紀初）に続き、高麗時代（10～14世紀）の仏教は宗教生活をはじめとして高等教育を担う学校としての機能と、啓蒙された統治のための諮問機関の役割を果たした。この時期には仏教の教えに倣って主要な国家機関が設立され、統一朝鮮民族という我々のアイデンティティーに安定感と正統性がもたらされることとなった。

一方、朝鮮王朝（14世紀後半～19世紀末）は仏教の影響力を拒否し、儒教の韓国式性理学を国政理念として受け入れた。注目すべきは、性理学が儒教の核心をなす倫理哲学でありながら、土着化の過程で道教や仏教等の教えと融合され、宗教と倫理が混合された固有の理念を形成したという点である。朝鮮王朝は、多分に瞑想的で精神性の追求を重視する仏教よりも、性理学が現実の政治世界と統治理念により有効だと判断した。彼らは国政政治哲学として、家族関係をモデルとする性理学の倫理的教えを選び、国家を国王が父の立場で治めるひとつの広大な大家族と見なした。

朝鮮は「経国大典」を今日で言う憲法と見なすほどに重視し、王朝の寿命が尽きるまで、国家運営の教範とした。「経国大典」は、共通善を涵養《かんよう》する原則と、法によって統治する理想的国家の枠を提示したという点において意義がある。

朝鮮王朝時代は、王と臣下の間に徳と正しい政治を巡る討論がいつになく活発だった時期である。統治者が、国家よりも王個人の利益のために私的に権力を行使できないように、「牽制と均衡」という体系をつくった。これは制限的な形の立憲君主制と言えなくもない。すべての国民の自由と権利を尊重し、「法の上の統治」という理想を追求したのである。驚くべきことは、このような啓蒙された政治的理想が、朝鮮半島の中に自然発生的に生まれたということだけでなく、啓蒙時代の政治哲学者たちの著書を通し、政治思想に革命的変化が起こったヨーロッパよりも、何百年も先駆けて存在したという事実である。

当時、アジアで最も強力な国家であった「明」が、儒教を国家理念として受け入れたため、朝鮮も時代の流れに従い不可避的に儒教を選ぶ他なかったと主張することもできる。無論、朝鮮が明国の影響を受けたという点は否定できないが、孔子が生きていた時代においても、朝鮮民族は「東方禮儀之國の民」という賞賛を受けた。これは文化や政治的影響力の問題とは別に、性理学が朝鮮民族の特性に合い、道徳と法と正義を中心に理想的な国家を建設しようという朝鮮民族の念願があったがために採択されたということを物語っている。

韓国がキリスト教を受容した過程も、やはり世界史において他に見られない事例である。カトリックは200年前、プロテスタントは100年前に朝鮮半島に入ってきた。アジアの他の国とは違い、プロテスタントは韓国で一世紀もの間に主流宗教としての位置を占め、今日、人口の3分の1が自身をキリスト教徒と認識している。北朝鮮の首都である平壌は、一時期「アジアのエルサレム」と呼ばれたが、ここでアメリカの宣教師は、多くの人々が「福音」を聞き、改宗する姿を目撃してきた。

短い歴史しか持たない韓国キリスト教が、今日、全世界のキリスト教伝播の機関車の役割を担っているという事実は、驚くべきことである。世界宣教師派遣数は世界最多であり、宣教活動に行っている地域もそのほとんどが奥地の危険な地域である。韓国プロテスタントは、メガチャーチ復興運動の拡散を呼び起こし、外国の多くのキリスト教牧師らが韓国を訪れてはそれに学んでいる。相対的に歴史の短い外来の宗教が、これほどまで積極性を持っているということは、極めて稀なことである。これを多様な信仰に対する開放性だと解釈することもできるが、朝鮮民族の天性が極めて信心深い民族であるからこそ可能だったのである。

韓国には世界のあらゆる主流宗教が入り交じり、活気に満ちながら、かつ深遠な精神性を持った文化を育み繁栄してきた。一般的に多人種社会に異なる宗教を代表するそれぞれ違った人種と民族の集団が共存するとすれば、その国は多宗教社会となる。韓国のように単一民族でありながら宗教的衝突なく調和をなしている多宗教社会は稀である。これを可能とする理由が実に朝鮮民族の歴史遺産から発見されるのである。

韓国人の精神性の中には弘益人間の理念が深く浸透しているため、我々は理想国家を建設し世界に寄与しようとする国家的熱望をリードする上で宗教が重要な役割をするという点を理解している。このような理解は、朝鮮民族が苦難の歴史の中であらゆる難関を克服しようとする力の源泉でもあった。朝鮮民族は物質的な面のみならず、より大切な精神的真理を渇望しながら、信仰に対する開放的な姿勢を形成してきたのである。

このような理由により、朝鮮民族は苦難や試練がある度に精神的な悟りの中から意味と糸口を見いだすのである。そうして朝鮮民族は世界に奉仕するという神聖なる運命を自覚するのである。理想国家建設の羅針盤は真理である。真理に基づく弘益人間のビジョンは、悠久の歴史を重ねてきた朝鮮民族の希望であり、これこそが朝鮮民族の本質であり遺伝子である。

「すべての人間に益をもたらすこと」が我々の精神の本質だとすれば、コリアン・ドリームが持つ意味は明確である。これは朝鮮半島に平和と繁栄をもたらし、統一民族として東北アジア地域、究極的には世界に益をもたらすものでなければならない。コリアン・ドリームは南北統一に道徳的権威を付与し、世界に対して有益であらんとする情熱の内に平和を愛する啓蒙された国をつくることによって実現する。これこそがコリアン・ドリームであり、朝鮮民族の課題なのである。

統一、コリアン・ドリーム実現のための第一歩

弘益人間のビジョンが朝鮮民族の念願であるとすれば、これを達成するために踏み出すべき最初のステップとは一体何だろうか？　それは他ならぬ南北コリアの統一である。

南と北の分断は、致し方のない「現実」として横たわり、それぞれがその状況を受け入れざるを得ないとは言え、このような状況が未来永劫に続いてはならないと私は考える。分断の継続は、朝鮮民族および周辺国家群、さらに世界全体において莫大なコストを生んでいる重荷以外の何物でもない。北朝鮮の不安定な政治経済と核兵器の開発は、韓国および東アジアをはじめとした全世界の安全保障と経済に対する常時的な脅威である。朝鮮半島の分断はただ韓国だけの問題ではなく、今世紀において人類全体を脅かし得る東アジアをはじめとする世界の問題でもある。私が今日の世界平和において最も重要な課題が南北コリアの統一にあると確信する理由はまさにここにある。

では我々は統一のために一体何をすればいいのだろうか？　どこの誰よりも韓国人がこの問題の糸口を握っているのは疑いの余地がない。東アジアや世界を論じる前に、統一は一次的に韓国国内の問題である。南北コリア当国の間で論議される政治的・経済的・軍事

的問題に先立って、朝鮮半島の分断は朝鮮民族の家族の運命、さらにはアイデンティティーをも揺るがしかねない非人道的な悲劇である。朝鮮民族は過去の歴史やルーツを忘れてしまうのだろうか。

我々は、朝鮮人としての国家意識が始まった時の祖先たちの深淵な夢を忘れてしまうのだろうか？　我々に押し付けられた分裂の状況を受け入れるのだろうか？　悪なる結果を招く、この重荷を未来の世代に渡すのだろうか？　南北双方において、一般的な朝鮮人は、本当に何もできないのだろうか？　それは我々の手の届かない、国や地域、政府の関心事なのだろうか？　我々はそれほどに不十分なのだろうか？……このような疑問が続くのだ。

私は、他人の心を語ることはできないが、私自身は分断された韓国で生きることを望んでおらず、そのような現実を受け入れる気もない。私は可能性を抱き、希望で活気の溢れる統一コリアを夢見ている。過去、現在、未来、そして東西洋の最善の在り方を反映した文明国としての韓国を希求するそのような念願を「コリアン・ドリーム」と名付けたのである。

これは朝鮮民族すべてが共有する夢である。すべての人が共に夢見る時、それは現実となる。我々は人為的に分断された朝鮮半島の腰部を連結し、統一民族および国家として「人間に益をもたらす」という道徳的任務と天命を完遂しなければならない。アジア人初のノーベル文学賞受賞者であるラビーンドラナート・タゴールは「東方の灯火」という詩で次のように予言した。

かつてアジアの黄金時代に輝く灯火のひとつであったコリア
その灯火が再び明かりを照らす日には、あなたは東方の明るい灯火になるであろう

地政学的・経済的な脈絡で見る時、現在世界の力の中心は大西洋から環太平洋地域へ移動している。ここで韓国は実質的に大きな影響を与え得る非常に特殊な地理的・歴史的・政治的・経済的位置に立っている。何よりも今、韓国は冷戦時代最後の残債を整理し、凄絶なる歴史の1ページを閉じる絶好の機会を迎えている。それは同時に、人類を分裂させるすべての垣根を越えて、真の平和構築のための道徳的先例を設定する歴史的にかつてない偉業となる。その先例はあらゆる紛争国家地域に光をもたらすものになるはずである。詩人タゴールの言葉にあるように「光る灯火コリアはその灯火が再び大きくなる日を待ち望んでいる」のである。

これを実現するためには、まず我々の中に目標がなくてはならない。そしてその目標は、共通の歴史の上に未来に対する共同の念願を土台とする新しい国家の建設である。しかし現在まで統一に関する論議は、ひたすらその「過程」のみに集中してきた。それも冷戦時代の地政学的利害関係という今や時代遅れのレンズを介した見方によるものである。そこからは一方の体制や政府が相手の体制や政府を説得したり屈服させたりという過程が前提となる。私は南北コリアの社会的・政治的・経済的分断をさらに悪化させるそのような考え方が今後の統一のための真摯な努力を不能に陥らせる要因と見ている。

今まさに重要な問題は我々が果たして統一に対する明確なビジョンを持っているかという点に尽きる。事実上最悪のシナリオは内部的には朝鮮半島において、そして外部的には他の関連国家間において、互いに望む結果に対する合意がない状況で、ある日突然統一が強要されるケースである。したがってこの問題に対する徹底した対策が講じられなければならない。韓国人自らが統一の過程で国家の運命を主導的にリードし、周辺国と国際社会が我々の努力を後押ししてくれるように誘導すべきである。

今においては統一をしなければならない理由や方法、時期についての論議ではなく、統一した国はどのような姿であるべきかを真剣に考えるべき時である。韓国は「朝鮮民族共同体統一方案」を打ち出し、北朝鮮は「高麗連邦制」を主張している。両者共に平和的、民主的順序を踏まえた統一を主張してはいるものの、接点を見いだすことができずにいるのが現状である。ふたつの方案に対する政府間の論議はほとんどなく、現在南北朝鮮の関係を進展させる兆しも見えてこない。

統一に関する現実的な論議を始めるためには、分断した国家としてではなく、同じ朝鮮民族として共感し合える共通分母が不可欠である。それには新国家建設の礎となる原則と価値、統一に対する念願や夢に対する真摯な議論が先になくてはならないのである。政治・経済のシステムをはじめとする統治制度に関する論議はその次の段階である。まず原則と価値が土台にあって初めて、体制や制度、そして国家の善悪を判断する特性と本質が決定されるのである。

ここにおいてチンギス・ハン、アメリカの建国、そして弘益人間の例について言及した理由は、統一に対する議論の参考となる新しいフレームワークを提供するためである。先にも述べた通り、いつか統一を実現しなければならないとするならば、統一の結果に対する一定の合意がなくてはならない。合意なくしては共通の原則も共通の目標もあり得ない。そして理論や仮説、仮定の世界の中で互いの自己主張を繰り返すのみに終始し、現実と乖離した学説や一般国民の実生活とは無関係な政策が幅を利かせる世の中になってしまう。

しかし歴史は極めて具体的な方法で事件や出来事と我々とを結び付けてくれる。歴史は最も密接なレベルで個人の意見や観点、理解の形成を促し、我々の先祖から祖父母や親、そして我々自身の人生に深い影響を与える過去のストーリーの総合体である。世界の事件がすべての個人に意味を持たせることにより、平凡な市民たちが自分たちとしてはどうにもならない、そして日常とは無関係なもののように見える社会の問題に関心を持って参加するように導く力がある。

韓国人なら誰しも個人的日常と過去は、すべて朝鮮半島の分断状況の延長線上で起こったものであり、現在と未来もまたこれと分離することはない。統一というものが、我々が本当に追求すべき目標だとすれば、何よりも韓国人の関心と参加を促さなければならない。国民の参加なくして夢を実現しようとすることは、まるで夢を実現する「主人」のいない妄想と変わりはない。

ドイツ、モンゴル、チュニジア、エジプトで起こったことを見ていただきたい。これらの国での驚くべき変化は実に瞬きのような瞬間に起こったのである。状況を綿密に追跡していた「いわゆる」専門家という人たちすら予想することができなかったのである。革命的変化を予見した人は誰もいなかったものの、結果的に変化は起こったのである。

変化を推し進めた勢力は政府や政治指導者ではない一般国民たちである。国政を運営する政治家による交渉ではなく、市街に溢れた市民らのデモに触発された、まさに「下からの変化」だった。これこそが変化の主体である大衆の意識が呼び起こされた時に発揮される恐るべき力である。市民のいない革命的変化は妄想である。しかし彼らが参加することであらゆることが起こる可能性があるのである。

「ひとりの夢は〝夢〟にすぎないが、すべての人が同じ夢を見る時、それは〝現実〟になる」というチンギス・ハンの洞察には、偉大な真理が隠されている。南と北は同じ夢を見るべきであり、その夢は共通のビジョンに基づいたコリアン・ドリームでなくてはならない。そうなった時、統一は我々の予想を遥かに凌駕するスピードで訪れるだろう。

韓国人が五〇〇〇年の歴史の中で培ってきた念願の中には「ひとつの天の下のひとつの世界」を目指したチンギス・ハンの崇高な夢と、「神の下のひとつの国」を念願するアメリカン・ドリームが全面的に織り込まれている。ふたつのビジョンの核心は人の生を司る超越的で普遍的な真理と原則があり、人間の尊厳と価値と権利は創造主としての神から賦与されたというところにあるという点で共通している。コリアン・ドリームと弘益人間に表現される原則における核心は同じである。真理と正義を中心とした道徳的国家を建設し、「人に益を与える」ことが朝鮮民族の建国理念であり宿命とも言えるのである。

その夢の実現は現世代の我々の手にかかっている。韓国人は民族と国家そして世界的な運命の岐路に立っている。共に大きな夢を抱いてより良い未来をつくっていくのか、それとも手をこまねいたまま誰か代わりの人間が動いてくれることを待つのか？ 選択のカードは韓国国民一人ひとりの手に握られている。コリアン・ドリームを実現するのか否かがまさに今を生きる韓国国民の手に委ねられているのである。

コリアン・ドリームの内面化と韓国人の召命

コリアン・ドリームの実現において南北コリアの統一は重要な役割を果たすものであるが、先に述べたように、その夢は統一を超えたそれ以上のものである。それは韓国人に与えられた使命であり、世界に肯定的な影響を与えることである。我々の民族の建国理念に則った統一韓国の創造によってのみ、この夢は実現可能となるのである。そのためにはこの国が弘益人間という崇高な理想を標榜する気高く啓蒙された国家とならなければならない。そうなった時、この国は今世紀を通じて未来にまで人類共通善に貢献し、おのずと道徳的権威が備わるようになる。

しかし今日その主役である朝鮮民族の構成員たちが危険に陥っている。北朝鮮はさておき、大韓民国国民は朝鮮民族固有の誇り高い歴史とアイデンティティーの根を失いつつある。中でも最も深刻な問題が家族の解体である。朝鮮民族の拡大家族制度は最も著しい文化的特徴のひとつであり、世代間の緊密な協調関係が広くは親族、さらに社会、国家にまで拡大されてきた。また強力な社会的規範として長きにわたり韓国社会を維持、発展させてきた固有の社会制度でもある。

このような神聖な制度が急速な現代化と西欧式社会モデルの受容によって失われ、核家族が社会的な主流となった現実は実に憂うべきことである。社会が享楽的に変化する中で、性や結婚、家庭に対する考え方もまたリベラルな方向へと流れていった。その結果が今の韓国の現実を物語っている。離婚率はＯＥＣＤ先進国の中で最も高く、自殺は１９９７年金融危機以降急増の一途を辿り、今やその率はもともと高いことで知られていた日本をも凌駕する水準にある。そして私が幼い頃には耳にもしなかった逸脱的な性犯罪が蔓延するなど、もはや韓国の倫理道徳は地に堕ちたと言わざるを得ない状況にあるのが事実である。

学校はただの大学入試のための暗記工場になり下がり、初等学校から大学のどこを見わたしても学生たちに朝鮮民族固有の独特で豊かな精神的遺産と道徳的特性を教育する場を見つけることは至難の業である。社会の趨勢もまた西欧先進国のように自己中心的な個人主義に流れつつある。とりわけメディアと大衆文化がインターネット、スマートフォン、SNSに代表される最新テクノロジーと融合し、商業化と自己満足のための消費欲求を煽り、そのような傾向に拍車をかけている。

政治は方向を見失い、進歩と保守の政党間の対立は終わりを知らず、大衆のトレンドに迎合した口論は和合よりも分裂を引き起こしている。これによって政治指導者らに対する韓国国民の失望と不信は膨らむばかりである。産業化と民主化を推し進め、韓国を国際舞台の上に堂々と押し上げた犠牲の精神は今日の若い世代には受け継がれてはいない。

こういった問題はすべて朝鮮民族のアイデンティティーを形成してきた夢の断絶によって起こった現象である。南北統一は明確な国家的目標を設定し、その過程で韓国人のアイデンティティーを回復できる機会を提供するだろう。これが可能になるためには固有の歴史を綴ってきた民族の根本精神に再び立ち返らなければならない。

20世紀の間、朝鮮民族はひたすらに独立した統一国家に住むことを心から願ってきた。この夢は先には日本の植民地統治から、後には冷戦によるイデオロギーの葛藤と政治的分断によって挫折してしまった。日本の植民地統治や分断は、民族の意志とは無関係に外部の列強によって引き起こされた結果である。しかし一方で民族内部における利害関係が異なる集団の分裂により、独立と民族統一のための推進力が失われてしまったことも事実である。韓国にもう一度民族自決の機会があるとするならば、このようなことが決して繰り返されてはならない。コリアン・ドリームを実現するためには、大きな夢を皆が共有し、共に育てていかなければならないのである。

だとするならば、南北統一を通じて我々が打ち立てる国家モデルや未来像はどのようなものであるべきだろうか。様々なモデルが考えられるが、幸いにも我々の歴史には新生統一コリアの未来像を提示してくれる先例が存在する。ある意味ではその国は既に朝鮮民族の建国ビジョンがその存在目的を規定しているため、新しい国とは言えないかもしれないが、同時にその国の創建は我々が今まで果たすことができなかった人類と世界に益をもたらす朝鮮民族の運命を実現するものであるから、完全に新しい国とも言える。

私が考える未来の統一コリアは、東西洋の最も優れたところを受け入れ、朝鮮民族の祖先に生気を吹き込んだビジョンに則り、現代と未来の世界に調和するような国である。新国家を建設するということが、まっさらな黒板に文字を書くことだとすれば、我々には檀君の歴史を含め、最も優れた先例のみを選んで記すことができる選択権がある。体制および制度については思慮深い客観性の伴う開かれた姿勢が必要である。ただし、新生国家の基礎となる念願と原則と価値においては、我々固有の歴史的経験と文化と伝統が反映されなければならない。言い換えれば、新しい朝鮮民族の国家は固有の使命を再現すべきであり、外世の影響によってその光を失ってはならない。新生統一国家の具体的特徴を細かく検証する前に、その基礎となる基本的なフレームワークの説明において参考となるいくつかの事柄を次に述べたいと思う。

第一に弘益人間の精神を具現化すべきである。これは共通の歴史の根っこであり、共通の念願と原則、そして価値を表現するからである。このようなビジョンに合わせて人間の本質的価値と権利、自由の礎として、神の主権を認定しなければならない。これは「人即ち天」という朝鮮民族の根本精神にも則っている。したがって、いかなる政府や人間の制度もその主権は天から賦与されたものであるため、このような権利と自由を弱体化させたり無効化することはできない。人権と自由こそ新生コリアの根本となる礎だからである。その結論としておのずと「法の支配」を尊重し、すべての国民のために正義と真理で統治する憲法に基づいた政府形態が導き出されるのである。

第二に、国民が願うことを代弁し、支持を得る代議制政府でなければならない。新生コリアの利害当事者は国民であり、政府の目的は国民に奉仕することであることを明確にする必要がある。それ故に「権力の分立」の形を取って「チェックアンドバランス」を通じて独裁政府が立ち入る道を塞ぐのである。政府が国民を抑圧せず、自由と権利を保障するためには、各々違う機能を持った行政、立法、司法機関の三権分立が実現しなければならない。

第三に、世界が羨望するような教育制度を通じ、子どもたちに幼少時から心情教育と霊性教育を行うべきである。このふたつの教育は学生たちがどのような知識を身に付けるかではなく、どのような人格を磨くのかを決定づけるからである。したがって学校教育を通じて既に我々の中に深く内在する精神的遺産を市民的義務と人生の倫理的根幹として奨励すべきである。これは代議制政府が陥りやすい「衆愚政治」という副作用を減らすものとして切実に必要なことである。膠着状態に陥ったアメリカの現政治状況は、市民と指導者が国家の利益を個人的野望よりも優先すべきとする道徳性や倫理を持たない場合、いかなる立派な制度も崩壊しかねないことを如実に再現している。

第四に、企業家精神を奨励し、道徳的自由市場経済体制を追求しなければならない。私は共産主義の実験は既に失敗し、自由市場体制が商品・サービスを最も効率的に分配するシステムだと考えている。しかし自由市場体制の本質的欠陥、特に盲目的野望や抑制のない貪欲さが放置された状況の場合もまた十分に認識しなければならない。グローバル金融危機発生の原因はまさにこの問題と直結している。

規制は危機統制のひとつの方法ではあるが、ここにはそれなりの代価が伴う。規制が増えるほどに成長は一般的に鈍化するからである。より効果的、かつ根本的な解決方法としては、一国家の経済活動において倫理的、道徳的に行動する人格を備えた人間を育成する以外にない。彼らの美徳こそが腐敗を防ぐ最良の牽制である。良心をもって規則を順守しようとする人が悪知恵を働かせる人よりも多くの機会を提供されるべきである。現在の韓国の規制および経済環境は力と既得権を握った者たちに依然有利であり、経済活動の新参者には機会を獲得するのがとても困難である。これによって朝鮮民族の生まれ持った企業家精神が委縮している。創意性と参加意識、真っ当な行動を誘導する動機付与が失われつつある部分については改革が必要と言える。

第五に、コリア国民の声を代弁して権力に対して「苦言」を呈することのできる参加型で客観的、独立的な言論媒体がなければならない。自由社会の特徴の中において最も重要なものが言論の自由である。今日の韓国メディアは多分に党派的な立場を取っている。挙げ句には国民に被害を与えてまで特殊な利害と理念に執着した広報誌の役割を行っている。これは先進国、途上国にかかわらず多くの国家において起こっている現象でもある。それ故に大学の言論関係学科や放送会社、新聞社、編集局などの制作部署においては言論の倫理を取り扱うための明確な基準が設けられなければならない。これは政府ではない民間分野で先に始め、協会やその他特殊民間産業機構を通して規制されなければならない。これによって、メディアが政府の一方的な道具として使われることを阻止することができる。

第六に、模範たる文明国家を建設するにあたって何よりも倫理の重要性が大きいことを認識し、道徳的行為の支持者として信仰の伝統が、公的領域においてある程度の貢献がされるようにしなければならない。ほぼすべての先進国が「政教分離」を歪曲的に解釈し、宗教が政治に関与してはならないという意味で理解している。しかしこの原則の根本精神は少数宗教の「信仰表現と良心の自由」を保護するために国家が単一宗教を持ってはならないという内容である。言い換えると、政教分離の原則は国民の生活から宗教を排除するためではなく、宗教の自由を認めるために制定されたものなのである。

深い精神的遺産を背景に、宗教が韓国の民族史に与えた肯定的な影響について、より成熟した洞察力のある観点を持つ必要がある。特にそれが害を及ぼすケースはあったものの、精神的遺産は韓国の歴史の最も過酷だった時代において民族の挫折を食い止める丈夫なしんばり棒としての役割を果たしてきた。檀君神話が語るように、精神的遺産は朝鮮民族にとって最高の理想と念願を具現したものである。私は朝鮮民族が近代化の過程で失った精神的遺産の重要性をこれ以上看過するような過ちを犯さないでほしいと願うひとりである。新しい統一国家建設という民族的課題を推進し、過去65年の分断が残した深い傷を治療するためにも、これは必ず必要な部分である。

最後に、最も重要な事案としては、朝鮮民族の神聖な拡大家族制度の長所を守るべきである。伝統的な朝鮮民族の家族制度は、数多くの遺産の中でも最も独特で歴史が長い遺産である。家庭は血縁と愛情によって結ばれた人たちから最も重要な教訓である我々のルーツを学ぶ場所である。この中で我々は先祖を知り、家族の温かみを感じ、家族ごとの多様性を経験する。そのような中で私たちが愛情のネットワークを構成するひとつの連続体であること、その中に「私」が存在することを悟るのである。これは同時に優れたセーフティーネットでもあり、いかなる政府の福祉制度もこれには及ばない。

家族の中で学習される真摯な努力のことを「精誠」と言う。「精誠」とは服をつくるところから食事の準備、家づくりから仕事に至るまで、また些細なことから至極高尚な行動に至るまで、生活のあらゆる部分に適用され、すべての作業において誠実さと真摯な姿勢が要求される。それ故に、韓国人の体には本来いかなることでも最善を尽くそうと努力し、他の追随も及ばないほどの自己犠牲と奉仕の精神で任された仕事を行う姿勢が自然に身に付いているのである。

朝鮮民族のこのような独特な特性によって「孝」という徳目が新たなレベルでの誠実と自己犠牲として現れる。これは他のアジア文化圏でも見られない現象である。他の文化圏では、「孝」とは、礼節や尊敬の行動を意味しているかもしれないが、韓国人にとってはそれ以上の意味を持つ。古典小説「沈清伝」の中で、沈清が盲目の父を助けようと自ら命を擲《なげう》つという話が物語るように、「孝」は最上の自己犠牲を代表する概念である。家庭において親や親族を通してこの種の話を学びながら、子どもたちは誠実と家族に対する意味を学び成長することで初めて、本当の意味で朝鮮民族の一員となるのである。私は、新たな統一国家がどのようになるか、思い描き始めている。私にとってそれは、東洋と西洋の最善のものを取り入れ、我々の先祖が描いたビジョンを、現代の世界で意味あるものにすることだ。

今日、国際的に、北朝鮮核問題および各地で起こるテロとの戦いを解決するようなリーダーシップが、切実に求められている。その点において朝鮮半島の統一は、それ自体で北朝鮮核問題の即時解決につながり、テロの拡散や未知の脅威は顕著に減少すると思われる。また朝鮮半島と周辺地域をはじめとする世界経済の繁栄にも寄与することは確実である。２００９年に発表されたゴールドマン・サックスの「朝鮮半島統一効果に関する模擬研究」によれば、南北統一が実現した場合、２０５０年の南北コリアひとりあたりの国民所得は各々南が9万ドル、北が7万ドルに達し、個人所得の平均は世界2位、ＧＤＰ全体は6兆ドルを超え、世界8位の経済大国になることが予想されている。そうなったとすれば本当に、統一は現韓国政府の主張のように「テバク（大当たり）」そのものである。北朝鮮は市場、労働、天然資源の面において、韓国が現在のような低成長の局面を脱却し、再び高度成長の軌道に進入することができるすべての要素を備えている。一方、韓国は、北朝鮮の生活水準を現代的先進産業国家のレベルに引き上げることのできる経験と資本を保有している。

何よりも重要な点は、統一が朝鮮民族の歴史的遺産と天意に則った道徳的先例を立てるということである。しかし統一は南北コリアの夢がひとつになって初めてその歩みを進めるのである。その夢は両政府官僚や指導者のみならず、老若男女、海外同胞を問わず、すべての朝鮮人にインスピレーションと活力を与えるものでなくてはならない。もしこれが実現するとなれば、理念と経済の格差、派閥、国家的分断は縫合され、統一した民族国家として、分断による傷もまた癒やされることになるだろう。

コリアン・ドリームとワンファミリー・アンダー・ゴッドのビジョン

今、韓国の目の前に天佑の機会が訪れている。自ら運命を決定する力を持ち得なかった20世紀とは違い、今日の我々はすべてのカードを握っている。それは言葉のあやではない。我々が真に熱望し朝鮮民族の夢を実現する気概を持つならば、これが朝鮮半島はもちろん世界に及ぼす影響力はただならぬものがある。西欧式のリーダーシップと発展モデルが疑問視され、一部においては没落したとの評価もある一方で、多くの新興国が新しい思想と開発モデルを積極的に受容し始めている。近い未来、韓国がコリアン・ドリームを実現した暁には、それは新たな表象として世界の国から認められるようになるだろう。

大西洋時代とも言える15世紀から20世紀に至るまで、西欧列強は世界を股にかけて植民地を建設し支配してきた。その中において、啓蒙主義思想と産業革命による技術の進歩は、発展の促進剤の役割を果たした。しかし今日の歴史の潮流は別の場所へと移動している。今後環太平洋時代が到来する中、アジア地域国家群が国際舞台でより一層重要な役割を担うと考えられるのである。

このように、歴史的変化の中で朝鮮民族は特別なリーダーシップを発揮できる立場に置かれている。彼らの成し遂げることは冷戦の残債を整理することと同時に、西欧列強の介入によって奪われた民族自決権の回復である。それゆえに朝鮮民族は、アジアと世界において彼らと似た植民地経験によって外勢に自決権を差し出した国々に、その経験とノウハウを伝授する道徳的リーダーシップを示すことができる。韓国と同じような文化や歴史を持つ国にとって、西欧列強の支配に甘んじることなく、弘益人間の理想に立脚して建設される新しい統一コリアは、まさに模範たり得る国家である。そして世界で最も躍動的な東北アジアの中心で、普遍的人権と自由を代弁する先進文明国としての位置を確立するようになるだろう。

さらに、統一コリアはアジアの発展を促すにとどまらず、東西を結ぶ橋梁の役割も担うと考えられる。南半球の国家は、その相当部分が朝鮮民族に似た大家族構造であり、韓国の伝統的価値に親近感を持っている。私の経験から見るに、朝鮮民族の家族モデルと同様に、原則や価値という点においても、それは朝鮮民族のみに適用される特殊事例ではなく、普遍的で容易に受け入れられるものと考えられる。コリアン・ドリームの実現はこのような理想を可視化することで他の発展途上国の賛同を得ることも可能なのである。

コリアン・ドリームの実現による拡大家族モデルの展開という点について、私が行っている活動を紹介させていただきたい。

私が設立したグローバル・ピース・ファウンデーション（Global Peace Foundation、以下GPF）が推進する活動とビジョンは、脱冷戦時代において最も破壊的な力である、アイデンティティーの衝突による紛争に向けての、解決策を提示している。GPFの平和運動は人種、国籍、宗教、文化に関係なく、全世界の人類が「ワンファミリー・アンダー・ゴッド（One Family Under God, 人類はひとつの家族である、の意）」の一員であるというビジョンによって推進される。このビジョンは我々が活動するすべての地域の人々、特にアイデンティティーの葛藤に苦しんでいる地域において積極的な平和活動を展開する人たちの中に共通して見いだすことができる。多くの人が人種と宗教を超越した強力な力を発揮できる理想を長い間待ち望んできたが、このビジョンこそがまさにそれであると私は確信するのである。

GPFが展開している国際的活動を通して、普遍的な念願、原則、そして倫理的価値が世界中で呼訴力を持つことを実感している。韓国国内においてGPF活動は多くの人に認知されている。とりわけ、NGOおよび市民団体の連合体である「統一を実践する人たち(Action for Korea United：AKU)」の設立を主導し、コリアン・ドリームのビジョンに導かれた朝鮮半島の統一に、広い社会的支持を獲得してきたことは特筆すべきことである。GPFが行く先々では、誰もが共感できる普遍的ビジョンや原則、価値を中心に、様々な専門分野から各分野を代表する様々な階層のリーダーたちが集い、共に活動を行っている。GPFはアジアとアフリカ、北南米をはじめとして、現在はヨーロッパでも活発に活動を展開している。

GPFの活動の中で、世界中の政治、宗教、企業、非営利分野のリーダーに出会うが、彼らは私について、何よりも先に韓国人として認識する。彼らは私が述べるビジョンの背景に韓国があることを理解する。韓国の歴史と文化の中には「ワンファミリー・アンダー・ゴッド」という理想が根強く息づいている。実際に観念や実質を問わず、これが与える意味は朝鮮民族の拡大家族モデルが最も良い例である。それ故に新生統一コリアはこのビジョンの理想的な模範となる可能性があるのである。

朝鮮民族の家族モデルの中心には朝鮮民族独特の情緒である「恨」と「精誠」に代表される犠牲的な愛の力がある。これが人と人の心を結ぶ橋の役割をする。コリアン・ドリームはそのような統一を実現しなければならない韓国人の運命である。その夢の実現は分断された人々がいかにひとつになるかという確固たる先例を世界に示すことになる。また、それは同時に、世界平和に貢献する朝鮮民族の道徳的リーダーシップの具体的な証しとなるのである。

拡大された家族モデルの中で発現される朝鮮民族の内面に宿る精神的悟りは、長い歴史にわたって生活に密着し、かつ完璧に表現された朝鮮民族の文化遺産である。この形態は歴史を通じて道徳的な個人、道徳的な家族、道徳的な市民、道徳的な国家のための礎となってきた。そのように朝鮮民族は平和を愛し、人を尊ぶ文化を形成してきたのである。インドの詩人タゴールが詩を通して予言的に述べたように、今日の世界において、韓国の灯火が再び大きく燃え上がり、アジアの光をもたらすことが待ち望まれている。これは朝鮮民族に与えられた天命である。希望の光を照らし、分裂と葛藤に陥ったすべての民族と国家、地域、世界を「ワンファミリー・アンダー・ゴッド」という気高い夢に導くことが朝鮮民族として生まれた者の宿命なのである。私は朝鮮民族が統一民族としてこのような挑戦に果敢に挑むことを、そして「人間に益をもたらす」ために生きるというその神聖なる義務が具体的な意味を持つことを切に願っている。

私はコリアン・ドリームが朝鮮半島の統一に対する念願を超えて、朝鮮民族の建国神話を起源とする朝鮮民族の召命であるということを明らかにしたい。この召命は弘益人間のビジョンであり、朝鮮民族の歴史の中に息づいている。これは朝鮮民族が誇りとすべきアイデンティティーの礎であり、朝鮮半島、さらには東北アジアと人類の未来に偉大な影響を与えるものになるだろう。それが今韓国人の一人ひとりの手にかかっているのである。故に我々には、歴史の波が押し寄せるこの時代において、怠惰を貪る時間はないのだ。大きな夢を抱こう。今がコリアン・ドリームを実現する時である。

第 2 章

分断された祖国の子どもたち

――悲しみと苦悩に満ちた分断の歴史

弘益人間の精神の中に内在する朝鮮民族の念願には、
歴史的にひとつだった民族の集団意識を目覚めさせ、
分断による傷を癒やす力が存在する。
その力は、朝鮮民族の「家」を堅固なものとし、
歴史的運命の実現を支える力となる。
今彼らに必要なものは統一へのビジョンであり、
それこそまさにコリアン・ドリームに他ならない。

分かれたる家は立つことあたわず。

アブラハム・リンカーン

人は誰しも自分が生まれ育った所で培われる経験や学習、そして、先人たちが残した遺産から自由になることはできない。私自身も例外ではない。１９５３年の朝鮮戦争休戦協定以降に誕生したすべての韓国人と同様に、私の祖国もまた分断された国、韓国である。私はソウルで生まれた。しかし、私の両親の故郷は休戦ラインより北にあり、父は平安北道定州、母は平安南道安州の出身である。何百万人もの離散家族を抱える韓国人や在外コリアンのように、私も北朝鮮に親戚がいる。これが同じ民族の共通の現実なのだ。

韓国人は今も冷戦時代がつくり出した囲いの中に閉じ込められ、未だに癒えぬ分断の傷を抱えている。第二次世界大戦後、朝鮮半島は、西側陣営とソビエトが始めた思想的葛藤の、最初の戦場となった。１９５０年の動乱勃発の端緒を開いたのは朝鮮人で、戦ったのもほとんどは彼らであるが、自由世界と共産主義の相対する世界観が、朝鮮半島の人々の野望と対立に影を投げ掛けた。朝鮮動乱は、東ヨーロッパ、カリブ海、東南アジア、南米、アフリカ、中東で起きたことの先駆けとなった。

ソビエト連邦は１９８０年代後半に下降し始め、最終的に１９９１年に解体された。同じ頃、当時、もうひとつの分断国家であったドイツが、西と東の分断の象徴となっていたベルリンの「壁を崩せ」という、米国レーガン大統領の挑戦に耳を傾けた。ドイツ人は挑戦を受けて立ち、分断されていた祖国を回復した。その途上、困難は確かにあったが、統一はヨーロッパの繁栄と安定を導いたことを、その後数十年の歴史が示している。今日、ドイツは、ヨーロッパ連合と世界の、主要な柱として立っている。

過去一世紀は、統一祖国の誕生という希望を抱いた朝鮮民族が、苦い挫折を味わった時期であった。私は第1章で朝鮮民族の建国理想と念願について述べたが、今や朝鮮民族はひとつの民族として統一に向かう新しく大胆な道を模索する時期を迎えている。経済面や安全保障の面でも分断による代価は莫大だ。それは、朝鮮民族にとって悲劇に他ならない。しかし、遥かに大きな代価は、人道的な悲劇である。

今、ほとんどの韓国人は、分断以降に生まれた世代である。このことは今日までの長い期間にわたって分断が継続しているという、実に残念な現実を物語っている。現在、韓国が直面している危険は、物質的な繁栄が、まるで麻薬のように、韓国人の分断に対する道徳的ジレンマを無感覚にしているという点だ。韓国国民が現実に冷淡でいる限り、朝鮮民族の遺産やアイデンティティー、そしてその運命は過去の歴史に埋もれてしまうだろう。

アメリカが不当な奴隷制度と戦っている時、アブラハム・リンカーンは、「分かれたる家は立つことあたわず」という言葉を残した。これは奴隷制度に対する南部との立場の違いを解決し、アメリカの建国理想を実現するため、南北戦争を決断しなければならない緊迫した瞬間に発せられた言葉である。韓国人も同様に、分断の現実をそのまま受け入れていくのか、それとも統一に向かう新しく大胆な道を模索するのか、真剣に考えなければならない切迫した時期に差し掛かっているのだ。朝鮮民族は、現在の分断による深い傷を放ったまま、果たしてひとつの民族共同体として立つことができるのだろうか？　これは21世紀における朝鮮民族が直面する最も重要な課題であり、我々は課題に挑戦するかどうかを自分自身に尋ねるべきである。

20世紀――分断の歴史の概要

１９１０年8月22日、韓国併合により朝鮮民族の試練は始まった。これは、大韓帝国が日本の保護国となった１９０５年に始まり、１９０７年に大韓帝国が自主的内部行政権を放棄したことを意味する、一連の条約の帰結であった。１９０７年には、大韓帝国の自主的内部行政権を剥奪する条約が結ばれた。この2つの条約の目的は、１８９４年、日清戦争終了以降の中国の干渉を排し、朝鮮半島を日本の影響圏内に置くことだった。西洋の列強も、自国の植民地化政策に連累していたため、大韓帝国は清国以外には国際社会の支持を得ることができなかった。

併合後、日本による統治が苛烈になるにつれ、朝鮮半島や中国、日本をはじめとした地域で独立運動の機運が高まった。このような運動が、初期は同じビジョンを共有していたかについては、明確に知る由がない。しかし日本による圧政のくびきから脱却を図る上で、多様なモデルの国家、信仰、思想を背景とした様々な集団が一堂に会したことは、将来の分断の要因のひとつになったと考えられる。アメリカ式の民主主義を主張する者もいれば、ソ連式の共産主義を主張する者もいた。その他にも様々な主義主張が立ち並ぶ中、金九(キム・グ)は、弘益人間の原則を基本に据えた、独特の民族的ビジョンによる未来の独立国家建設を訴えた。こうした状況下で彼らの抵抗は大衆の支持を得てゆき、1919年3月1日、全国各地で独立万歳運動が起こった。

独立運動を強硬に弾圧した後、日本政府は半島支配の抑圧的な政策をいくらか緩和した。しかし、1930年代に入ると、日本は再び支配を強め、すべての主要な民間資産を管理し、朝鮮人の文化的アイデンティティーを消し去ろうとした。1940年には創氏改名の制令が施行され、1941年には学校での朝鮮語教育が禁止された。日本の実業家は、投資だけでなく、主要な産業や資本を所有し、支配した。このような過酷な措置により、朝鮮人の約6分の1は祖国を離れ、中国、ソ連、日本、アメリカ、その他多くの国に移った。

また、第二次世界大戦中、１００万人を下らない朝鮮人が、強制的に日本の戦争に協力させられた。その多くは、日本の鉱山や工場で労働者として搾取された。さらに満州や朝鮮半島でも、労働者として搾取され、劣悪で危険な環境で多くの人が命を落とした。また、自ら志願して日本へ渡った人々も、決して良い境遇ではなかった。１９４４年に入ると切迫した日本は、朝鮮人男性を緊急に徴兵した。

一方、この期間におけるさらにひどい犯罪は、朝鮮民族と他の様々な民族の、たくさんの女性への不当な扱いであった。いくつかの国連の報告書によれば、数万名の女性が『慰安婦』にならざるを得なかった。その無害に聞こえる名は、朝鮮の女性にとっては、性奴隷としての体験だった。その多くは幼く純真な少女たちで、一日に複数回にわたる性関係を強いられ、そのトラウマが原因で死亡した者も多かった。

１９４５年、第2次世界大戦の終戦と共に、朝鮮民族は日本による悪夢のような植民地支配から解放され、ついに統一された自主独立国家を建設できるという希望を抱いたが、その夢が実現することはなかった。むしろ独立運動を主導した団体間に生まれた分裂は、世界大戦以降に勃興した地政学的勢力により、ますます増幅された。

日本による朝鮮総督府の武装解体のため、北朝鮮ではソ連軍が、韓国ではアメリカ軍が駐在し、分割統治が行われた。しかし日本が去った空間には、理念を巡る新たな葛藤である冷戦が始まり、分断はますます固着化の様相を呈した。米露2つの勢力の葛藤に、民族指導者たちの野心と個人的性向が加わり、国内政治は混迷を極めた。結局、統一された自主独立国家の夢は崩れ去り、1948年、南に大韓民国、北に朝鮮民主主義人民共和国という2つの政府が立つことになった。

そして、いよいよ来た、国を統一しようとする試みは、武力によるものだった。1950年6月25日、祖国統一戦争の名の下に、北朝鮮人民軍が韓国を奇襲攻撃し、同じ民族同士が相対する朝鮮戦争が勃発したのである。これは朝鮮半島において起こった戦争ではあったが、中国とソ連が北朝鮮を支援し、アメリカをはじめとする国連傘下の16カ国が韓国を支援するために参戦し、国際戦へと発展した。

朝鮮戦争は様々なレベルにおいて実に悲劇的な戦争だったと言える。まず死傷者が莫大だった。韓国軍と国連軍の約50万人が戦死し、負傷・行方不明者に関しては北朝鮮と中共軍においてその数110万から150万人と集計され、民間人の死傷者数は約250万名に上ると言われている。また首都ソウルは、奪還にあたって数回にわたる戦闘が行われ、焦土と化した。一部の地域においては家屋の過半数と社会間接資本施設の80パーセントが破壊された。これらは数値で可視化された被害だが、数量化できない、より深い被害が存在した。それはまさに１９４５年、解放とともに芽生えた希望が枯れ、朝鮮民族固有の哲学と気概が反映された主権国家設立と祖国統一が挫折したことだった。

20世紀は世界史における最も残虐かつ破壊的な時期であり、特に朝鮮民族はその煽りをまともに被った民だと言える。五〇〇〇年の歴史をかけて守り続けてきた民族固有のアイデンティティーと主権は、ここ半世紀の間で起こった植民地支配、解放、南北の38度線分断と休戦ラインの設定によって危機に直面し、その痛みは今日まで続いている。この悲劇は様々な側面から語られるが、最も長い間朝鮮民族を苦しめているのは、まさに人間的苦痛である。南北の分断は、単なる政治やイデオロギーの問題ではない。今に至るまで、朝鮮民族の構成員一人ひとりに継続的な苦痛を強いているのだ。

韓国人は、このような苦痛と分断の歴史を綿密に検証し、現実をそのまま継続するのかどうかを決定しなければならない。私にとって、その答えは明白だ。統一は朝鮮民族の神聖な道徳的責務である。自分ができるどんなことをしてでも、１９１９年の独立運動と

1945年の大志を成し遂げ、過去の世紀に始まった傷を癒やす統一をもたらす道徳的義務があるのだ。

離散家族の苦悩

1953年、銃声は止んだものの、朝鮮民族が戦争によって支払う代償はこれだけではなかった。戦後の分断は朝鮮民族の生活文化や家族関係に致命的な影響を与えた。1950年、戦争が勃発し、およそ65万名の避難民が南へと下った。しかし戦争が始まる前にも既に多くの人々が、家族を北に残したまま南に下っていたのだ。

ジェームズ・フォーリーは著書『離散家族：50年の離別』において、南と北の離散家族が50万〜75万名いると主張した。大韓赤十字社は、家族の離別により直間接的な影響を受けている個人の数は、その10倍を超えるのではないかと推算している。

正確な数はともあれ、その一つひとつが人倫にもとる悲劇だ。戦争初期の混乱極まる環境の中で夫と妻、親と子、兄弟姉妹が生き別れを余儀なくされたのだ。数日経てばまた会えるという希望は叶うことなく、数カ月が経ち、数年になり、そして数十年になった。

在米離散家族再会推進委員会（Divided Families in the USA）は、現在アメリカに居住している離散家族の家族史を年代順に調べて記録する作業を進めている。その中で、90歳のイ・ウンジンお婆さんの話を聞いて、私はとても心を痛めた。北に7歳、5歳、2歳になる子ども3人を残し、母とともにソウルにいる親戚の家を訪問していた最中、朝鮮戦争が勃発した。その後再び子どもたちに会うことはなかったという。彼女は子どもに会いに故郷へ行く夢を毎晩のように見ると語った。

愛する者の消息が分からない苦しみがいかなるものなのか、私にはよく分かる。私の家族にもそのような痛ましい経験がある。父は戦争が勃発する前、北朝鮮の日本海側に位置する、悪名高い興南労働者収容所に収監されていた。その収容所の収監者は、何の保護装備も着用することなく、直に触れると皮膚がただれてしまう硝酸肥料を袋に詰める仕事をしなければならなかった。健康な男子が、数カ月もたずに次々と死んでいく監獄に、父は「反動分子」として投獄された。また父の家も、反動分子の家族としての烙印を押され、それによる苦痛を味わうことになった。これによって家は傾き、財産は底をついた。しかし私の祖母は監獄にいる息子をひと目見ようと、最後の財産である牛一頭を売り払ってしまった。農業で生計を立てる家において、牛は何にも代え難い貴重な財産であるにもかかわらず、だ。

興南に行く途中、祖母は牛を売って手に入れたお金をすべて泥棒に盗られてしまった。しかし諦めずに千辛万苦の末、ついに父と面会を果たした。しかし再会の瞬間、祖母の目に飛び込んできた父は、目を開けて直視することができないほど凄惨な、ぼろを纏った傷だらけの囚人の姿をしていた。村に帰った祖母は、来る日も来る日も号泣したという。これが父と祖母の最後の対面となり、息子が生きているのかいないのかも知ることができない苦悩の中で生きた。

1950年10月、国連軍がこの地域に上陸して、父は、他の囚人らと共に自由の身となった。しかし故郷に戻って両親に会うことも叶わず、他の数千人の避難民と同じように、歩いて南の釜山へ向かった。父にとってこの事件は、生涯つきまとう心の重荷となった。

私は、父が目に涙を浮かべながら胸の内にしまっていたその話を語る姿を、昨日のことのように鮮明に記憶している。1991年、父は半生を経て、40年もの歳月の間ひたすら待ち望んできた故郷の村と生家の訪問を叶えることができた。その時、父は長い間生き別れとなっていた姉妹と久方ぶりの再会を果たした。別れた当時14歳だった妹も、再会した時は顔に深い皺を刻む老女になっていた。父は皺だらけの顔を撫でながら、「こんなに歳をとったんだなぁ！」と言いながら悲しんだ。父は幼年期を過ごした生家を訪問した後、両親の墓を訪ねてお参りをした。それは分断以降の40年間、父が一途に思い描いていたことだった。

父は自分を心から愛してくれた母の墓前に立った時、胸が張り裂けそうになり、流れる涙を抑えることができなかったが、それを我慢しなければならなかったと語っていた。個人的な哀しみ以上に、２０００万の北の同胞たちの苦しみをまず考えようとしたのだ。彼が当時、北朝鮮を訪問した目的は、そこにあった。父はその日、使命感を胸に、分断の障壁を取り除き、すべての朝鮮民族が統一された祖国の兄弟姉妹として同じ場所に立つことのできる日を必ず取り戻すと誓った。また、その日が訪れた時に再び故郷の地を踏み、息子として涙を流し、父母への慰めを捧げようと心に約束したのだ。これは父の祈りであると同時に、父がいかなる人物で、いかなる使命感を持って生きていたかを伝えてくれるエピソードでもある。

実に多くの韓国人が戦争と分断による辛い経験を抱いて生きている。韓国には再会の希望を抱きながら生きる数多くのお年寄りがいるが、死ぬまでにたった一度でいいから北にいる親戚に会いたいという願いすら叶えることが非常に難しい。すべては韓国と北朝鮮の間で合意する再会家族の数と段取りにかかっている。何とか再会の手続きを進められたとしても、抽選会の選抜規定によって落胆する家族が相当数に上るそうだ。そのおかしな選抜規定により、健康でまだ長く生きられる人は後回しにされてしまうのだ。

２０００年から２０１４年の間で、離散家族の再会のイベントは19回しか開かれず、希望を胸の内に秘めたまま息を引き取るお年寄りの数は増える一方だ。北にいる親戚に会うために、２０１４年までに登録した12万５０００名の中で、再会の機会を得たのはわずか1万７０００名余りにすぎない。離散家族再会の期待は、２００８年に北朝鮮による一方的な中断以来、政治的雰囲気の「恩恵」に頼らざるを得なかったのだ。

しかし、希望を失っていない人も未だ多くいる。長い停頓の期間を経て、ついに２０１４年にもう1度、離散家族再会のイベントが行われた。96歳の女性と93歳の男性を含む韓国側の83名が、北朝鮮にいる１７８名の親族と涙の再会を果たしたのだ。

離散家族の再会において、再会の喜びと同時に、親族の生死以外にも痛ましい事実が知らされることがある。ジェームズ・フォーリーの著書内における、家族の再会イベントに参加した韓国人たちの経験談の記述の一部に、次のような話がある。中国が参戦した北朝鮮の反撃から南へと逃れた時、夫は南に、妻は北に残ってしまったのだが、夫は当時妻が妊娠中という事実を知らなかった。そのことによって長い歳月を経て２０００年に行われた再会の席で、夫は一度も会ったことのない娘と、その子どもである成長した孫に対面したのである。彼の妻はまだ生きてはいるものの、戦争中に頭に銃弾の破片を受けたことによる脳の障害で記憶喪失になり、結婚したことすら覚えていない状態だと言う。韓国の離散家族を巡る話は、このような心痛むエピソードに満ちている。

北に家族を置いてきた人々は、洪水や飢餓のニュースを聞く度に胸騒ぎがするという。生死さえ分からない家族の現実に心が痛むのだ。離散家族と再会の機会を得た人々も、束の間の再会の後に訪れる別れを思えば、心苦しさは似たようなものだ。共に過ごす時間はとても短く、再会を終えた家族は誰しも、またいつ会えるかも分からない別れの準備をしなければならない。離散家族との再会によって、深刻な精神的後遺症を伴うケースも多い。ジェームズ・フォーリーがインタビューした男性のひとりは、ひどい心理的ストレスによって、再会後の2週間、通院しなければならなくなったという。また、とある女性は、生き別れの兄との再会・別れの後、数日間を泣き通し、1年が過ぎた後でも兄の写真を見る度に涙が止まらなくなるという。

私は父がこのような苦痛に胸を痛める姿を目撃したことがある。父は故郷で姉との再会の後、また会いたいという思いがさらに高まり、北にいる末の妹の顔を思い浮かべては涙ぐむことがしばしばあった。分断による辛い記憶は、私の家族だけではなく、数百万の朝鮮民族が背負わされた、忘れることのできない心の苦痛である。そしてこのような人倫にもとる悲劇は、朝鮮民族一人ひとりの人生に、癒えることのない傷として今日まで残っている。その傷は、現代の忙《せわ》しなく煩雑な日常や、薄っぺらな物質的繁栄によって、忘れられたり癒えたりするものではない。父の故郷に対する追憶と望郷の念は、彼の胸の奥深くで消えることのない炎のように鮮やかに燃え続けていた。故郷の村で過ごした幼年時代、近くの川で釣りをした話、鶏の卵を集めた話、山の中を歩き回った話などを昨日のことのように私に聞かせてくれた。まるでその場に一緒にいるかのように、目の前にその場面が次々と浮かんできた。父はその話をする時、幼少時代に遡り、別れた人々や慣れ親しんだ場所に思いを馳せるかのように遥か遠くを見つめていた。そして人生を鮭に譬えながら、広い海から険しい道を辿って、生まれた故郷に戻っては卵を産んで死ぬ鮭のように、人もまた自分が生まれた場所に戻らなければならないという話をしてくれた。

鮭はまるで朝鮮民族を象徴しているかのようだ。我々が生まれ育ち、そして次の世代に残す国土、まさに我々の故郷に帰らなければならない。その地は朝鮮民族の歴史を通して、弘益人間の原則に代表される檀君の建国神話と共に開かれたものだ。それは「すべての人間に益を与え」、人類に奉仕することは神によって定められた朝鮮民族の運命である。コリアン・ドリームは、このような使命を実現する第一歩として、統一された自主独立国家を建設するところから始まる。

しかし分断が我々の道を阻んでいる。祖国の分断がもたらしたものは、家族の苦痛のみではない。何より天から与えられた使命を成し遂げるための土台となる、理想的で独立した統一国家建設の希望と、朝鮮民族としてのアイデンティティーに大きな傷跡を残したのだ。要約すれば、朝鮮半島の分断はコリアン・ドリームを実現困難なものにしている。

私の受け継いだ遺産

私は幼少時、父の生き様を通して、祖国の分断状況が朝鮮民族の未来を左右してはならないということを学んだ。興南労働者刑務所から九死に一生を得て脱出した父は、足を骨折した監獄で弟子になった男を自転車に乗せ、南へ向かった。釜山に到着してからは、凡内谷（ポムネッコル）の山の斜面に泥と石で塀を積み上げ、米軍が捨てた段ボール紙で屋根を組んで小屋を建てた。私は父がその小屋の前で撮った、日焼けしたモノクロの写真を、大切に保管している。戦後の韓国で私の家族の歴史が始まった場所を忘れないためだ。

他の避難民と同じように父の生活は貧しかったが、彼の心の中は既に壮大な夢に溢れていた。分断された祖国を統一し、人類の平和に貢献するという朝鮮民族の使命を実現すると、自分の心と神の前に誓ったのだ。故郷への思いを通して、父は、創造主である神もまた、戦争や分断や憎悪のない、人類がひとつの家族のように生きる平和な世界を望んでいるという精神的な悟りを得た。

北朝鮮で悲惨な投獄生活を直接経験した父は、人倫に反する罪悪行為を正当化する共産主義思想こそが、平和理想世界の建設における最大の障害になっていると確信した。共産主義が持っている問題の核心は、神の存在を否定することにある。神の存在を否定することは、魂の存在を否定することだ。魂の実態がないとすれば、人間の尊厳性や倫理原則、そして基本的人権と自由の根拠となる絶対的真理は、立つ足場を失ってしまう。それは人間を含めすべてのものを単なる物質に貶めることにつながっていく。

共産主義は、人間の精神を物質作用の産物であると説明する。共産主義が人倫に反する罪悪行為を正当化できる理由がここにある。今日の国際社会において、共産主義はもはや敬遠された社会システムである。共産主義を固守している国家の大半で改革と開放政策による相当な変化が見られるというのに、北朝鮮の住民たちは未だに閉鎖的な共産党独裁体制の非人道的な状況下で生きている。

軍事力のみで共産主義に対抗することはできないと、父は理解していた。思想の過ちが明らかにされなければならなかった。そのため私の父は、共産主義思想の問題点を世界に知らせるため、国際的な勝共運動を始めた。父は最高の反共運動家として知られているが、厳密に言えばこれは正確ではない。単純に共産主義に反対するのではなく、人権と自由が創造主である神から始まったとする原則に則った道徳的ビジョンを提示することで、共産主義思想を敗北させたかったのだ。

父が推進していた勝共運動に参加していた青年メンバーたちは、韓国、日本、アメリカ内の大学のキャンパスで、理論闘争を繰り広げながら、左派グループの論理に対抗していった。これによって父と私たちの家族は、ソ連、北朝鮮、中国はもちろん、韓国、日本、アメリカの左派グループの攻撃目標となった。アメリカに住んでいても、南北の分断と、根底にある思想的闘争は、直接的に私の家族に影響を及ぼした。

左派グループの攻撃は論争だけに止まらなかった。１９８８年に、ニュージャージー州の警察官が、ターンパイク（高速道路）で１台の車を呼び止めた。運転手は若い日本人で、車の中から銃と爆弾製造装置に交じって私の家の住所が発見された。調査の末、彼は平壌にも事務所を構え、北朝鮮とも関わりのある過激派左翼集団、赤軍派に所属していたことが明らかになった。このような危険に晒されていた私には、毎日警護員がついて回っていた。現実に誘拐や暗殺される可能性が十分にあったからだ。共産主義者の標的となった父と私の家族は、命まで脅かされる危険と隣り合わせで生きてきた。

私はアメリカの学校に通い、コロンビア大学で歴史学を学んだ。私は歴史から多くの教訓を学び、近代世界に対する西洋の観点を理解するようになった。特に、アメリカの建国を学び、新しい国をつくる基盤として、根本的原則と価値に、アメリカ建国の父たちが訴えたことの重要さを学んだ。私は、これらの原則がアメリカだけに当てはまるのではなく、普遍的なものであると悟った。それはすべての人類に当てはめることができ、どこにおいても人権と自由の保障の基盤になるものだ。これが、私の父が夢見ていた世界をつくる鍵だった。

こうした研究は、私の観点を大いに豊かなものにした。私が今もコリアの子であるというのは否定できない事実なのだ。民族の歴史と運命に、自分の家族の歴史を通して結び付いている。アメリカに住むアジア人として、「どちらの国の人ですか？」と、アメリカ市民であるのに、尋ねられる。躊躇なく「コリア」と答える。自然に、私は朝鮮人の世界における業績に誇りを感じ、朝鮮人が金メダルや新記録をとれば、喜びの声を上げる。

しかし、アメリカに住む者として、故郷の痛ましい状況を頻繁に想起させられる。「コリア」と答える私に対し、さらに「南？　北？　どちらのコリアですか？」という質問が続く。彼らの立場から見れば、私の祖国はひとつではない。このような時、私はどのように答えればいいのか悩んでしまう。私は韓国で生まれたが、両親はいずれも北朝鮮出身である。では、私の家族は、異なったふたつの祖国を持っているのだろうか？　その度に私と同様、多くの韓国人は自分が分断祖国の後裔であることを骨身に沁みて感じる。すべての韓国人は、例外なくその事実から逃れることができない。

コロンビア大学で歴史学を専攻した私は、学部の卒業論文で１９４５年第二次世界大戦終戦から１９５０年の朝鮮戦争勃発までの朝鮮半島の状況についての研究を行った。日本の敗北は、朝鮮半島における植民統治の終結という形で、朝鮮民族に独立国家建設への希望を与えたが、金日成はソ連と中国の支援を受け、１９５０年、武力による朝鮮半島の掌握を目論んだ。その結果、世界史におけるあらゆる分断がそうであるように、政治、イデオロギー、軍事、経済における過酷で凄絶な悲劇がもたらされた。私は１９４５年、解放の喜びと独立国家建設に対する希望が、左右のイデオロギーの対立によって分断、そして戦争へと移り変わる一連の事件の展開過程を理解しようとした。

私は大学入学以前の数年間、乗馬に専念し、1988年のソウルオリンピックと、1992年のバルセロナオリンピックで、混合障害物種目の韓国代表として出場した。特にソウルオリンピックは、単なるスポーツ競技ということ以上に重要な意味を持つ大会だった。それは1976年以来、12年の歳月を経て、アメリカとソ連が共に出場したオリンピックだったからだ。それ以前、1980年のモスクワオリンピックではアメリカが出場を拒否した。すると1984年、ソ連とその同盟国もロサンゼルスオリンピックへの不参加を宣言した。こうして、スポーツを通して国家や理念の壁を超えて人類兄弟愛を具現化すべきオリンピックはその意味を失い、冷戦時代の衝突の場と化していた。

父はソウルオリンピックを歴史的に重要な転換点と位置付けていた。12年越しに再び民主世界と共産世界を代表する国々が、共にスポーツ競技を行うようになったからだ。これは韓国の歴史、さらに世界史においても重要な歴史の1ページとなった。父は、ソウルオリンピックが冷戦の終息を告げる歴史的イベントとなり、向かうべき朝鮮半島の統一も、現実的に可能であると確信した。私は当時、太極旗（韓国の国旗）が描かれたユニフォームを着用しながら、その自負心と共に、歴史が変わり始めたという意識を持つようになった。

驚くべきことに、ソウルオリンピックの後にミハイル・ゴルバチョフソ連共産党書記長による改革（ペレストロイカ）、開放（グラスノスチ）政策は加速化し、その結果、予想以上のスピードで、ソ連の解体と冷戦の終結が訪れた。

前述したように、父は共産主義者を憎んだのではなく、数百万の人の苦難と死を導いた、神の存在を否定する思想を憎んでいた。それ故にソ連に変化が起こった時、無神論にとって代わることのできる、神を中心とした世界観が根付くことを強く熱望した。父は1990年4月、モスクワで国際会議を開き、その期間にゴルバチョフ大統領と会見する中で、唯物論を放棄し信仰の自由を保障するよう求めた。

ソ連のメディアはこの出会いを重要なイシューとして取り上げた。モスクワニュースは「世界で最も影響力のある反共主義者であり、ソ連の一番の敵」であるという、父に関する内容を詳細に報道し、今こそが和解の時であると論評した。その出会いの成果として、数十名のソ連の国家議員や官僚たちが交換訪問でアメリカを訪れ、民主社会の運営原理を学び、数千名のソ連の学生らもアメリカの文化、特にアメリカ式自由の基底となる原則について学習するようになった。

彼ら自身が「国家の敵1号」に指定した人物がモスクワを訪問したという報せは、ソ連の政府官僚らやメディアのみならず、韓国や民主主義陣営の国々にも衝撃的な出来事となった。彼らは父を政治的な観点から反共主義者とのみ認識しており、父の深い精神的哲学に対しては全く理解していなかった。しかし唯物論者であったゴルバチョフに会うことは、実は父の行動原則に完全に則ったものだった。父は日頃から、憎むべき怨讐までも包み込む、利他的で犠牲的な愛の力によってのみ平和が訪れると説いていた。まさにその愛の力によって、父は自分を批判する者や怨讐までも友としたのだ。そのような友情は愛の真理を土台とした時にのみ可能となる。真理こそが、一介の貧しい労働者から世界のトップリーダーに至るまで、相手を選ばず父が伝えようとしたものである。

1991年12月、父が北朝鮮入りして金日成主席と会見した時、世間はさらに驚いた。極と極で対峙する思想や父を殺害しようとした過去からして、この事件はまさに青天の霹靂だった。この出来事に対して、一部、ただ「大胆である」といったような表現がされていたが、それはその内幕をよく知らずに言う台詞だ。実際、父が無事に帰れるという保証はどこにもなかった。しかし祖国分断を解決するという彼の意志は絶対的なものであり、神に誓った約束だった。そのため冷戦終息の折から、父は北朝鮮に説得を試みる機会を窺っていた。そしてこの時ついに自らの身の危険を顧みずに、迷うことなくその機会を摑んだのだった。

私が話を交わした人たち、特にお年寄り世代は、私の父が南北関係の突破口を開いた先駆者であると言う人が多い。父は北朝鮮の万寿台議事堂で、指導者たちに対して終始断固とした威厳のある態度で2時間にわたる演説を行った。北朝鮮の未来の発展を願うなら、主体思想を捨てて神の存在を受け入れなければならないと、力強く訴えたのである。

これは外交的発言ではない。しかし父は、そうした変化によってのみ北朝鮮の指導者が国を救うことができるという自らの確信を堂々と語ったのだ。そのため父に同行した誰もが、二度と金日成主席に会うことはできないだろうと考えた。しかし大方の予想とは裏腹に、ほどなく金主席は咸興（ハムフン）にある自分の官邸に父を招待したのだった。１９９１年12月６日のことだった。

金日成主席との出会いの中で、父は公式的な儀礼に甘んじることはなかった。その代わりに、昔別れた兄弟に再び出会ったかのような固い抱擁を交わし、万寿台議事堂で行ったメッセージを想起させるように語りながら、核兵器開発の放棄、国際視察団の入国を許可するよう促した。また、平和的統一のためのプロセスとして、離散家族の再会をはじめとする人道的交流の段階から一歩ずつ踏み出していくことを提案した。

後日父がプライベートな席で私に語ったことだが、父がそれまでしてきた多くの仕事の中で、この金日成主席との会談が最も大変だったそうだ。それは自分を殺害しようとまでした北朝鮮によって、自分の身の安全が脅かされたからではなかった。父が直面したのは、韓国の国や民に、筆舌に尽くし難い苦痛を与えた人間を、わだかまりなく抱擁するという挑戦だった。しかし父は、北朝鮮の扉を開くために、自分個人の感情を飲み込むよう神に強いられたのを感じた。

全く違う価値観や世界観にもかかわらず、絶対的な確信と使命感によって、父は金日成主席の心を動かす道徳的権威を手に入れた。それは軍事力や経済的な誘引策では不可能だ。脱北者として初の大韓民国の国会議員になった趙明哲議員に面会した時、北朝鮮で大臣級の地位にあった彼の父は、私の父と金日成主席が会談する場に同席していたという。趙議員が聞いた話によると、金主席は私の父に深い感動を覚え、心の門を開いたそうだ。またさらに、その後、金日成主席は参謀たちに、「文牧師こそ北朝鮮の外で自分が信頼することのできる唯一の人物である」と語ったそうだ。私は他の証言を通して、この話を聞くことができた。

こうした一連の出来事は、当時成長の過渡期にあった私の経験となり、また私が受け継いだ父の遺産となった。彼の人生、彼に対する記憶、個人的に語ってくれた話、それらすべてが私の人生の中に沁み込んでいる。私は韓国人、そして韓国という国の運命と切り離すことのできない父の遺産を継承しなければならない責任を、切実に感じてやまない。韓国が統一を果たし、歴史の運命を切り拓いた時、私の使命もまた果たされる。

大韓民国の無関心

海外に住み、家族の歴史を知る私にとって、朝鮮半島の統一は、自然かつ必然的な目標のように思える。統一は分断によって生じた朝鮮民族の傷を癒やすことだ。のみならず、地政学的な観点でも、統一は、繁栄と発展、平和、安全保障に直結しており、朝鮮半島をはじめとする東北アジアと世界に、肯定的な影響を及ぼすことは明らかである。

したがって私は、すべての韓国人は統一を心から願っていて、これを積極的に推進しているだろうと考えていた。ところが現実の反応は予想とは全く違っていた。私は韓国の主要なリーダーたちとこのテーマについて対話した時、驚きを禁じ得なかった。若い世代、特に今の学生たちの間で、統一に対して関心もなく初めから望んでもいないという声が次第に増えてきているという。また、統一を国家政策の優先事項だと考える人も、ごくわずかにすぎない。

２０１４年1月、朝鮮日報が韓国人を対象として行ったアンケートによると、回答者の19・9パーセントが、統一の即時到来を願うと答えた。これは１９９４年の40・9パーセントと比較すると、半分以下の数値である。一方で、分断状態が継続することを願うと答えた割合は、１９９４年の7パーセントに対し、２０１４年の16・8パーセントと、2倍以上に上昇した。特に若い世代ほどこの傾向が顕著に表れている。20代の場合、４人に１人が現状に満足していると答え、35パーセントが統一に全く関心がないと答えた。

このような傾向にもそれなりの理由はあるのだろうが、それでも私にはおよそ理解し難い。韓国人が分断の現実に慣れきってしまったあまり、その状況がもたらす否定的な影響にも無関心になってきているのではないかと疑ってしまう。あるいは、この状況自体から意図的に目を逸らしているとも考えられる。「慣れてしまえば、無視することも容易《たやす》い」という古い諺がある。朝鮮半島における戦争の可能性の脅威に「慣れ過ぎて」、警戒心すら失ってしまったのだろうか？　朝鮮戦争の悲劇に接することのなかった若い世代は戦争に対する恐怖も持ち合わせていないようだ。

しかし分断の現実は現世代の日常にも持続的な犠牲を強いている。韓国では今でも国による徴兵制度が継続しているが、学び盛りの若者が学業や仕事を中断し、家族のもとを離れ、いつ戦争が起こるとも分からない不安を抱えたまま、人為的に引かれた休戦ラインを挟んだ北側の同胞と銃口を向け合っている現実を想像してみてほしい。また、北朝鮮の挑発や脅威がなければ他に振り向けることができたはずの膨大な規模の資源が、国家防衛のために余計に費やされることによる生産性の低下は計り知れない。それも外敵でもない同じ民族、同胞との争いによって、そのような莫大な資源が投入されていることを考えれば、実に道理に合わない浪費である。

仮に北朝鮮が戦争を起こしたとしても、彼らが勝つ可能性は0に近い。しかし北朝鮮の好戦的性質や内情の不安定性を考慮すれば、絶対に戦争が起こらないとは言い切れない。もし物理的衝突が起こったとしたら、韓国の繁栄はどうなってしまうのだろうか？　北朝鮮はどれほどの被害を受けた末に敗北するのだろうか？　現在韓国の経済力は世界14位の水準だ。確実に言えることは、武力紛争が起これば、韓国もすべてを失うという事実である。

韓国は常に、北朝鮮の予測不能性に触発されかねない、武力衝突の危険から国家を保護する必要性を強いられている。結局のところ、このような脅威を取り除く唯一かつ最上の方法は、統一をいち早く実現することだ。こうした観点からも、朝鮮半島の平和統一を、喫緊の課題として国家的目標を定めるべきなのだ。

その遂行はコリアン・ドリームに根差しているべきであり、我々の倫理と文化の伝統に基づいた、最善のものに根差すべきだ。私はアメリカで育ったが、私の両親は家庭において伝統的な朝鮮の家庭的伝統をしっかりと保っていた。大人になって、私の身なりや慣習は、私の父母の世代の観点を映し出しているということを、主に韓国に住んでいる韓国人から聞いた。言い換えれば、私は「古いやり方」に従っていた。

悲しいことに、こうした伝統は、その価値が正当に理解されることもなく、韓国では急速に捨て去られている。特に、我々の家庭的な価値観は、急速に侵食されている。それは、我々が共に生き支え合った共同的な社会の礎石であった。現代のソウルは、誰でも家を通りがかれば食事に招かれるような父の村とは、際立った違いを見せている。

戦後、父の世代は信じ難い苦難と試練に耐え、世界で最も貧しい国のひとつだったところから国を再建させた。彼らには、惨めさの中でも駆り立てられるような未来に対するビジョンがあった。だが、今日の世代は、韓国を今の韓国にした前の世代の犠牲とつながっていない。それは、下降と退廃への処方箋である。国は、それぞれの新しい世代がより大きな目的のために犠牲になる準備がある時にのみ、偉大な発展を遂げることができる。

朝鮮人としてのアイデンティティーは、家庭において形成された。恨（ハン）と精誠と共に、孝心は、世代をつなぐ核心である。それは、親と子の個人的な性質のものとしてだけではない。そこには愛国的な側面があり、それは今の世代が前の世代の犠牲を尊敬し、国のために高貴な何かをなすことを要求している。この世代を鼓舞する夢とは何だろうか？

どうやったら彼らは朝鮮の召命的運命を担うことができるのだろうか。私の結論は、統一こそが、この世代を定義する偉大な挑戦だ、というものだ。

すべての世代に言えることだが、後孫に功績を残すか、あるいはチャンスを失った悲惨な結果を手渡すことになるか、という決定的な時がある。我々朝鮮人は、時を摑んで勝利した前世代の犠牲と血と涙の上に立っている。今日、皆さんも私も、現代的な繁栄と自由の国の美酒を飲んでいる。我々は彼らに多くを負っている。しかし、我々が彼らの苦労の大きさに目をつぶるなら、今日我々が享受している生活の価値を、どうやって認識できるというのだろうか？　そしてもっと真に迫った問題は、時代が我々を呼ぶ時、その決定的瞬間をどうやって認識することができるというのだろうか？　我々は挑戦を受けて立ち、未来の世代に、より大きな益を渡すことができるのだろうか？

北朝鮮の悲劇

道徳的な側面からも統一は必ず達成されなければならないものだ。朝鮮半島の分断という悲劇の犠牲者は、訃報が相次ぐ離散家族のお年寄りのみではない。その最たる犠牲者である現在、北朝鮮に居住する住民たちは、我々の想像を遥かに超える過酷な生活を強いられている。

人工衛星からの写真に写る北朝鮮を覆う暗闇は、単なる電力不足という現象のみを語っているわけではない。象徴的な意味において、そこは政治の暗黒地帯であり、住民の生活状態等に関する情報のブラックホールでもある。現在韓国に住んでいる2万6000人の脱北者と、対北朝鮮救護団体の情報を通して、北朝鮮の変化の様相が次第に見えつつある。

北朝鮮の実情が徐々に明らかになる中、2014年2月、北朝鮮の人権状況を監視してきた国連人権委員会は、明確な根拠を持った多数の資料をまとめて報告書を発表した。この報告書は、現在多くの北朝鮮民が置かれている苛酷な状況を、かつて以上に様々な領域から鮮明に伝えた。私は「国家の最高位層が設定した政策」の結果として生じた「形容し難いほどの残酷行為」と人倫にもとる犯罪を詳細に報じたその報告書を読みながら、身の毛がよだつほどの衝撃を受けた。国連人権委員会は「国際社会が北朝鮮政府に代わり、その失政による反人倫的犯罪から北朝鮮民を保護することに責任感を示すべきである」と述べながら、国際的なレベルでの道徳的対応を求めた。報告書に詳細に記録された証拠の多くは、勇気を持って取材に応じた脱北者たちの告発による、生きた証言である。

北朝鮮民の多くは飢餓に苦しんでいる。１９９４年から１９９８年の間に北朝鮮を直撃した深刻な飢饉によって、政府の食糧配給システムは機能不全に陥り、住民の死亡数は１００万名にも上ると推定されたが、一説には３００万名とも言われている。

崩壊した政府の食糧配給システムは、北朝鮮全体を栄養失調と慢性的飢餓状態に追い込んだ。非政府組織であるＡＣＡＰＳ（Assessment Capacities Project）によれば、２４００万人の住民のうち、３分の２が明日の食事も保証されていない状態だという。５歳以下の子どもの28パーセントが栄養失調にかかっており、これが原因で脳の発達に深刻な損傷を及ぼす可能性もあるという。

脱北者の多くは、食糧を得るために国境を越えて中国へ渡った人々だった。現在アメリカで生活している25歳のチョ・ジンヘ氏（仮名）は、米議会において北朝鮮の人権侵害に関する証言を行った。１９９８年、彼女の父は食糧を求めて国境を越えて中国へ渡ったが、すぐに捕らえられて投獄され、10日間にわたる拷問を受けた。彼女の母もまた「犯罪者」の妻という理由でひどい殴打を受け、2カ月の間立つこともできなかったという。彼女は中国で逮捕され、２００2年から２００６年の間、４回も北朝鮮に送還された。そして刑務所の看守による度重なる暴力と空腹に耐えながら、不衛生な環境下で日々を送ることになった。

当時14歳だった彼女は、自分がなぜ、よりにもよって北朝鮮という地で、それも女として生まれたのかを自問する日々だったという。彼女によると、中国へ渡った16歳以上の北朝鮮人女性の中の約80パーセントは人身売買の団体に売られ、婚期が過ぎたり障害があったりする中国人男性と強制的に結婚させられたり、売春を強いられたりするという。その話の中には、女性1人の売値が３００ドルから４７００ドル以上で取引されるという詳細な説明もあった。一部の人身売買団体は、中国への脱出の手助けをするふりをしながら、脱北するや否や、直ちに彼女たちを売り飛ばすという。

また、とある人身売買犯は、追跡犬を使って国境を越えようとする女性を拉致するという。このようにして捕らえられた女性たちが、中国で助けてくれる場所を探すのは実に困難だ。身分を証明するものもなく、中国の警察に捕まれば再び北朝鮮に送られ、監獄行きを免れないためである。チョ・ジンへ氏の話によると、彼女が北朝鮮に送還された時、そこで一緒にいた女性たちの中には中国人の子を妊娠している者もおり、彼女らは最も原始的な方法による強制堕胎を受けたそうだ。

北朝鮮において子どもたちは早い段階で大人にならざるを得ない。「ミスター・パク」という通り名を使用するとある脱北者が、アメリカ・コネチカット州のジャーナリスト、シェイコ・リウに告白した内容によると、警察が、商店と学校の門を閉め、全員公開処刑場に行くように命令したことがあるそうだ。そこは、国営農場の家畜を盗んで発覚した人間を、公開処刑する場所だった。彼はクラスの友人と共に、このような光景を何度か見たことがあるといいながら、「このような恐怖が、私の知るすべてだった」と語った。

北朝鮮の孤児たちの生活はさらに悲惨だ。ＣＮＮで放映されたことのある19歳のユンヒは、８歳の時に母に捨てられた。その後10年間ホームレスとなり、道端で生活しながら物乞いをしたり、人の仕事を手伝ったりしながら、日々の生計を立てていたそうだ。彼女はある日、付き合いのあった馴染みの家を訪ねたところ、家族全員が飢えて死んでいたのを発見したという。また別の孤児であるヨセフも13歳という若さで捨てられ、ユンヒと同じような生活を送っていた。彼は「希望と言ってもたかが知れている。それは次に漁るゴミ箱には食べかすのひとつでもあればいいという程度のものだった。しかし、ない場合のほうが多かった」と語っている。

北朝鮮という苛酷な国から脱出することに成功したとしても、すべてが解決するわけではない。彼らにはまた違った形の苦痛が待っている。脱北者の多くは北朝鮮に残してきた家族に対する途轍もない罪悪感に見舞われる。親兄弟へひと言もなく、飢餓に苦しむ家族を見捨てて自分だけ逃れてきたことに対する後ろめたさ、自分の脱北行為によって家族に懲罰が及ぶ可能性を思うためだ。

私はソウルで脱北者と仕事をする団体を始め、彼らが南での生活に適応できるように援助した。私は彼らの多くと会い、話をした。私が設立した団体の活動を通して数年前ソウルで出会った30代半ばの脱北者の女性は、夫の死後、生活苦に耐えられなくなり北朝鮮を脱出したが、息子を一緒に連れてくることができなかったという。幼い息子を連れて出るには国境周辺の監視が厳重で、その勇気が持てなかったと涙を流した。韓国での暮らしは厳しいが、それより遥かに、別れた子どもに対する心痛のほうが、彼女には大きかった。

彼らと話す中で、南での生活が脱北者に残した深い傷と解消されない痛みを認識した。彼らは信頼することも、公で話すことも困難に感じている。これらは、私の団体が援助しようとしている問題の一部だ。

今日、韓国の抱える悲劇は、脱北者の多くが、韓国でも孤立と差別を経験する、ということだ。有用な技術を習得する機会すらないまま、韓国の熾烈な競争社会に適応しなければならない負担に加え、時に北朝鮮のスパイ扱いを受けることもあるという。また、彼らは、大学への特例入学を認められても、周囲からやっかみを受けることがあるそうだ。脱北者は、最初の職場で、同僚との人間的不和が原因で仕事をやめてしまうケースが多い。こうした経験を積み重ねながら、少しずつ北朝鮮出身という事実を隠蔽して生きる術を学んでいく。

いくつかの側面から紹介したこのような事例は、現在の北朝鮮や韓国社会において、枚挙にいとまがない。脱北者のひとりであるイ・ヘス氏は「真理や人権といったものに対して何ら知るすべもなく、彼ら（北朝鮮の住民）は鉄格子のない監獄の中で生きている」と語った。生存権を剝奪された平凡な彼らに降りかかるこの膨大な規模の反人倫的悲劇に対して、韓国国民は、ずっと他人事として見て見ぬふりを続けるのだろうか？

1994年のルワンダの集団虐殺事件以降、アメリカや国連にはこのような惨事の防止という点で深い自己反省があった。2014年5月、シリア内戦による死亡者数は16万人に達した。アメリカ政府は、さらなる人命被害を食い止めるためにもっと積極的な行動に出るべきだという、多くのアメリカ市民・人権団体から圧力を受けている。たとえ遠く離れていたとしても、アメリカ人はルワンダ、シリア当地における不義の犠牲者を助けるため、何かしなければならないという道徳的責任を感じるのだ。

それと照らし合わせた時、どれくらいの韓国人が、北朝鮮の住民たちに加えられる不義に道徳的責任を感じているだろうか？　彼らは、同じ民族として同じ言語を話し、同じ歴史や文化を共有する、親戚とも言える存在だ。同じ民族である北朝鮮民が置かれている非人道的な環境に対して、すべての韓国国民は責任を共有すべきなのだ。

何が北と南の人々に関係を結ばせ、共通のアイデンティティーを発見させるのだろうか？　脱北者は、しばしば南において歓迎されていないと感じ、そこでの生活に適応することに葛藤する。過去64年の分裂を起こした政治的、そして、思想的な論争より、もっと根源的な共通のつながりがつくられなければならない。過去に根差して未来を規定する、根源的な大志と原則、価値を見いだすことにより、右と左の相克的な体制を超える第三の道が必要だ。それがコリアン・ドリームであり、弘益人間の哲学に根差した共通の歴史と文化であり、それによってすべての人間の本来の価値が尊重され繁栄する。

多くの脱北者は、過去の歴史そして現状のために、人に対する不信感がとても強い。だが同時に、多くの脱北者との最近の再会の事例から、家庭における伝統や孝の精神は、まだ北朝鮮の人々の胸中に生きているのをはっきりと見て取ることができる。離散家族との再会で、韓国と北朝鮮の家族が家系図を更新して交換する時、彼らは同じ民族であることを明確に理解する。北朝鮮から参加したとある人は、韓国で亡くなった両親の葬式を、彼らと共に住んでいた妹に任せきりにしたことが常に気に掛かっていたと言い、今度は長男である自分が墓参りをする番だと語った。また別の参加者は、母が亡くなった時や弟妹の結婚の際、本来自分が兄としてすべきだったことができなかったと、韓国にいる親戚に謝った。こうした最近の離散家族再会の事例を通して、家庭における伝統や孝の精神が、北朝鮮に住む彼らの胸の中に今も生き続けていることを、はっきりと見て取ることができる。

家族間の心のつながりは、数十年にわたる歳月の別れと、政治制度と生活様式の違いにもかかわらず、より深いものとなった。とある北朝鮮の詩人は、離散家族再会の席で出会った弟に「お互い国の思想は違うとしても、我々がお互いをかき抱いて流す涙と温かい血は同じではないか」という言葉を残した。また、現在北朝鮮でひとり暮らす兄を心配する韓国からの参加者は、「私たちの希望は統一が早く実現し、お互いの家を行き来すること」だと語った。このような話は、朝鮮民族の胸の内に共通の心情の川が流れており、いかなる思想や文化の違いをも超える歴史的・文化的遺産の上に立っているということを示すものだ。これがまさに南北コリアをひとつにし、コリアン・ドリームを実現する土台となるのである。北朝鮮の多くの民が耐えている非人道的条件を知れば、統一は道徳的な命令となる。統一なくしては、抑圧的な金正恩政権は、自らの民に対して、地域に対して、世界に対して脅威となり続ける。

韓国を世界に連結する在外コリアン

私を含め海外に居住する朝鮮民族はおよそ700万人と言われ、そのほとんどがアメリカや中国、そして日本にいる。在外コリアンもまた、分断された祖国の運命と直間接的につながっており、離散家族の痛みを抱いて生きている。このような点において、今や多様な文化圏に生きる朝鮮民族は、統一の実現に対してより大きな視点を提示できるという強みがある。私は在外コリアンが国際舞台で朝鮮民族の統一に対する認識を拡大し、支持基盤を構築する上で決定的な役割を担うと確信している。

在外コリアンは様々な点で特出した点がある。グローバル化に伴い、現在多くの韓国人が世界各地に居住している。２０１３年、韓国外交部通商部は韓国人が１６０カ国に居住しており、中国に２５７万人、アメリカに２０９万人、日本に89万５０００人いると発表した。韓国人は、どこにいてもチャレンジ精神を発揮しながら逞しく生きている。彼らは現地に適応しながら開拓する能力にも優れているが、韓国人としての共同体的アイデンティティーも失うことなく維持している。

海外居住人口で見れば、小さな韓国とは比較にならない大国である中国やインド出身者が圧倒的に多い。しかし朝鮮半島の人口と比較した海外在住コリアンの比率は９パーセントに上り、その値は中国やインドよりも多い。

１９９０年からアメリカに集中していた海外移民は、中国や発展途上国へ行く比重が高まってきている。それは韓国人の海外進出の勢いを受けたように思われる。彼らは定着した国で頭角を現している。

アメリカに住んでいるとは言え、現地の韓国系移民の平均貯蓄率と大学卒業率は、アメリカ人平均の2倍に達する。彼らの収入は、アメリカ人平均の70パーセントも上位に属する。高い教育水準と市民精神によってアメリカ社会の至る所で活躍し、韓国のイシューと関連した議会の立法にも大きな影響力を持っている。在米韓国人の大部分が、都市部の密集した生活圏でとても強いコミュニティーをつくって生活していることも、彼らの影響力が大きい一因だ。例を挙げると、ニュージャージー州バーゲン郡のパリセイズ・パークという町は、住民の52パーセントが韓国系移民だと言う。

在外コリアンの存在は、祖国の統一を支援する国際的なネットワークを形成する上で有利に作用する。彼らの最も多く居住する場所が、韓国の未来や運命と深く関係するアメリカ、中国、そして日本であるということは、注目すべき事実だ。発展途上国に進出している在外コリアンもまた、韓国がグローバル・リーダーとしての役割を果たす上でとても重要な存在である。韓国人は潘基文元国連事務総長やジム・ヨン・キム元世界銀行総裁といったグローバル・リーダーを輩出している。その世界への影響には、目を見張るものがある。

在外コリアンは、異国の環境でも自分たちのアイデンティティーを守るために団結し、結束の固い韓人コミュニティーをつくっている。その大多数が祖国に対する強い愛国心を持っており、何かしら貢献したいという気持ちを持っている。特に苦難の中に生きる北朝鮮の同胞を助けたいという思いは格別だ。北朝鮮にいる同胞の人権および人道主義に対する支援活動は、主に信仰的動機に端を発している。海外で生まれた若い在外コリアンは、韓国の儒教的な生活習慣には疎いが、民族的連帯感という点は確実に受け継がれているように思える。

在外コリアン二世・三世の中には、朝鮮半島問題に積極的に関わる者も多い。移民二世のマイク・キムは、シカゴで投資事業を首尾良く運営する中で、北朝鮮難民のために何かしなければという気持ちが次第に芽生え、ついには果敢にも事業を畳んでまで支援活動に身を投じるようになった。４年間、北朝鮮と中国の隣接地域で生活しながら、東南アジア国家へ逃亡する北朝鮮難民の亡命申請を支援してきた彼は、『北朝鮮脱出：世界で最も抑圧的な国における抵抗と希望（Escaping North Korea : Defiance and Hope in the World's Most Repressive Country)』という著書の中で、当時の経験を語っている。北朝鮮の国境から東南アジアへと続く、いわゆる「秘密脱出経路」は、総長９６００メートルにも及ぶが、その道のりを踏破し、韓国大使館に亡命申請するまでには、数名の献身的な韓国人ボランティアの助力があった。韓国と北朝鮮はもちろん、オーストラリア、カナダ、中国、イギリス、日本、カザフスタン、ニュージーランド、ロシア、タジキスタン、アメリカ、ウズベキスタンから来たボランティアたちは、同じ朝鮮民族であるという理由のみで身の危険を顧みずに駆けつけたのである。

世界各地から集まった在外コリアンは、離散家族と北朝鮮民の逆境を、決して看過すべきでない道徳的イシュー、また反人倫的悲劇と認識している。韓国系アメリカ移民三世で映画製作者のジェイソン・アンは、映画『離散家族（Divided Families）』に関するコメントで、「現世代が共有している悲劇的経験と、私自身の個人的な話の次元を超えて、道徳的・倫理的観点から、〝離散家族の再会を容易に行えるようにすること〟が正しいということを主張したかった」と、その思いを語った。

海外に居住する韓国人移民一世の中にも、北朝鮮の同胞救済のために活発に活動する人々がいる。平壌における初の私立大学である平壌科学技術大学を設立したキム・ジンギョン博士が、まずそのひとりである。また、北朝鮮にパン工場を建て、児童救援活動を行っている「Love North Korean Children」のイ・ギホ牧師は、イギリス在住の在外コリアンだ。

もし全世界に広がる在外コリアンが、脱北民や離散家族への支援活動のみならず、彼らが居住する地域や国家で、祖国統一の必要性をアピールし、支持基盤を造成することができるなら、朝鮮半島の未来に極めて重要な役割を果たすことになるだろう。韓国人は既に日本の植民地時代、在外コリアンによる独立運動が、祖国に大きな影響を及ぼした歴史的事実を知っている。1919年3・1独立運動以降、上海臨時政府を立ち上げた独立運動家たちは、長期間海外での生活を余儀なくされた。金九は植民地時代のほとんどを上海で過ごした。アメリカに留学した李承晩初代大統領は、アメリカ政府から臨時政府の承認を受けるために尽力した。在米韓国人の指導者であった安昌浩は、サンフランシスコを中心に新民会を結成し、日本の植民地支配に立ち向かった。

世界各地へ進出した在外コリアンは、彼らが住む各々の地域社会や国家で、南北統一への支持を引き出すことができる重要なリソースなのだ。朝鮮民族に対して友好的とは言えなかった20世紀の西欧社会の雰囲気とは異なり、在外コリアンは彼らのコミュニティーを通して、国際的に朝鮮半島統一を支持する貴重な同盟国を確保しつつある。統一は韓国に住んでいる韓国国民だけでなく、全世界にいるすべての朝鮮民族の問題である。それは彼らにとって、道徳的義務なのだ。

コリアン・ドリーム――分断された民族を癒やす合意の構築

20世紀は、独立した統一祖国に対する朝鮮民族の夢が、無残にも挫折した時期だった。朝鮮半島は分断され、その状態は現在まで継続している。これによって東北アジアの安全保障は脅かされ、莫大な経済的損失を生んでいるが、あらゆる被害の中でも最も大きいのが人道的苦痛によるものだったと言えるだろう。北朝鮮民が置かれている状況は、国連人権委員会が言及するように、世界の道徳的良心に関わる問題ではあるものの、何よりも大韓民国国民と在外コリアンの道徳的良心に対する挑戦である。

コリアという国は、地球上最後の分断国家として名を残すのだろうか？　この問題に対して、韓国がイニシアティブを取ってその解決に当たるべき立場にあるのは明白であり、世界もそれに期待している。韓国人にその任を引き受ける覚悟があるならば、20世紀の苦難の歴史を清算し、世界において朝鮮民族の使命を全うする道が開かれるだろう。

そのためにはまず、在外コリアンを含む南北コリアすべての朝鮮民族が統一民族として共有する、原則・道徳的ビジョンに対する合意が形成されなければならない。統一は政府だけでなく、市民社会やNGOを含むすべての国民の最優先課題となるべきだ。社会の声をひとつにしなければ、日本の植民地時代の独立運動団体や、解放後に進歩と保守の陣営間で起こった内部分裂を再び繰り返す危険性がある。最近の例としては、私の父が金日成国家主席との会談を通して南北コリアによる対話の突破口が開かれた時、国家レベルでその機会をいかに活用するのかという合意と共感がつくられていなかった。韓国企業や団体は、北朝鮮との調整や意見の一致もないまま、北朝鮮との交流を通した各自の利益のみを追求した。北朝鮮との関係を通して獲得するものに対する明確な目標や、指針となる共通のビジョンが不在だったのだ。

1998年から2008年までの10年間、金大中大統領と後任の盧武鉉大統領は、北朝鮮との関係改善を図り、核開発や経済政策の変化を誘導しようと太陽政策を推進した。その意図は悪くなかったものの、正しく実行されなかったために、むしろ逆の結果を生んでしまった。

韓昇洲元外務大臣によると、韓国政府は北朝鮮政府に対して、その10年間に74億ドルを支援したと言う。民間企業、宗教団体、NGOの非公開支援金まで含めれば、北朝鮮に流れた支援金の規模は遥かに大きく膨らむだろう。公式の記録で南北関係が最高地点に到達したと言われるのは、2000年、金大中大統領と金正日総書記が頂上会談を行った時だった。しかし後に明らかになったことだが、この会談の実現のために、秘密裏に5億ドルが北朝鮮に渡ったという。そのほとんどは現代（ヒュンダイ）グループを通してなされたものだが、政策的には北朝鮮政府の真の目的はその資金にあったのだ。

冷戦後、北朝鮮政府は現金不足に陥っており、ソ連の支援に代わる収入源を探すのに血眼になっていた。太陽政策の支持者たちは、それを東ドイツに対する西ドイツの東方政策

(Ostpolitik) になぞらえ、北方政策 (Nordpolitik) と呼んだりもしたが、韓国からの支援には何の条件も制約もなかったために、北朝鮮政府はその資金を好きに使うことができた。非武装地帯で離散家族のための再会の場を設けようという韓国政府の提案を拒否した際、彼らは、いかなる支援も自分たちの望む条件下においてのみ受け入れるとはっきり宣言した。この時期の北朝鮮の動向を見れば、太陽政策が影響を及ぼした形跡は、全くと言っていいほど見当たらない。事実、2003年に北朝鮮は核拡散防止条約の脱退を宣言し、2005年の六者会合を通して核非武装会に合意したにもかかわらず、翌2006年には最初の核実験を強行している。

実際に北朝鮮は太陽政策の受恵者として、韓国から監視されない援助金を受け取ったにもかかわらず、その代価としての成果を何も出さなかった。それどころか、韓国からの援助金が核開発に直接使われたかどうかということだけが問題ではない。韓国が平和に向かって近づいていると勝手に想像している間、北朝鮮は先軍政策を強化し、核やミサイルを開発するための資源を手に入れて余裕を確保したのだ。こうした反省から、我々は、北朝鮮に対する支援政策およびすべての支援活動は、常に明確で包括的なビジョンに基づいて行われなければならないという教訓を忘れてはならない。

コリアン・ドリームが重要なのは、今まで欠けていたビジョンを提供していることである。その上で、共通の目的に向かって実践的な行動を起こすことができる。２０１２年、幅広い政治的・宗教的見解を持つ４００近い市民団体とともに「アクション・フォー・コリア・ユナイテッド（ＡＫＵ）」を設立した私の意図は、コリアン・ドリームに基づく統一的なアプローチにつながる合意形成の土台をつくることであった。２０１６年には、ＡＫＵは約１０００団体に拡大した。

その合意は、北の人々の心にも響かなければならない。また市民団体やＮＧＯを通して機会が訪れた時、彼らとその合意を共有しなければならない。それがコリアン・ドリームを共有するということなのだ。私が設立したボランティア団体、「サービス・フォー・ピース（Service for Peace）」は、２００６年、金剛山付近で床下暖房（オンドル）のためのボイラー設置活動を始めた。このプロジェクトは、後に家屋の建築にまで拡大した。この活動は北朝鮮を助けるために韓国をはじめ世界各地から自発的にこのプロジェクトに参加した多くのボランティアたちに支えられた。韓国からの救護団体の参加者が、北朝鮮の住民たちと額を突き合わせてボランティア活動を行うのは、実に初めてのことだった。そこに集まったボランティアたちは、高校生から社会人、年金受給者に至るまで幅広い年齢層にわたった。彼らの尽力によって、全部で２０００個のボイラーが設置され、新たに１０４棟の家屋を建てることができた。南北間の関係悪化によって２００８年に中断されたものの、このプロジェクトは現在でも拡大可能であり、いつでも活動を再開できる状態にある。

統一へのプロセスは、私たちの最終ゴールと同様に大切だ。朝鮮の歴史的運命を現実化する統一は、武力によってはなされない。だから、暴力と流血の危険は最小限にされなければならない。故に、統一のビジョンにおいて、北朝鮮の人々と共有できる合意を打ち立てることが重要だ。南北の国民による直接的な接触と支援プログラムを通して、北朝鮮民とも共有できる統一コリアのビジョンがつくられるなら、暴力や流血を最小限に食い止めることができる。ビジョンへの合意は、暴力衝突を避けることのできる最善の方法だ。北朝鮮がコリアン・ドリームのビジョンを共有し、そこに加わった時、すべての朝鮮民族が自らの運命の主人となり、その主導権を手にすることになるだろう。

朝鮮民族は、朝鮮半島全域の住民および全世界の在外コリアンを合わせた、ひとつの大家族なのだ。アブラハム・リンカーンは、「分かれたる家は立つことあたわず」と警告した。分かれた家は存続できず、徐々に精神を失う。それが朝鮮の場合にも当てはまる。私たちが分断の傷を癒やし、朝鮮民族という家族のアイデンティティーにしっかりと立たなければば、朝鮮民族としてのアイデンティティーを規定した、私たちの美徳と資質に背を向けることになる。私たちは文化的な遺産を失い、弘益人間の中に込められた建国のビジョンを具現化する機会もまた失われてしまう。

多くの難関が立ちはだかっていたとしても、私は韓国の現世代の人々がその道徳的責務を忘れてしまうことはないと信じたい。朝鮮民族は、困難の中でも互いに力を合わせることができる民族だ。２００７年に韓国西部の泰安で発生した大規模原油流出事故に対する対応は、これを証明する好事例である。韓国国民は、原油除去作業を政府や関連機関に任せきりにせず、皆が袖をまくりながら自分のことであるかのように力を合わせて取り組んだ。１カ月間で数百万のボランティアたちが原油除去作業を手伝いに参加したのは、まさに朝鮮民族ならではの結束力である。何事にも本気で取り組むなら、朝鮮民族はこのように驚くべき力を発揮することができる。

これこそが朝鮮民族の真の精神だ。必要なのは、正しい動機と目的観である。故に、私たちの歴史と弘益人間の中にある大志こそ、とても重要だ。弘益人間の精神の中に内在する朝鮮民族の念願には、歴史的にひとつだった民族の集団意識を目覚めさせ、分断による傷を癒やす力が存在する。その力は、朝鮮民族の「家」を堅固なものとし、歴史的運命の実現を支える力となる。今彼らに必要なものは統一へのビジョンであり、それこそまさにコリアン・ドリームに他ならない。もし、私たちが心から確信を持って成そうとするなら、過去の失敗を取り戻し、新しい明日を未来の朝鮮人に、アジア人に、世界の人に提供することができる。

これは崇高かつまさに今、必要とされるビジョンだ。東北アジアの政治的・経済的状況は過去とは違い、朝鮮半島統一を望む方向へと既に変化している。このテーマについては、次章で触れてみたいと思う。

第 3 章

今がチャンスだ

――朝鮮半島統一への機会と課題

今日、韓国は多くの困難な試練に直面している。
しかし危機はいつもチャンスと共に訪れる。
我々の中にその備えができているなら、
今という時は、5000年続いてきた文化的アイデンティティーと
共通の歴史に根差したコリアン・ドリームの結晶とも言える
新しい国家を打ち建てる絶好のチャンスだ。
こうしてつくられる新しい国は、
様々な現実的課題を解決するだけでなく、
南北コリアはもちろん周辺の国々の望みも叶えるものになるだろう。

悲観主義者は
すべての好機の中に困難を見つけるが、
楽観主義者は
すべての困難の中に好機を見いだす。

ウィンストン・チャーチル

偉大な業績は、常に不可能に対する挑戦によって成し遂げられた。人の努力は危険と不確実性の中でその真価を発揮する。したがって、現在の朝鮮半島が危険と不確実性に満ちているのは、我々の努力が真価を発揮する大きなチャンスでもある。

前章では離散家族と北朝鮮民の悲劇と苦痛に関する内容を取り扱った。しかし朝鮮民族が分断によって支払わねばならない代価はそれにとどまらない。２０１４年初頭から相次いでいる北朝鮮のミサイル発射による威嚇と、内部の不安定な政治経済状況は、いずれも韓国の安全保障を脅かす要因だ。さらに北朝鮮の核開発によってもたらされる危機感は、東北アジアを越え、世界にまで拡大している。

経済的な見地からも、北朝鮮の存在は韓国経済の様々な側面に対する足枷となっている。さらにそれは韓国だけでなく、アジア地域全体の統合と自由貿易を通じた経済活性化を阻む障害である。この現実は過去の冷戦時代の地政学的関係を持続させ、変わりゆく世界の現実を全く反映しない時代錯誤な状況を生み出している。

朝鮮半島の統一に韓国の若者が無関心であるという昨今の傾向は、統一のための環境づくりに否定的な影響を及ぼしかねない。彼らの無関心はほとんどの場合、現在の状況に対して自分たちにできることは何もないという無力感の結果だ。その結果、義務的に兵役に服し、ミサイル防御システムの構築を支持することが、せいぜいできることのすべてだと考えるのである。無関心を助長させるもうひとつの理由は、統一を肯定的なチャンスとして捉えるのではなく、経済的犠牲が伴う負担として捉えるところにある。ドイツの統一が、自国はもちろんヨーロッパ連合に期待以上の肯定的結果をもたらしたという事実があるにもかかわらず、韓国の若者たちは、その過程に生じる否定的な面のみを拡大解釈する傾向にある。

挑戦を試みもせず困難を回避しようとすることは、少なくとも私の理解の中では、朝鮮民族の気概とは遠く懸け離れた姿勢だ。朝鮮戦争の焼け跡から立ち上がり、今日、世界的先進国家の仲間入りをするまでに国を発展させた親世代の精神とは全く正反対であり、泰安半島の原油流出事故の際に数百万の国民が自発的に参加して示した献身的な態度とは似ても似つかない。本来朝鮮民族は、いかなる困難にぶつかったとしても、喜んで立ち向かう気概を持った民族なのだ。

大多数の韓国人は、鋭く対立している2つの政府、相違う理念と政治体制、そして危うい南北の軍事的対峙状況から抜け出すすべについて知る由がない。私がここに提唱するコリアン・ドリームが、重要な理由だ。コリアン・ドリームは、ライバル関係にある既存の体制のもたらす未解決の葛藤を超越し、すべての朝鮮人がひとつになることができる基盤を提供しようと志すものだ。その基盤は、精神的・文化的に豊かな、共通の過去からの遺産に基づいている。またこれは、現在の膠着状態が引き起こした問題を、現実的な方法によって解決するビジョンを提示するものでもある。

韓国人の中で、統一に無関心もしくは反対の立場で、「現状維持」が最善であると考える人は、韓国の安全保障や経済に影響を及ぼす北朝鮮の危険性が、時と共にさらに深刻化するという事実を認識すべきだ。北朝鮮の予測不可能な行動が続く状況下で、今と同じような現状はそれほど長くは続かないと思われる。何もしないのは、選択肢のひとつになり得ない。

今日、朝鮮半島と東北アジアは、地政学的に大きな危険に直面しているという事実を知らなければならない。本章では、政治、経済、安全保障、そして地政学的な危険要素について説明するとともに、それらをしっかりと認識していれば、むしろ朝鮮半島の平和的統一を実現するチャンスに変えることができるということを述べる。実際に朝鮮半島の統一は、南北コリアはもちろん隣国や同盟国、そしてすべての利害当事者の要求を満足させるものになるだろう。逆に、現在の分断状況を継続させることほど最悪の選択はないとも判断され得るのだ。

国家変革への鍵は、朝鮮人全体の情と心を統一支援に勝ち取ることだ。単にソウルや平壌の政府に頼るのみではない。その支援は、ゴール達成に向けて、統一された行動に導かれなければならない。我々は、歴史の分水嶺の地点におり、正しい道を選べば、統一を実りあるものにすることができる。自由で統一された理想の国家を待ち望んだ愛国的先祖たちの挫折した希望と理想が、実現される時なのだ。結果は、我々の集合的努力に懸かっている。蛇の前のうさぎのように、状況によって麻痺させられてしまうのではなく、状況をコントロールして朝鮮の運命の主人になるべきだ。

朝鮮半島の危険と予測不能性

１９５０年、金日成が宣戦布告もなしに韓国への侵攻を開始して以来、北朝鮮はずっと予測不能な動きをしてきたが、彼の孫である金正恩が政権の座に就いた現在の北朝鮮は、いつにも増して深刻な状況にある。日本海側に向けたミサイル発射試験、延坪島砲撃事件、核兵器の開発など、彼は父の金正日時代の挑発路線をそのまま踏襲した。加えて、２０１３年12月、彼は自分の叔父にあたる張成澤国防委員会副委員長を、極めて屈辱的な方法によって公開粛清し、自分が危なげで予測不能な存在であることを自ら立証した。聯合ニュースによると、真偽は確認されていないものの、その後２００名に上る張成澤一家やその支持者たちが、処刑もしくは強制収容所へ収監、または追放されたと報道された。

このニュースは世界に報道され、多くの人々を驚愕させた。もっとも、このような行為は、朝鮮民族の情緒からして到底容認し難い行為でもある。金正恩第一書記（現総書記）は、叔父である張成澤を粛清したことによって、朝鮮民族が最も大切にしてきた家族の神聖な価値と理想的な指導者像を木端微塵《こっぱみじん》に打ち砕いたのだ。長きにわたり朝鮮民族においては、心の奥深く根付いていた儒教的倫理に従い、指導者は家族関係を礼遇し、美徳と知恵によって行動しなければならないというのが統治者の基本的な資質とされてきた。万が一その指導者が道徳的に腐敗した場合は、民の怨声を聞くことになり、民との信頼関係が断たれてしまう。そうなれば指導者は天から賦与された正当性を失うことになる。北朝鮮の最高指導者が、自分の叔父であり、また父の故金正日総書記の任命した政治的後見人を公開処刑したことは、南北コリア両方の国民すべてにとって、統治者としての資質を疑わせずにはいられないものだった。韓国人にとっては、このような金正恩の行動は道徳的堕落の極限だと言うべきだろう。

北朝鮮の住民たちが人権の全く保障されない状況で暮らしている一方、金正恩は過去に我々が見てきたものよりもさらにひどい方法で、勝手気ままな統治を行っている。彼の気まぐれな性格は、北朝鮮内部の経済的・社会的な退歩を招くとともに、北朝鮮の今日の状況を、朝鮮戦争以降のいついかなる時よりも予測不可能なものにしている。

外部の観察者の視点から見た時、金日成から始まった「金氏王朝」は、住民を抑圧し搾取する独裁国家にすぎない。しかし北朝鮮内部から見れば、それなりに体制を維持するための名分が備わっていることが分かる。国家の宣伝機関は、家族を大切にする根強い朝鮮文化に訴えることによって、金日成主席を国家と民族の父として美化することに成功した。彼が権力の座に就いた当時は冷戦下の状況にあり、住民たちは最小限の生活程度は保障されていたため、絶対的な情報統制が可能だったのである。

北朝鮮の宣伝機関が描いた絵は、常に指導者と人民が外部世界に対する敵愾心を燃やし、固く団結する姿を見せつけていた。北朝鮮経済が韓国よりも進んでいた休戦以後の約20年間は、そのような空想ももっともらしく見えた。北朝鮮民と金日成体制の間には、初期から暗黙の同意とも言える一種の社会契約があった。政府は住居、労働、旅行、言論と思想の表現等、住民の日常のあらゆる面を厳しく統制する反面、職業や住宅、そして食糧の配給を約束した。韓国が戦争の終結と共に世界の最貧国にまで転落した状況において、北朝鮮の高度な中央集権体制は、住民の基本的な生活水準を引き上げることにおいて、一時的に効果があったのは確かだ。

しかし、海外援助や政府の支援は切迫した状況を抜け出すレベルまでは機能したが、北朝鮮の実験も、他の共産主義国家と同様、その本質的な限界を露わにした。基本的な衣食住の提供を超える以上の経済成長を達成しようとすれば、自由市場体制で要求される創造性、企業精神、革新性、そして良質の技術と商品が必要だ。しかし、共産主義式の中央計画経済は成長の動力であるこのような活動を窒息させてしまうため、結果としてその壁にぶつかり、経済は低迷した。ソ連と他の共産圏国家も同じ轍を踏み、低迷した北朝鮮の経済は、ソ連が崩壊して食糧とエネルギーの援助が中断したことによって、さらに大きな打撃を被った。

北朝鮮指導部が新しい状況に適応し、自立経済を達成するためには、大々的な変化をもたらす必要性があった。しかし金日成に引き続き、最高指導者の位置についた金正日には、そのような意志がなかったようだ。１９９０年代にはひどい大飢饉に襲われながらも、彼は体制維持にのみ没頭した。当時彼は幹部らに対し、体制転覆が起こって全員が殺される危機にあるとして、いかなる犠牲を払ってでも権力維持に集中するよう指示した。その最中に登場したのが、いわゆる「先軍政治」だ。軍指導部は党に忠誠を誓って政権の生存を保証し、その代わりに最高指導部から安楽な生活の保証を受ける「悪魔の取引」が行われた。それは国家の原則に反する愚かな選択だった。これによって、圧政ながら名分は維持されていた金日成と北朝鮮住民間の基本的な社会契約は崩壊し始めた。

金正日の政策は、政府と住民の間に根本的な分裂をもたらした。国家の発展のための計画は置き去りにされ、住民がまともに生活を営むための条件も保証されることはなく、空虚な宣伝ばかりが飛び交っていた。体制維持の柱となる党の幹部らを除けば、住民は誰ひとりとして職場や食糧を保証されることがなかったと言う。

それでもまだ金正日は、表面的とは言え父金日成に対する最低限の孝を維持していた。その点、金正恩は、父の義弟であり主要後見人として任命された張成澤を処刑したことで、その伝統までも打ち壊してしまったのだ。金正恩の行為は、朝鮮民族の伝統的な美徳と人間愛を捨て去った、無慈悲極まる行為と言うことができる。

それは、北朝鮮の政権が、これ以上持続し得ない状況に陥ったことを意味する。搾取的な指導層が残りの一般民に対し、いつまでも犠牲を強いることは不可能だ。いずれ何らかの恵沢を与えなければ、何かが起こるのは必至である。問題は、いつ、どのように与えるか、である。それは、「アラブの春」が与えた教訓であり、チュニジア、リビア、エジプトに変化をもたらした方法にも通じるところがある。金正恩は、北朝鮮の指導者が備えるべき人格の基準をさらに転落させた。経験不足で激しやすく無慈悲な性格の指導者が君臨する北朝鮮の不安定な社会経済状況は、いつ爆発するか分からない時限爆弾のようなものだ。

張成澤処刑事件は、過去北朝鮮の内部闘争がこれほどまでに露骨かつ劇的に表面化したことはないことから、北朝鮮指導部内で既に深刻な派閥闘争が発生している事態を暗示しているとも言える。いずれにせよ金正恩第一書記の暴力的で野蛮なやり口は、北朝鮮の体制の不安定さがますます高潮してきていることを示す指標であり、彼が払うことになる代価は、ことが進むにつれて大きくなることは明白だ。

また、中国は金正恩に対する憂慮を禁じ得ない状況にある。張成澤はそれまで北朝鮮と中国を結ぶ仲介者として、少なくとも中国との国境地域において、多少であれ中国式の開放路線を進めていた人物だったからだ。おそらく彼のこうした行動が反対を招き、ついには殺されるに至ったのだと推察される。

ソ連崩壊以来、中国が北朝鮮のメインのパトロンであり保護者の役割を担ってきたという事実があるにもかかわらず、金正恩は張成澤処刑事件が中国との関係に及ぼす影響を、特に気にも留めていないようだ。彼は中国を訪問することもなく、中国の助けがなくても国家の運営に自信があると思わせるような行動を度々取っている。しかしこれは遠大な妄想にすぎない。国家に影響を与え得る基本的な現実すら忘れ去ってしまったかのようなこれらの行動は、金正恩という人物が政治的経験の浅い未熟者であるという事実を、余すところなく見せつけてしまった。実際に、彼の父である金正日は、最高指導者になるまで10年間の準備期間を経たが、金正恩にはこうした準備がほとんどなかった。

ある者は金正恩がNBAのデニス・ロッドマンを北朝鮮に招待した時、代を超えて体制に仕えた補佐官らが、どんな思いになったのかを推して量り得るという。金正恩はアメリカのスポーツ界において悪童との噂の高い選手を選んだようだが、その彼がオバマ大統領に自分のメッセージを伝えてくれることに期待していたという。このことは、彼がいかに未熟で国際関係の現実について無知蒙昧であるかを示す、代表的な例だと言えよう。それほど行き当たりばったりで経験不足な指導者が権力の座にあるということは、つまるところ、北朝鮮の危険性が極みに達していることを意味するのだ。彼の手に核兵器が渡ることがどのような意味を持つのか、想像するのも恐ろしい。

こうした状況と隣り合わせにある韓国国民は、この事実にどう対応するのか腹を括らねばならない時期にある。象徴的であれ文字通りであれ、爆弾が破裂するのを待つのか、それとも雷管を除去するための行動に出るのか。遅かれ早かれ変化が訪れるのは必至であり、その訪れが激しい波として韓国に押し寄せることは明らかだ。

国際的環境に呑まれる運命を余儀なくされた20世紀の苦々しい経験のように、受動的な出来事の展開が自分たちの運命を決定することを許したいのだろうか。それとも、平和的統一という結果に向けて、これから起きることに方向と影響を与え、自分たち自身が自らの運命の主人になりたいのだろうか？

第２章において、統一の基盤に必要な、統一されたビジョンが弱められつつある韓国の現状に言及した。統一への無関心は、特に家庭に関係する伝統的朝鮮の価値観が弱体化していることによる。同時に、韓国社会に継続する右派と左派の、政治的かつ思想的な戦いは、明確な国家ビジョンを中心とする合意の発展を妨げた。それなくして、平和的統一は難しく、我々が召命を受けた理想や運命が実現されることはないだろう。

北朝鮮が変化する可能性

北朝鮮の不安定な情勢は朝鮮半島に危機をもたらす一方で、私はそれと同時に統一の機会の扉を開くものとも認識している。北朝鮮の食糧配給システムの崩壊は、住民の中に、政府だけに頼ることをやめ、自分の生活を自らの力で賄うという責任意識が芽生えるきっかけを呼んだ。その結果、自然に小規模市場が生まれ、一部の住民は食糧を求めたりお金を稼いだりするために中国へ渡ったりもした。彼らに政府の統制が及ぶことがなかったのは、北朝鮮において実に初めての出来事だ。また、こうして中国へ渡った人々は、食糧だけでなく、さらに情報も入手していた。特に中国で放送されていた韓国のテレビ放送を通して、北朝鮮で知らされていた世界とは全く違う世界があることに気付くようになったのだ。検閲を通さず入手される情報は、北朝鮮政府が住民に対して隠していた、虚偽と加飾を浮き彫りにするものだった。こうして、かねてより人民の天国だと宣伝していた北朝鮮の実態に、初めて亀裂が生じ始めた。

金正日は自由市場を禁止し、再び以前の統制権の回復を図ったが、政府がすべての国民に食糧を提供できない状況下で、この努力は水泡に帰さざるを得なかった。その上２００９

年11月に奇襲的に行われた貨幣改革は、住民を大混乱に陥れた。北朝鮮政府は、世帯あたりで交換することのできる貨幣の量を制限した。貨幣改革の意図は、通貨価値を切り上げ、闇市場の運営者たちの貯蓄を相対的に減らすことにあった。しかし、闇市場の運営者は主に人民元や米国ドルで資産を保有していたため、本来の目的とは裏腹に、ただ大多数の一般市民を被害者にしてしまった。挙げ句の果てに貨幣改革への怨嗟が蔓延し、市場に対する規制緩和を求める住民の要求が相次いだ。この事態を受け、北朝鮮政府による異例の公式謝罪文が発表され、結局2010年3月に、貨幣改革を主導したとされる労働党の計画財政部長だった朴南基が処刑された。

この事件は、北朝鮮政府と国民の関係におけるひとつの分水嶺となった。北朝鮮政府は事実上、市場を完全に掌握したり、抑圧したりすることはできないということを認めたのだ。またそれは、政権と住民の距離が遠ざかっていることを示していた。政権が権力を保全しようとしながら国民に何の施しもしない状況で、国民が自らの意志を示したのだ。これが北朝鮮にも変化が確実に訪れるというシグナルであることは明らかである。

今日、北朝鮮でも自由市場は確実に広がりつつあり、生存のために必要不可欠なものとなっている。同時に、北朝鮮内で、政府の統制を受けずに運営される外国為替取引と闇市場の規模も拡大しつつある。

情報もまた、着実に流入しつつある。現在北朝鮮における携帯電話の加入者数は200万名ほどと言われているが、そのほとんどの情報は、浸透性の高い携帯電話を通して中国経由で入るケースが多い。一方、それよりもさらに多くの人々が、処罰の危険性があるにもかかわらず、韓国のテレビ放送を直接視聴している。また北朝鮮は、自主供給が不可能な食糧と医療サービスの多くを救護団体に依存せざるを得ない。救護団体の大部分は住民との直接的な接触ができるため、そこもまた情報流入経路のひとつとなっている。

政府はこれ以上外部からの情報を遮断することはできない。北朝鮮民は外部の情報を知れば知るほど、自らの置かれた惨めな現実に気付いていく。それは情報通信技術の発達と、周辺国家の開放的変化に起因している。冷戦以降、北朝鮮の友好国であり支援者でもあった中国と旧ソ連は、自国の経済発展に集中し、北朝鮮とは比較することができないほどの、自由な情報の流通を容認してきた。一方で、中国や旧ソ連は、「情報遮断壁」を築いて住民を孤立させていることに協力する気はない。北朝鮮は、彼らから過去と同じような支援をこれ以上期待することはできない状況にある。

北朝鮮の民は、基本的な生存のために必要なものさえも政権が提供しないことを経験してきた。故に、政権と人民の間の溝が広がりつつある。それが張成澤処刑事件によって大きくなった。韓国の人権団体には、北朝鮮の世論を観察しているものや、秘密裏に携帯電話により交流しているものがいるが、それによると、処刑は深刻なショックとして広がった。人々は金正恩に対してリーダーとしての信頼と尊敬を失い、未来に関してもっと不確実性を感じているという。

これは、１９４８年にふたつの政府ができて以来、統一に対する肯定的な変化と運動へ、北朝鮮の状況が熟しつつあることを示している。少なくとも過去と比較すれば、北朝鮮の人々は以前よりもっと情報を得て、自分たちの生活のために自主的に責任を行使する可能性がある。それが生き残りのために必要になった。同時に、韓国は言うまでもなく、中国の田舎と比較しても、自分たちの状況がどれほど惨めかを、おそらく認識している。メディアや携帯電話、ＮＧＯや市民団体との直接の交流等を通して、北朝鮮の人たちに未来への希望のビジョンを伝える方法はある。

生存のためになり振りかまうこともできない一般住民の間では、政権に対する信頼と忠誠心が失われつつあり、党幹部も、不確実な政府の未来を心配し、それぞれ生きる道を模索し始めている。不法な通貨交換がなくならないと思われるのも、労働党の幹部が個人的な利益を得ているからだ。

北朝鮮の官僚らは、彼らと外交関係のあるモンゴルを度々訪問する際、非公式の席でモンゴル共産党と党員らの状況について注意深く尋ねるという。私が出会ったモンゴルの議員のひとりは、自身が民主的プロセスに携わり、それ以降から今まで、政府と与党の間で活動していると話したそうだ。大部分が中流階級である北朝鮮の官僚たちは、この言葉に安堵し、一抹の希望に期待している様子だったと言うが、自国で起こる変化の兆しを念頭に置いていることは、よもや疑いようがない。

一般国民や党幹部たちが、それぞれの生きる道を模索し始めた時、政権は彼らの忠誠心と絶対的な支持を喪失することになる。東ヨーロッパの共産国家において生じたのがまさにこのようなことだった。時が経つにつれて、多くの住民たちが、現政権の継続が果たして自分たちの生存のために益になるかどうかを冷静に計算し始めるだろう。

また国際社会における孤立も加速している。韓国が伝統的な友好国に限らず、中国やロシアを含む多様な国家との関係を拡大する一方で、北朝鮮は、冷戦時代の友好国であった中国やロシアですら核とミサイル発射実験に対して不快感を示し、支援を絶っている状態にある。その挙げ句、外貨獲得のための武器輸出、麻薬密売、貨幣偽造等といった違法かつ極端な方法に依存し、多くの処罰的規制でがんじがらめになっている。

北朝鮮指導部内において、「これ以上失うものはない」という考え方が急激に形成された場合、無謀で挑発的な行動につながる可能性もある。結果として、半島の全体的な状況がもっと不安定になった。しかし、同時に、38度線の両側にいる人々が、コリアン・ドリームの統一されたビジョンを把握し行動できれば、変化に向けて、本当の機会を得られるだろう。

韓国の経済的挑戦

再び焦点を韓国に戻してみると、韓国もまた過去数十年間持続していた躍動的な経済成長が鈍化する傾向を見せている。まさにそれは朝鮮半島の分断と北朝鮮政権の特性により訪れた限界と言えるだろう。経済協力開発機構（ＯＥＣＤ）の報告書では、韓国の年間経済成長率は既に下降線を描いており、２０６０年までに1・6パーセントにとどまると予想された。もはや韓国も「日本化」と言われる低成長、長期不況の罠に陥ってしまう可能性が高い。

高齢人口率の増加、天然資源を巡る熾烈な国際競争、そして韓国経済が日本と中国の間に挟まって競争力を失うという、いわゆる「ナットクラッカー」により、このような展望は現実味を増しつつある。

2013年の韓国の未来人口推定値によると、現在12・2パーセントを占めている65歳以上の高齢者人口は、2026年になると20パーセントに上昇し、以後持続的に増加すると予想されている。この動向が正しければ、現在（2015年当時）の小学生が定年退職する時期には、65歳以上の高齢者の人口が、全人口の半分以上を占めるようになってしまう。労働人口には限界があるが、現制度下においては、高齢者向け福祉の支出が急速に増え続けるのを止めるすべはない。社会保障費の増加は税率の増加につながり、この公共支出の増大によって、個人が投資できる資金が減ることを意味する。2012年、韓国租税財政委員会が発表した研究資料によると、福祉費支出により、年間予算赤字がGDPの8・3パーセントに上るだろうとの見通しが出ている。そして2050年には、政府の負債がGDPの137・7パーセントに上ると予想されている。これは現在の勤労者たちが、退職者のための社会保障費を負担するより遥かに大きな財政的負担が、未来の労働年齢人口に対して課せられることを意味する。欧州の福祉社会と同様、韓国にも、持続的な成長より成長が阻害される要因の比重が重くのしかかってきている。

韓国経済の足枷となっているもうひとつの大きな要因は、天然資源の不足である。韓国はエネルギーをはじめとする重要資源の相当部分を、輸入に依存せざるを得ない状況にある。資源を巡る国際競争、特に急速な産業化が進み、資源のブラックホールと呼ばれる中国との競争は、原資材価格の上昇を呼び、韓国の収益率に深刻な影響を及ぼしている。

北朝鮮との常時的な安保的危険に晒されている韓国国民は、北朝鮮との共生を望むのか否かということと併せて、今日のような対峙状況がもたらすあらゆる不確実性に対し、ひたすら苦悩せざるを得ない状況に置かれている。韓国とアメリカを相手取った本格的な戦争をしたところで、北朝鮮が勝つと考える人は誰もいないだろう。しかし、北朝鮮は120万名という決して少なくない兵力を保有しており、たとえ敗北したとしても、ソウルをはじめとする一部地域に莫大な被害を与えることは間違いない。事実、北朝鮮が保有している1万基余りの長距離射程砲と、地下壕に隠されたロケット発射器は、韓国の大部分の地域を射程圏内に収めている。これは、混乱と崩壊の中の最終手段としての核兵器の使用という悪夢のシナリオを抜きにした予想である。

地政学的な危険と機会

北朝鮮の安保危機は、朝鮮半島のみに限定されるものではない。それは、東北アジア地域の国家における軍拡競争を通して、世界に拡散している。北朝鮮は、日本海上で、日本を横切るミサイルの発射実験を行ったことがある。それは、アメリカを狙った核のデモンストレーションの意味を持っている。

北朝鮮の問題を専門とする政策研究所である38ノース（38North）が、２０１３年に提出した報告書によると、まだ実験は行われていないが、北朝鮮は、アメリカ西部海域にまで到達する大陸間弾道ミサイルICBM/KN-08の改良型を保有しているそうだ。さらに北朝鮮は、パキスタンの核科学者、Ａ・Ｑカーン博士から、ミサイル装着のための核弾頭小型化の設計図を入手したと推測される。

核兵器の開発は、北朝鮮が引き起こす脅威のもうひとつの側面であり、国際的に対応が困難な事例だ。国連安全保障理事会が、直近の北朝鮮の核実験後、２０１３年3月に北朝鮮に対して満場一致の制裁案を通過させた理由が、まさにここにある。古くから北朝鮮の友好国であった中国までもが、決議案１７１８、１８７４、２０８７号を支持した。国連安保理は、北朝鮮の完全な非核化と一切の武器輸出禁止を各国に促した。

北朝鮮は、カーン博士との協力を通して、原子炉と核兵器の生産に必要なウランを濃縮するのに使用される、六フッ化ウランを、ムアマル・カダフィ政権下のリビアに提供したことが知られている。またシリアには、2007年まで原子炉技術の提供を行っていた。また最近では、イランと核開発に協力したという事実を証明する強力な証拠が入手され、一部のアメリカの専門家たちは、イランの科学者らが北朝鮮側の科学者と共に、その核開発に参加したと確信している。

手段を問わず外貨獲得を急ぐ北朝鮮は、通常兵器、ミサイル技術、軍事訓練等の取引をする準備を整えたばかりか、不安定性が増大している中東地域内の国家郡と、核関連技術を取引しているという容疑までもが明らかになった。北朝鮮の政権は、カダフィが核開発を放棄さえしなければ、未だに権力を握っていただろうと確信している。2011年、アジア・タイムズ・オンライン（Asia Times Online）の「北朝鮮、カダフィの核放棄の愚かさを嘆く」という記事で、ドナルド・カークは次のように述べている。「彼ら（北朝鮮）は言う。『もし、カダフィに反撃する核の抑止策があったとすれば、アメリカやその他の国家は、果たしてカダフィ政府軍を攻撃できただろうか？　できたはずがない』（北朝鮮は）リビア危機を通して、国際社会における峻厳な教訓となり得る内容を発見した。北朝鮮中央放送から引用した外交部の代弁人は『(アメリカとその他国家による) リビア爆撃は、再び……力なくしては平和を守護することはできないという真実を確かなものとした』と語った」

北朝鮮がイランに手を貸し、核兵器を入手する技術を提供することになれば、中東の不安はさらに増幅され、核兵器が間接的に非公式なチャンネルを通して、アルカイダのようなテロ組織に流れる可能性もある。たとえその可能性は低いとしても、もしもそうなった場合の恐ろしい結果を無視することはできない。

北朝鮮の核の脅威は、冷戦の終息が生んだ直接的な結果だ。非武装地帯DMZを冷戦時代が生んだ残債と呼ぶならば、冷戦が終息し、より良い方向へ向かうべき地政学的状況は、むしろ核の脅威を高め、朝鮮半島の状況をより深刻な局面へ引っ張り込もうとしている。

ほとんどの国家は、冷戦の理念対立を捨て、経済発展に必要な政治的安定に力を傾けている。ソ連の崩壊によって安全保障の盾を失った金正日総書記は、これが北朝鮮の新たな弱点となり、アメリカの攻撃を誘うものとして憂慮した。しかし冷戦が続いていたとしても、彼が違う考えや行動に至ったとは考えられない。いずれにせよ、ソ連崩壊以後の安保問題に関し、中国に過剰に依存することを嫌った彼は、より自主的で攻撃的な国防戦略を強引に推し進め、結局、核とミサイル開発に没頭し、「先軍政治」を構想したのだった。

中国は、伝統的に北朝鮮を、駐韓米軍から自国を保護する一種の緩衝地帯と見てきた。「脣亡歯寒」とは、中国と北朝鮮のこうした関係を表す中国式の隠喩であり、「唇（北朝鮮）がなければ、歯（中国）がしみる」という意味である。この考え方もまた冷戦の残債とも言えるが、常に中国の政策で基本とされてきたものだ。２０１１年、金正日総書記の死亡と共に、中国は軍隊を動員し、鴨緑江周辺で軍事行動を開始した。中国は、万が一にも起こり得る北朝鮮民の大規模脱出を阻止するためだったと供述しているが、非公式には北朝鮮を接収する意図はなく、ただ北朝鮮政権が崩壊した場合、38度線以北にアメリカが進軍する事態に備えた準備だったと、韓国側に漏らしている。中国の朝鮮半島政策は、朝鮮半島の平和と安定を維持するものであり、少なくとも最近まで金正日政権を支持したことは、そのような基本政策に則ったものだと信じられてきた。

しかし周辺の情勢、特に北朝鮮の行動により、中国は党の政策を再考し、域内の環境が冷戦時代の関係とは全く異なる形に変化していることを感知するようになった。現在中国は、自分の意思に逆らう北朝鮮の核武装を黙認すべきか否か、この地域の平和と安定のための最善の選択に苦心している。

中国は、その急速な経済成長を秩序ある平和的な方法で管理するために、安定を必要としている。同時に目指しているのが、世界的な影響力を持つ大国となることだ。既に中国は世界第2位の経済大国であり、多くの経済学者は２０３０年までに米国を抜いて第1位になると予測している。ＯＥＣＤは早ければ２０１６年に追い抜くと予測した。もちろん、これらの予測はすべて仮定に基づくものであり、時間の経過とともに大きく変化する可能性がある。いずれにせよ、中国が世界的な野心を持った重要な大国であることを示しているのは間違いない。しかし、グローバルな影響力を行使するためには、中国は経済力や軍事力だけでなく、一定の道徳的権威を持って行動していると他国から見なされる必要がある。国際規範を極端に無視する「ならずもの国家」である北朝鮮との結びつきが強過ぎると、このような願いは叶わなくなる。平和と安定を追求する中国は、核のない半島を求めている。しかし、北朝鮮は中国の抗議にもかかわらず、核開発と核実験に執着している。

中国指導部は、このような北朝鮮の核によるデモンストレーションが、地域の安定にどれほど大きな脅威となっているかを判断すべきだ。北朝鮮の核開発は、特に日本の近海に着水したミサイル発射実験とともに、日本の政治的右派と軍備拡張を煽る要因のひとつとなっている。北朝鮮の脅威への対応として日本が核を持つ可能性は未だ低いものの、中国が日本の軍国主義の復活を決して望むはずはない。しかし、中国周辺の海と空に対する攻撃的拡張の行動は、逆効果であり、緊張を増加させるのみである。

そのような状況下で、中国が徐々に政策の方向性を変えつつあるのは確実だ。中国の明白な反対にもかかわらず、北朝鮮は、２０１３年２月、第３次核実験を強行した後、中国はアメリカと共同で北朝鮮を非難し、広範囲な制裁を加えることを促す国連安保理決議案の作成に踏み切った。それ以前の２００９年、北朝鮮による第２次核実験当時には、やや融和的なアプローチを主張していたのとは対照的である。当時中国は北朝鮮に対する国連安保理決議案を支持はしたものの、より外交的なアプローチを主張し、決議案１８７４号が定める制裁にも積極的に賛同しようとしなかった。

２０１４年初頭、中国社会科学院は、向こう5～10年にかけて当地域に対する中国の戦略を検討する、２０１４アジア太平洋地域開発年例報告書において、朝鮮半島の統一の可能性を念頭に置いた中国の政策的な選択を議題に上げた。報告書は、「今後10年間で、北朝鮮と韓国との関係における核心は統一である」とし、北朝鮮に対して「いかなる状況が来ても中国は北朝鮮を見捨てないなどという誤った判断をしてはならない」と警告した。

これは、中国政府が、北朝鮮を中米両軍の緩衝地域として維持するよりも、南北コリアの統一のほうが地域の安全保障をよりよく保証できるのではないか、と考慮し始めていることを意味する。韓国が朴槿恵大統領以来、従来の「力による統一」の政策を放棄し、平和的統一を追求するようになってから、この変化が可能になったとしている。また、北朝鮮情勢、日本の軍備拡張、経済関係の発展により、中国と韓国の相互依存が高まっていることを、中国社会科学院の報告書は指摘した。韓国の対中貿易額は2013年に2700億ドルを超え、韓国の対日・対米貿易額の合計を上回った。これに対し、北朝鮮の対中貿易額は約64億5000万ドルにすぎない。中国社会科学院は、韓国の政権が変わっても、このように増大する中国と韓国の関係が変わることはないと報告した。

中国政府のオフィシャルな代弁紙である「環球時報」の4月3日の社説も、中国が朝鮮半島の政策を再検討するよう提案している。北朝鮮による第4次核実験の脅威に対する反応として作成されたこの社説は、北朝鮮の核への執着は、それだけ体制が不安定であるという証拠だと非難しながら、「核実験とミサイル発射は、北朝鮮の外交における唯一のカードであり、これは北朝鮮をはじめ、東北アジア全体から見た時、まさに不幸である」と述べている。そして、「もし北朝鮮がこの路線を継続するならば、長期間にわたる国際社会からの孤立を余儀なくされ、北朝鮮の貧困は永遠になくなることはないだろう。このような要素によって北朝鮮政府が負う危険性は、いかに確実な核保有国になったとしても相殺されるものではない」と非難した。

北朝鮮に対する中国の気まずさは、より近さを増す韓国との関係から来る儀礼的なものではなく、朴槿恵政権の統一政策に対する支持であったと解釈することができる。朴槿恵大統領は、朝鮮半島の統一に対する自身の構想を、2014年3月のドイツ訪問における核心的なテーマに位置づけた。彼女はドイツの歴史について言及しながら、「ドイツは我が祖国の平和的統一のための手本であり、素晴らしい事例」だと述べた。

朴槿恵大統領は、続いてオランダで開かれた核安全保障頂上会議において、習近平中国国家主席と同席し、その場で習主席は、朝鮮半島の「自主平和統一」に協力する意志を明らかにした。これはその次の週に北京で行われた記者会見において中国外交部の代弁人が「中国は大韓民国と北朝鮮が常に対話を通して関係を改善し、和解を促し、最終的に自主的統一を実現することを支持する」と述べたことによって重みを増した。

中国の朝鮮半島戦略の修正は、より大きな地政学的野望と結び付いたものだ。一方、日本の北朝鮮問題に対する関心は、北朝鮮により拉致された日本人の問題の解決が日本社会での主要な関心事ではあるものの、地政学的には主に自国の安全保障に集中している。ミサイルの発射実験により、北朝鮮は日本にとって直接の脅威となり得ることが示された。とりわけ北朝鮮に対する経済制裁によって、経済交流が減少して以降、日本が北朝鮮に対して執れる措置には限界がある。したがって日本は北朝鮮のミサイルの脅威に対しては、米国や韓国と同盟して軍事的な対応を準備すると考えられる。２０１４年４月初旬、小野寺元防衛大臣は、海上自衛隊に、北朝鮮軍創建記念日である４月25日まで、北朝鮮から飛来する弾道ミサイルをすべて撃墜するよう指令を下した。

北朝鮮の脅威は、朝鮮半島周辺をより不安定にした。中国との緊張感の高まりと共に、日本の再軍備化および他国との軍事演習を促す結果を招いた。これは中国や韓国にとって敏感にならざるを得ない事案だ。なぜなら、第二次世界大戦中、中国や韓国を舞台に繰り広げられた日本の行為に関する、未解決の歴史的問題があるためだ。昨今日本は、戦略的・地政学的な理由に基づき、地域で果たす軍事的役割を拡大することを論じているが、過去、その軍事行動によってもたらされた癒えない傷が未だ存在するのは明確だ。日本はこれに対処しなければならない。ドイツは、世界中のユダヤ人や、ナチス・ドイツに占領された国々から戦争の贖罪を求められ、その罪を忘れることがなかった。それと比較して日本は、戦時の犯罪に対する責任を完全には果たしていない、と感じている人が多くいるのだ。

ドイツは過去のナチズムの歴史を全面的に清算し、ホロコーストに対する賠償金として、数十億ドルをイスラエルに支払った。日本もまた韓国や中国に戦時中の行為を謝罪し、賠償金を払ったが、昨今の行いは、その誠意に疑念を抱かせている。例えば、日本政府は戦争の歴史を肯定的に記述する教科書を検定承認した。これは韓国人と中国人を激怒させるものだ。日本再軍備化の可能性は、この歴史的な文脈において、大きな葛藤をもたらし、緊張を増幅させている。北朝鮮の行動は、こうした衝突の原因になっている。彼らは、周辺国に紛争が起これば、自分たちが生き残ることができると感じているに違いない。

オバマ政権では、日本の軍備拡張の地域における影響は、アメリカの政策の方向性によって増幅された。アメリカの国防費の削減は、アジアにおけるアメリカの立場を弱めることになる。アフガニスタン、イラン、イエメン、そしてパキスタンの国境地域のような場所でテロと戦っているアメリカは、シリアをはじめとして、現在はウクライナにおけるロシアの野望にも目を向けなければならない状況に置かれている。これはすなわち、アメリカがアジア政策に割く時間も資金も十分でないことを意味している。

ヒラリー国務長官の「アメリカの太平洋世紀（America's Pacific Century)」という論文

が2011年11月、「フォーリン・ポリシー」誌に掲載された後に、アジアへの〝リバランス（再均衡）政策〟と名称が変更された〝アジアへのピボット（軸足移動）政策〟は、アメリカの外交政策におけるひとつの流行語になった。しかし2014年の年頭演説では、オバマ大統領は、アジアへのリバランスについてほとんど言及していない。これは、リーダーシップの不足と、オバマ政権の世界からの遊離の反映であった。これは、中東や東ヨーロッパ、そして今や北東アジアからも後退することにより、地域的力の空白を生み出し、リーダーシップの不在と世界からの離脱を意味するのだ。

アジアの立場において、アメリカのこうした姿勢は重大な意味を持つものであった。アメリカの伝統的な国防政策は2つの戦争を同時並行するほどの力量を基本としてきたが、国防費が削減された現在の状況下で、中東戦争に関与するアメリカが、緊急時に果たして日本や韓国の軍事支援に手をかけていられるのかという疑問が生じる。その結果、アジアの同盟国、特に日本はアメリカに頼るのが難しくなり、一層の自己防衛努力の必要を認識し、日本の再軍備を推進する国粋主義者を一層刺激することになった。

また、アメリカの国内の政治にとっては、負担となっていた防衛費を肩代わりさせることは、良いことに見えるかもしれない。しかしこれまでアメリカが地域における力の安定を維持する役割を担ってきた点を看過してはならない。軍事の縮小により安定が脅かされれば、歴史的な摩擦や嘆きが再浮上する。もし日本がより国粋的な軍備拡張路線を取れば、日本がもたらす地域の不安は、アメリカの同盟国同士である韓国と日本の緊張をもたらし、中国も日本を脅威と見なすことになる。中国指導部の立場は、この地域における米軍の駐屯が、日本の再武装に対する抑制策として働いてきた点を認識すべきだ。

しかしながら、アメリカの縮小には肯定的な面もあった。アメリカの対北朝鮮政策は「戦略的な忍耐（strategic patience）」と表現されてきたが、これは基本的に北朝鮮が軍事行動を起こすことを除いては、とりわけ敏感になることなく、平時においては韓国と北朝鮮との交渉を主導的に行うように促す方針を意味する。このような考え方はクリントンやブッシュ政権を経て経験した挫折とともに、アメとムチのいずれも北朝鮮の行動に有意義な変化をもたらすことができなかったことに由来している。

その結果、多くのアメリカの政府関係者や外交政策の専門家らは、北朝鮮に変化をもたらす唯一の方法は、南北コリアの統一であるという考えを持ち始めた。例えば、ジョージ・W・ブッシュ政権で国家安全保障会議アジア担当局長を歴任したビクター・チャ博士は、自著において「この不可能の国家に対して、いわば統一に対する包容は……数十年間にわたって挫折してきた交渉以降、核兵器、人権濫用、そして常習的な軍事的脅威といった複雑に絡み合った問題を解く唯一の解決策が、統一であるという理性的な悟りに由来するものである」と述べた。

アメリカは過去、北朝鮮との核兵器を巡る交渉の失敗という苦い経験と、最近のアメリカをはじめとする世界的な経済の退潮現象の中で、朝鮮半島の状況を変えられる唯一の道が統一であるという共感帯を形成してきた。実際にアメリカ、日本、中国において、統一を、この地域の経済発展および核の脅威に対する解決策のひとつとして捉える動きがあり、韓国がこれを主導的に進めるべきであるということを、徐々に受け入れてきた。

一方、クリミア半島を合併し、東ウクライナからロシア系の分離運動を煽っているロシアの野望は、新たな憂慮を浮上させた。歴史的にロシアはウクライナとベラルーシ等の地を自国の影響力のままにできる地域と見なしてきた。ロシア大統領のウラジーミル・プーチンは、２００５年４月、チュニジアの国会議事堂で行った公開演説で、自分はソ連の崩壊を20世紀最大の地政学的災禍と見なしていると語った。「ロシア人として、これは真に悲劇的な事件だった。数千万人の我が同胞市民が、ロシアの領土外へ追いやられてしまった」と述べた。実に彼の目標は、過去のソ連の栄光を再現することであり、３期目の大統領任期を開始した２０１２年５月の演説で、彼はロシアの力を世界の舞台で示すことを約束したのだ。

スターリン時代のソ連は、極東地域に対する領土的野望があり、プーチン大統領の新たな主張は、これが東アジアの地政学的バランスにおいて何を意味するか、という疑問を生んでいる。しかし、ヨーロッパ地域と極東地域に対するロシアの政治的関心は別個の問題だ。歴史的にロシアは、常にアジアよりは国境を接しているヨーロッパのほうに焦点を合わせてきた。過去のソ連の栄光を再現しようとするプーチンの野望に対し、多くの専門家は、プーチンがロシアの国境に迫り来る北大西洋条約機構および欧州連合（ＥＵ）の拡大を、ロシアに対する挑戦として認識しているのではないかと見た。

ロシアの極東政策は、ヨーロッパとは全く違った脈絡として捉えることができる。中国と同じような理由から、朝鮮半島の統一は、ロシアの安全保障に対して実質的に何の脅威にもならない。統一に対するロシアの関心は、基本的に経済面にあった。当時ロシア最大の交易相手であるヨーロッパが経済危機に陥るや、プーチン大統領は２０１２年よりアジアへの経済的回帰を意味する「東方政策（Look East Policy）」を推進した。２０１２年９月６日付のウォールストリートジャーナルにおいて、プーチンは「ロシアは昔からアジア・

太平洋地域に属していた。我々はこの躍動的な地域をシベリアや極東開発はもちろん、ロシア全体の輝かしい未来のための最も重要な要素と見ている」と述べた。

ロシアにおけるナンバー2の商業銀行であるVTBグループのアンドレイ・コスチン会長は、ロシア・ヨーロッパ間の貿易が2006年を起点に減少している反面、アジア太平洋経済協力機構（APEC）国家との貿易は、毎年増加の傾向にあり、2025年にはロシア全体の貿易量の3分の1を占めると予想した。ロシアはシベリアで生産される自国の石油とガスをもっと中国、日本、韓国へ輸出することを望んでいるため、極東地域で貿易の自由化、地域統合、食糧安全保障、運送の促進を目標としている。

この目標を達成しようとするなら、その領域の国家間における平和と安定、そして協力が不可欠だ。ロシアは朝鮮半島の核化に強く反対しており、北朝鮮の脅威に関する解決策がなければ、日本や韓国が独自の核抑止策を選択することを恐れている。また、ロシアはガスと石油を送る管を必要とする。いくつかの提案がされているが、北朝鮮から南に通るものもある。しかし、予測不能な金正恩の手に送油管があるのは、とても危険なことだ。現在の状態において、ロシアにとって北朝鮮は、経済発展に必要な地域統合を阻害する障壁なのだ。

ここまで南北コリアの他に朝鮮半島の六者会合に参加している中国、日本、ロシア、アメリカの観点について論じてきたが、私はここにもうひとつの国家を加えたいと思っている。朝鮮半島の未来における重要な役割を担うだろうと私が確信するその国とは、モンゴルだ。

統一に向けた具体的なアクション

モンゴルと北朝鮮の関係は、モンゴルが北朝鮮に家畜を提供した朝鮮戦争の時期にまで遡る。ソ連の崩壊以後、モンゴルは度重なる困難を退けながら、ついに冷戦時代のくびきからの脱却に成功した。民主的体制へ移行した後も、北朝鮮との関係は維持し続けながら、現在平壌とソウルの両方に大使館を置いている。首都ウランバートルには北朝鮮政府関係者らの訪問が度々行われ、現地には両国間の合意によって臨時で就労する5000名の北朝鮮人が住んでいる。北朝鮮の立場からすれば、モンゴルは六者会合の参加国のような脅威の対象ではなく、共産主義体制から民主主義体制への移行を首尾良く行った経験を共有できる国なのだ。

モンゴルは、北朝鮮に対して相対的にオープンな関係にある民主国家として、様々なレベルで北朝鮮との対話の中立的仲裁者として貢献できる理想的な立場にある。モンゴルは既に2012年に日本と北朝鮮の政府関係者らをウランバートルに招待し、日本人拉致被害者問題に関する論議の仲裁役を買って出た経緯もある。米コロンビア大学のチャールズ・アームストロング教授は、「モンゴルは朝鮮半島の問題との関連で、信頼に足る仲介者としてのイメージを示すことに成功し、韓国と北朝鮮両国の信頼を得た唯一の国である」と述べた。

また、私自身も数回にわたってエルベグドルジ・モンゴル大統領（当時）と会談したが、東アジアにおけるモンゴルの役割について話を交わす中、私はモンゴルと韓国の長きにわたる歴史的関係の深さについて説明し、モンゴルが朝鮮半島の統一における北朝鮮との仲裁者たり得る特別な立場にあることを述べた。後にモンゴルが血を一滴も流すことなく共産主義体制から自由市場体制への移行を果たした時、私は大統領に、北朝鮮が経済改革を受け入れ、市場経済への道に進むことができるよう、モンゴルの経験をぜひ活用してほしいと依頼した。また六者会合が再開した暁には、モンゴルも参加すべきという意見も同時に伝えた。その理由とはまさに、モンゴルはこの会合の7番目の国として、中立的な立場から有効な役割を担うことを確信していたからだ。

２０１１年8月、私は「東北アジアの平和と朝鮮半島の統一」というテーマで、ウランバートルでグローバル・ピース・リーダーシップ・カンファレンス（ＧＰＬＣ）を開催した。この会議は、モンゴル政府の後援の下、政府の庁舎のある大統領宮で行われた。会議の目的は、私が大統領に対して伝えた内容でもある、モンゴルが六者会合へ参加した場合の役割を指し示すことだった。

その後、２０１３年10月にエルベグドルジ大統領はそのメッセージを携え、北朝鮮を訪問した。金正恩政権以来、海外のトップリーダーとして初めての北朝鮮訪問だった。彼は、金日成大学で学生や教授らを前に、はっきりと臆すことなく自分の意志を語った。彼の語った内容とは、モンゴルが武力を用いずに主権を守り、同時に経済発展を実現した体制の転換過程について説明するものだったが、彼は単に国家の繁栄のためだけでなく、人間の本性としての基本的な念願である自由の重要性を説きながら、次のように述べた。「いかなる独裁も永遠ではない。自由は人類に与えられた資産であり、すべての人間がそれによって自らの機会を見いだし、実現させることができる。自由に生きようとすることが人民の望みであり、これだけが永遠の力である」。また、「他人の選択による安楽の中で生きるより、たとえ苦難に満ちていようとも自らの選択によって生きるほうがいい」というモンゴルの諺を引用したりもした。

エルベグドルジ大統領によれば、モンゴルのＧＤＰの中で民間部門が占める割合は、過去20年で10パーセントから80パーセント以上にまで増えたという。また、核保有国かつ経済大国である中国やロシアと国境を接しているにもかかわらず、モンゴルは核兵器を保持せずとも安全保障を確立した非核国家としても知られている。彼の北朝鮮指導部に向けられたメッセージには、それが受け容れられるかどうかにかかわらず、北朝鮮にとって確実に不可欠な、肝に銘じておくべき内容が込められていた。

モンゴルでのカンファレンスは、私が韓国や周辺国において朝鮮半島の統一の問題を堂々と掲げるために行ってきた様々な活動における初めの一歩だった。２０１１年12月、私はソウルにおいて「東アジアの平和の構築と朝鮮半島の統一」というテーマで第3回グローバル・ピース・コンベンション（ＧＰＣ）を開催した。当時は多くの専門家たちが、統一は非現実的、もしくは遠い未来の話であり、国民は誰も関心を持っていないと反対の意志を表明し、それよりもむしろ当時韓国で最大の関心事となっていた福祉問題を取り扱うほうがいいのではないかと意見する者もいた。しかし私は意に介すことなく、当初の計画通りそのイベントを進めることにした。それは、「広く世の中に益を与える」という朝鮮民族の使命を果たすには、まず統一が前提とならなければならず、明日にも突然訪れるかもしれない予想不可能な統一に対して、あらかじめ備えておかなければならないという確信があったからだ。世界28カ国から訪れた参加者たちは、政治家や政策の専門家、学者、宗教指導者、ＮＧＯ・ＮＰＯ関係者等、様々な階層を代表する人々だった。彼らは、朝鮮半島の分断が東北アジア地域や世界に及ぼす影響について、深い関心を示した。当時私は、南北コリアの国民すべてが共通のビジョンの下に互いに相まみえるべきであることを提案し、和解の次元を超えて、究極的に統一へ向かう道を見いだすためにいかなるビジョンが求められるのか、皆が真摯に考えなくてはならない時点に差し掛かっていると強調した。アジア政党国際会議（ＩＣＡＰＰ）の共同議長でGPC共同議長を務めるホセ・デベネシア元フィリピン下院議長は、「イデオロギーを排除した上で、南北コリアの和解を進める、創意的で実用的な方法を模索しなければならない」と述べた。また、当時の統一教育院院長である趙明哲博士は、参加者に対して、未来の統一コリアには普遍的人権と自由が保障されなければならないことを強調した。

ソウルの会議を終えてから約２週間後の２０１１年12月17日、北朝鮮指導者の金正日が突然死亡した。彼の死後、北朝鮮には数多くの事件が起こり、北朝鮮に対する周辺国の展望や政策にも変化が見られた。韓国民は北朝鮮との関係を弥《いや》が上にも意識せざるを得ない状況となり、以降現在まで、韓国社会では熱い議論が交わされている。

それをひとつのチャンスかつ必然と直感した私は、GPF韓国支部にパートナー団体と協力し、一般国民が統一の課題解決に参加できるような草の根連合体をつくるよう指示した。こうして誕生した「統一を実践する人たち（AKU）」は、約300の市民、宗教、人権団体およびNGOを呼び集めた。そして2012年8月の汝矣島（ヨイド）の漢江公園で行われた発足式には2万名が参加し、TV朝鮮によって生中継された。

各々理念的背景が違う団体が「統一を実践する人たち（AKU）」に加わり、我民族相互扶助運動との共同主催の下、外交通商部、統一部、朝鮮日報、TV朝鮮が後援し、金徳龍民族和解協力汎国民協議会代表常任議長、朴セイル先進統一連合常任議長、李基澤韓国NGO協会常任顧問、ヨンダム我民族相互扶助運動常任代表等が本行事の共同議長として参席した。黄祐呂セヌリ党代表最高委員、金ムンス京畿道知事、趙明哲セヌリ党議員等、著名な政治家が演説し、エニ・ファレオマバエガ下院議員がアメリカを代表して参加した。

「統一を実践する人たち（AKU）」の目標は、韓国社会の全分野を抱え込み、政治的理念や宗教の違いを狭め、統一に向かう合意を構築することだ。私の父が金日成主席と会談して以降、北朝鮮の門は開かれたものの、当時の韓国社会には共有された目標や戦略も、国家的なビジョンもなく、政府をはじめ、独自に動く様々な民間団体が手探りで活動を進めるような状態だった。その結果、足並みの揃わない韓国の団体によるアプローチを北朝鮮が悪用するような状況をつくり出してしまい、韓国政府も北朝鮮との会談を開いて援助を行ったものの、それが事実上、金正日の先軍政治と核開発を支援する形になってしまった。

歴史においては同じ失敗を繰り返さないことが何よりも重要だ。コリアン・ドリームは、北朝鮮民を含め、すべての朝鮮民族を共通のアイデンティティーと運命共同体とする包括的なビジョンを提示している。そして「統一を実践する人たち（ＡＫＵ）」は、その上に実質的かつ組織的な枠組みを形成している。これはその性格や範囲において前例のない組織であり、韓国社会のあらゆる部分を代表する組織を一堂に集め、共通の目標に向かって協力することを促すものだ。ＡＫＵは次なる段階として、組織間の統合を拡大し、市民社会と政府間との協力関係を結ばせ、共に統一を追求することを求められている。

コリアン・ドリームの実現——新しい国家の建設

前述したように、20世紀という時代、周辺情勢によって、韓国人の念願や夢は、我々の力ではコントロールできない状況に置かれた。朝鮮民族の運命は、主に強大国や地政学的勢力の手中にあった。しかし、このような状況が未来永劫継続することはない。これまで述べてきた危険や試練は複雑で深刻だが、そんなことによって我々の運命が決定されるべきではない。なぜなら、今日の朝鮮半島を巡る周辺環境は、植民地主義、そして冷戦の政治的利害関係が支配していた20世紀の環境とは、極めて異なった形で展開しているからだ。

歴史はこのような構造から移行し、まだこれから決定される新しい方向に進んでいる。言い換えれば、朝鮮民族は自らの未来を主体的に決定することができる時代を迎えており、今こそが民族の運命の主導権を取り戻し、新しい未来を創る時なのだ。この章の残りのページを通して、掴むべきチャンスに関して述べてみたい。コリアン・ドリームに基づく統一朝鮮の建設によって、朝鮮半島や東北アジア地域が直面するあらゆる危険や試練に実質的に対応できるはずだ。

まず朝鮮半島の統一は北朝鮮に起因する安全保障の脅威を解決する。過去の交渉を通して、平壌が核を放棄する気がないのは明らかだ。核は、自分たちの政権の生き残りを保障する最終的な保険であり、交渉も制裁も中国の警告も事態を変化させなかった。競争の場を変えることだけが事態を変化させるし、それは、朝鮮人の献身と国際社会の支援を伴う、平和統一に対する協調的推進により起こる。

それは韓国にも、他の六者会合の国々にも利益をもたらす。統一された国においては、韓国の繁栄にのしかかる武力衝突の継続的な脅威は取り除かれることになる。北の先軍政策は終わり、資源は再建に向かい、韓国の資源は国防から、もっと建設的な目的に開放される。

六者会合の当事国とその他の国家の関心事は、概括すれば主に安全保障と経済発展の２点だ。統一が実現すれば安保への脅威は消失し、より大きな地域的統合とともに、経済発展のチャンスが提供されることになる。こうした点から、北朝鮮の核・ミサイルの脅威の終息がもたらす戦略的意義を検討してみる必要があるのではないだろうか。

コリアン・ドリームの理想を土台とした統一が実現すれば、朝鮮半島の核の危険がなくなり、日本に対する北朝鮮の核の直接的な脅威は解決するだろう。その結果、日本国内の国粋主義者の影響力や軍備拡張への刺激は弱まると考えられる。

中国の立場から見た時、朝鮮半島の統一は自国の政策の荷物をひとつ解決し、冷戦の最後の残債からの完全なる脱却をもたらす。中国の目標は、朝鮮半島を含む東北アジアの安定、また米軍と適当な距離を維持することだ。中国が持続的な経済成長を遂げるためには、安定を必要とするからだ。中国は最近まで、北朝鮮政権を維持させることが、地域の安定のために最も安全で確実な方法と考えていた。しかし他の周辺国家同様、朝鮮半島に核が置かれることには反対している。中国にも北朝鮮の核放棄を説得することができないと判明した今、北朝鮮の核兵器を存続させるのか、朝鮮半島を統一させるかを巡り、どちらがより大きな脅威となるのかを判断しなければならない。

前述のように、中国は朝鮮半島における平和のための最善の方法として、朴槿恵大統領の統一構想を支持するほうへ政策の矛先を変えようとしている。南北統一は、朝鮮半島の地政学的躍動性を急激に一変させるものだ。中国はそれが自国の利に適うと捉えている。現在、韓国、日本、アメリカは北朝鮮の挑発的行動に対応するために、いつにも増して強固な同盟関係を維持しているが、これは中国の警戒心を煽るものであり、むしろ過去の冷戦当時の緊張を強める否定的な効果を生んでいる。新しい統一コリアの創造は、このような地域環境を一変させるものになるはずだ。

北朝鮮の挑発に備えるための米軍駐屯がこれ以上必要なくなれば、中国を大きく安心させることになる。米軍の撤収は、北朝鮮の非武装化と朝鮮半島の政治的統合の進み具合に掛かっている。駐韓米軍の撤収問題は、アメリカ、韓国、中国間で非公式に論議される可能性があり、統一へ向かう道を滞りなくする暗黙の了解にもつながる。朝鮮と周辺国家は、最終的に中国とアメリカとの関係における一定のバランスを維持せざるを得ないことになるだろう。重要な点としては、統一は韓国が主導し、外部の影響力から自由になるという点だ。

朝鮮半島の統一は、韓国が主導するほどに成功の可能性が高まる。そしてこの時冷戦時代に形成された反目の関係は解消し、平和と安定、経済発展という地域的共通目標に向かう道が始まるのだ。新しい統一コリアは、この地域で主導的な役割を果たすことになるだろう。

これはアメリカの安全保障に対する利害とも一致する。韓国と日本に対する北朝鮮の脅威は消え、さらにはアメリカが関わる中東でのテロとの戦いに対し、北朝鮮からの核の拡散という恐るべき脅威を、朝鮮半島の統一が解決するのだ。ロシアは地域の安定という目標が達成され、シベリアをはじめとする極東地域における経済開発を進めることができる。このように安保の脅威の解消とともに、それぞれの国家の課題である経済開発が妨害なく行われることになるのだ。

朝鮮半島も同様である。2014年、朴槿恵大統領は統一が韓国に経済的「大当たり」をもたらすと述べた。多くの研究が彼女の予測を支持し、資本集約的で技術的に進んだ韓国と、労働集約的で資源に恵まれた北朝鮮との間の相乗効果を指摘した。ゴールドマン・サックスの報告書では、統一コリアの経済的展望として、2050年までにドイツと日本を凌ぐと予測した。

しかしながら、若年層にとっては、向こう数十年間、自分たちが背負うことになる経済的負担が先に頭をよぎるのだろう。2013年、企画財政部は10年間にわたり年間800億ドル、GDPの7パーセントが統一の費用につぎ込まれると推算している。韓国に対して北朝鮮の人口比率2：1は、西ドイツに対する東ドイツの人口比率3：1よりも多い。所得格差も大きく、韓国と北朝鮮の1人あたりの購買力指数基準から見たGDPの比率は18：1であり、西ドイツと東ドイツの3：1とは歴然とした開きがある。このような理由から悲観的な見通しが一定の説得力を持っているのも事実である。

しかし統一の経済的費用に関する予測は、そのほとんどが大まかな見積もりだ。仮定の相違によって数値も千差万別である。朝鮮半島に関するロシアの専門家で、『北朝鮮の実態(The Real North Korea)』の著者であるアンドレイ・ランコフが、1990年代中盤から

30回にわたって統一費用の計算を試みた結果、最低値２０００億ドルから最高値５兆ドルまで、実に25倍もの差が開いた。その理由は、これらの計算が推測にすぎず、実際の費用は、経済統合を果たす上で断行される特定の政治的選択によって大きく左右されるからだ。

１９８９年以降、ドイツの統一は、経済的にとても肯定的な効果をもたらしたことが立証されている。今日のドイツは、ヨーロッパ連合の経済をリードする牽引車であり、学ぶべきモデルとしてその地位を築くに至っている。統一時に実施された東西ドイツの１：１の通貨交換は、東ドイツの生産性と比較すれば、べらぼうに高い。韓国はドイツの統一に学びながら、ベトナムのような他の事例を採択することも可能だ。２００９年のゴールドマン・サックスの報告書の中で、権九勳アナリストは香港と中国の方式を推薦し、東ヨーロッパ、ベトナム、モンゴルの事例よりも適していると述べた。彼はドイツのケースよりも効果的なものとして、共産主義から民主主義に移行した国の様々な統一の方式を提案した。

統一費用に対する不安は、無関心への言い訳にすぎない。検証し得ない数値にのみ執着するなら、朝鮮民族は再び国際情勢の犠牲者に転落することになるだろう。こうした推定値のいずれにも、確実なものは存在しない。明確なのは、韓国社会の高齢人口の増加および労働人口の減少、そして不足する天然資源問題解決の鍵が、北朝鮮にあるということだ。統一はこれらの問題を一挙に解決できる画期的な方法である。こうした見地から見れば、北朝鮮は統一コリアの経済に必要な成長の動力なのだ。北朝鮮の労働人口は年代層が若く、ほとんどが一定水準以上の教育は受けており、訓練もされていると言う。能力に見合わない仕事に従事している彼らの所得水準が高まれば、消費市場もまた大きく拡大することになる。韓国の企業・資本が、北朝鮮の豊富な労働力と結合すれば、生産的な機会は循環的に創出されることになるだろう。

韓国は現在、鉄鉱石、亜鉛、銅のほとんどを輸入に依存している。韓国に比べて遥かに豊富な北朝鮮の鉱物資源は、国際市場の価格変動から韓国経済と産業を保護することになる。北朝鮮の鉄鉱石の埋蔵量は24億トンから50億トンとも言われ、韓国の３２００万トンよりも77～１００倍も多く、銅鉱山は韓国の83倍、亜鉛鉱山は53倍にもなる。ソウル大学統一平和研究所の推算によると、北朝鮮に埋もれている天然資源の総価値は５兆７５００億ドルで、韓国に比べて25倍も多い。韓国の北朝鮮資源研究所が発表した２０１２年の報告書は、その数値を９兆ドル以上と推定している。また、北朝鮮にはマグネサイトが豊富で、全世界で判明している埋蔵量の２倍を軽く超える希土類鉱山を保有しているらしい。

北朝鮮の豊富な労働力と天然資源は、韓国の技術と資本、そして企業と相互補完の関係にある。統一以降、一定期間を経た後に、韓国経済を圧迫する現在の様々な制約が消え、成長と発展の新たな推進力が生まれることになる。ゴールドマン・サックスの報告書は、２０５０年には統一コリアがドイツや日本をも凌ぐ経済大国になると予測している。

統一コリアの経済成長は、周辺国家の成長にも寄与することになると考えられる。朴槿恵大統領はダボスで開催された２０１４年世界経済フォーラムで、「統一は東北アジアの新たな成長動力を提供し、韓国をはじめとする東北アジア国家にとって『大当たり』になると考えている」と述べた。そして北朝鮮地域に世界的な規模の社会間接資本建設が行われるだけでなく、中国、ロシアの周辺地域においても、投資が活性化するとの予測を加えた。

北朝鮮政権がこれ以上障害となることなく、周辺国家群にとって新たな交易路が開かれるなら、全体の利益になることは間違いない。中国は北朝鮮指導部内の予期し得ぬ変化を憂慮する必要もなくなり、韓国と共同して国境地帯の開発に取り組むことができる。ロシアもまたリスクの負担なく朝鮮半島を貫通する送油管を設置することが可能になる。日本もまた、制裁故に微々たるレベルにとどまっていた北朝鮮への貿易や投資のチャンスが拡大することになる。

北朝鮮指導部のジレンマ

北朝鮮の現状は、支配層内部の分裂があることを暗示している。おそらく党の高位幹部のほとんどは北朝鮮が窮地にあることを十分に認識しており、密かに生き残りの策を講じているのだろうと思われる。これはソ連や東ヨーロッパの共産国家没落時の党官僚らの姿でもある。北朝鮮指導部は、政権最後の生存の切り札として核武装を掲げているものの、実際に戦争が起これば、彼らはもちろん、国家の滅亡は必至だ。冷戦時代とは違い、ロシアや中国からの支援を期待できないからである。

北朝鮮としてはこれ以上策を講じる道理を持たない。彼らが頼れる最善の希望は、北朝鮮内部に平和統一に対する真摯な議論を誘導することだけだ。１９７２年の南北共同声明は、会談が継続的に行われるよう相互合意の基本原則を提示している。万が一、その代案が気に入らないなら、共産主義から民主主義への移行に成功した歴史的な前例を参考にすべきだ。

民主政府に無血移行したモンゴルの場合、共産党は党の名称と一部の政綱を修正し、民主主義体制への移行プロセスに参加することで、今でも人民党という名称で活動を続けている。ソ連や他の共産主義国家でも、ほとんどの党指導者は共産体制から民主体制への移行を果たす中で生き残っている。

しかし、北朝鮮の高位幹部がこうした方針に抵抗した場合、全く異なる運命を迎えることになる。北朝鮮政権の転覆や混乱による移行が行われた際には、国連調査委員会の報告書に明示されている通り、反人倫犯罪を含む様々な罪状によって裁判を受け、収監を余儀なくされることになる。大部分の労働党幹部にとって生存のための最善の方法は、現体制から統一国家への移行に協力する道なのだ。

韓国社会においては、コリアン・ドリームに基づく新国家建設が、韓国の文化的アイデンティティーに対する無関心を一掃し、新しい次元の国家的目標を創出することになるだろう。それには全国民が余すことなく参加するような国家レベルの運動が要求される。

朴槿恵大統領の統一構想は、時期的に適切ではある。しかし国民の支持と参加をどのように引き出すかについては、もう少し検討が必要だ。民主主義社会においては、市民の意志が優先される。広く市民の支持を得られなければ、いかなる計画も成功することは難しい。

すべての試練に対応するビジョン

今日、韓国は多くの困難な試練に直面している。しかし危機はいつもチャンスと共に訪れる。我々の中にその備えができているなら、今という時は、五〇〇〇年続いてきた文化的アイデンティティーと共通の歴史に根差したコリアン・ドリームの結晶とも言える新しい国家を打ち建てる絶好のチャンスだ。こうしてつくられる新しい国は、様々な現実的課題を解決するだけでなく、南北コリアはもちろん周辺の国々の望みも叶えるものになるだろう。

新国家の建設は、北朝鮮民にはもちろん、北朝鮮指導部にとっても、現在の膠着状態から抜け出す方法を提示するものだ。韓国国民は、自国の文化的アイデンティティーと、根源にある歴史的特性に根差した明確な国家目標を設定することで、近視眼的な消費主義や消耗的な政治論争からの脱却を図ることができる。また、朝鮮半島に新国家が誕生すれば、周辺国家の安全保障を揺るがす脅威の要因が取り除かれ、皆が願う経済発展の促進につながるだろう。新国家の誕生は、あらゆる立場における人々のニーズを満足させる解決策ともなる。

このチャンスは明らかに実在しているが、永遠に持続するものではない。この機会を逃せば、繁栄を妨げる北朝鮮の脅威によって、韓国の安定は一層揺らぐことになる。情報の流入、先軍政治、市場の誕生は、北朝鮮指導部と住民間の亀裂を意味し、体制の安定をさらに不安定なものにしている。追い討ちを掛けるように、指導者として未熟な金正恩の、国際的孤立を自ら招く態度と予測不能な性格によって、北朝鮮は、友邦国からも見離されてしまった。こうした要因から、韓国は、自暴自棄な感情によって起こりかねない武力挑発という危険極まりない状況に常時晒されることになる。

南北コリアの住民すべてが時期を逃すことなく、積極的にこうした危険の可能性を事前に遮断し、原則に基づいた統一の機運を高めなければならない。北朝鮮に、成り行きに任せるだけの余裕はもはや存在しない。彼らを危険に陥れることは、なおのことあってはならない。

歴史の変わり目に差し掛かった朝鮮民族は、暗鬱な過去の構造や関係を断ち切らなければならない。朝鮮民族が自らの運命を決定できる特別なチャンスは、まさに今、訪れている。この機会を掴むのか、それとも見過ごすかで、彼らの未来は決まると言っても過言ではない。冷戦最後の残債とそれによる対立の力学構造を取り除くことによって、新しい統一コリアの出現は可能になる。これによって、20世紀初頭、外部の列強による植民地支配と地政学的影響から民族自決を勝ち取ろうとした、アジア人の長い闘争の歴史も一段落することだろう。変化を起こすためには、何よりも韓国社会がひとつに団結し、政治的利害関係を超えた偉大なビジョンを打ち立てなければならない。朝鮮民族をひとつに束ね、20世紀の苦難の歴史を反転せしめるビジョンが、まさに弘益人間の思想に根差したコリアン・ドリームだ。世界的な力の中心軸が、東方へ、大西洋から環太平洋へと移動している。この時代の流れの中で、普遍的な原則に立脚した平和的統一を経て建国される統一コリアは、強力な道徳的権威を打ち立てることになるだろう。その権威で、統一コリアは東北アジアの架け橋型国家として、歴史的な紛争の仲裁や地域間の協力を促進し、人権と自由の増進に寄与することになる。

朝鮮民族は、自らの努力によって、運命の主人になるべきだ。もしその努力を放棄したとすれば、我々は、外部勢力によって運命を決定された20世紀のような不幸の時代を再び迎えることになるだろう。その要は、単なる政治的・経済的計算によるものではなく、朝鮮民族としての根源的アイデンティティーによる努力に懸かっている。次章では、韓国人のアイデンティティーについて、より深い考察を試みる。

第 4 章

古きをたずねて新しきを知る

——朝鮮の精神的遺産に目覚める

歴史を貫く朝鮮民族の特徴は、
未だ到達を見ない彼らの運命が何なのかを知らしめるものである。
統一はまさにその運命を実現する過程である。
故に、統一を成し遂げるためには、韓国人の意識深くに息づく、
韓国人のアイデンティティーの本質である、
核心的な理想を復活させなければならない。
したがって、彼らのアイデンティティーが形作られ、
表現されている、その歴史を理解することは、
とても意義深いことなのだ。

私は、我が国が、
他を模倣する国とならず、
高く新たな文化の根源となり、
目標となり、
模範になることを望んでいる。
それ故、
真の世界平和が、
我が国から、
我が国によって、
世界に実現されることを望んでいる。
弘益人間という我々の国祖・檀君の理想が
ここにあると信じている。

白凡・金九

半世紀を超える南北分断の歳月は、その言語や生活習慣までも互いに異なるものに変えてしまっている。その差があまりに大きいため、もはや統一は不可能であると言う人もいる。最も深刻な問題は、韓国と北朝鮮の両方が歴史に対する共通認識を失ったことで、ひとつの民族というアイデンティティーが消滅しつつあることである。北朝鮮においては全体主義的な統治と唯物論的イデオロギーが、韓国では物質万能主義が、著しく民族のアイデンティティーを損ねている。

しかし共に生きた五〇〇〇年の歴史と比較すれば、分断の67年の歳月は実にわずかな期間と言えるだろう。檀君の建国神話に登場する「広く人間世界に益を与える」という、弘益人間の理念と、過酷な苦難の歴史の中で形成された朝鮮民族のアイデンティティーは、彼らの未来の運命と分けて考えることができない。朝鮮民族の意識深くに根付いている弘益人間が追求する原則は、彼らの先祖が高貴な理想を熱望し、深い精神性を土台とした人生観を受容するよう働きかけ、自らの手で理想的な国家を建設し、人類にその感化と悟りを与える民族になりたいという念願となった。このような念願は、本書に引用した金九の語録に如実に示されている。

歴史を貫く朝鮮民族の特徴は、未だ到達を見ない彼らの運命が何なのかを知らしめるものである。それは我々に、仏教、道教、儒教、キリスト教など、幅広い宗教と倫理のシステムを許容する力を与え、そうした宗教や倫理システムを我々固有の精神的意識に適応させてきた。

統一はまさにその運命を実現する過程である。故に、統一を成し遂げるためには、韓国人の意識深くに息づく、韓国人のアイデンティティーの本質である、核心的な理想を復活させなければならない。したがって、彼らのアイデンティティーが形作られ、表現されている、その歴史を理解することは、とても意義深いことなのだ。

「歴史を忘れた民族には未来がない」という格言にもかかわらず、残念ながら、現在の韓国社会は歴史教育を軽視する傾向にある。大学入試にも国史が必須ではない選択科目になったことがこれを物語っている。本章では、弘益人間の哲学を通して歴史が求める朝鮮民族の使命について言及し、具体的に先祖が培い発展させてきた伝統的な家族文化が、理想国家を建設する社会的な体系の基礎として、いかなる役割を果たしてきたのかを検討しようと思う。

弘益人間の理想を実現する国家建設の夢

朝鮮民族は、世界史の中でも類を見ないほど多くの侵略を受け、領土全体が占領されたことも度々あった。通常、被占領民は占領国家と同化し、固有の文化とアイデンティティーを喪失するのが一般的である。一方、広大な領土を征服し、大帝国を建設したとしても、長く続かず短命に終わる王朝も数多く存在する。しかし、このような世界史の流れの中で、奇しくも朝鮮民族だけは相次ぐ外部の侵略に対して固有のアイデンティティーを失うことなく、数千年の歴史を紡いできた。このような朝鮮民族の底力は、一体どこから出てきたのだろうか。

私は「広く人間に利益を与える」という弘益人間の哲学に、彼らの底力の源泉があるのではないかと考えている。これらの理想は、苦難の歴史を耐え抜く中で、深い精神的な意識をもたらし、啓発された統治と歴史的運命に導いた。我々の歴史を振り返れば、新しい王朝が立てられるような転機の中で、いつでも我々のルーツに戻った。我々の歴史をひと言で表せば「理想国家をつくる志の歴史」と言える。

朝鮮民族の歴史を振り返ってみると、歴史に登場した国々は例外なく古朝鮮を根源として、そこから王朝の正統性を主張した。13世紀に記録されている『三国遺事』によると、檀君が古朝鮮を建国した時期は、紀元前2333年に遡る。古朝鮮は紀元前2世紀に中国の漢国からの攻撃を受けて滅亡し、部族間の熾烈な争いの結果、紀元前1世紀後半頃に高句麗・百済・新羅の三国時代が始まった。これら三国はすべて古朝鮮から続く王朝の正統性を主張した。

テレビで放映され人気を博した、高句麗（37BC～668AD）の始祖・朱蒙を巡るドラマで、彼は、檀君が実現しようとした理想郷の実現を目標に掲げ、古朝鮮の領土を回復するために領土を広げていった。このような傾向は、新羅（57BC～935AD）と百済（18BC～660AD）にも見られる。

百済を建国した温祚王は、朱蒙の息子である。そして新羅もまた高句麗のように、人間のために降臨した神の後孫が建国したという話を伝えている。そのような霊性の基礎の上に建国された国々が、高い精神性や原理、価値を追求することは極めて自然なことだと言える。そのため、高句麗・百済・新羅の三国は、先天的に豊かな霊性の上に仏教と道教の教えを受け入れ、精神文化を発展させ、儒教の倫理的な徳目を政治理念の基準に定めたのである。

他の東アジアの近隣諸国もこれらの宗教と倫理の影響を受けはしたものの、朝鮮民族のようにそれらを統合・発展させた事例はあまり見当たらない。このように異質の宗教間の融合が可能だったのは、弘益人間という精神が、朝鮮民族の霊性に基づく真理や正義、そして正しい統治制度を受容する土台として存在していたからに他ならない。朝鮮民族の根源的な精神性が生んだ弘益人間の思想は、外来の宗教伝統との相互作用を通して、彼らの精神文化をより幅広く発展させてきたのである。

６世紀に発達した新羅の花郎徒は、三国統一に極めて重要な役割を果たした。これは名家の子弟を選抜し、国のために奉仕する人格的指導者を育成する制度である。この若者たちは名山大川を巡って武術や学問を研磨し、人格の修養を行った。

僧侶であり花郎の師匠である圓光法師（５４２～６４０）は、花郎が守るべき５つの戒律として世俗五戒を定めた。この５つの戒律は軍事李忠（王に忠誠を誓う）、事親以孝（親孝行する）、交友以信（友人や近隣者に接する時、信頼がなければならない）、臨戦無退（戦争で後退しない）、殺生有擇（むやみに殺生しない）である。これはすべての花郎徒が守るべき実践徳目であった。

世俗五戒は儒教、仏教、道教の思想を融合し、朝鮮民族の固有の倫理観として融和したものである。世俗五戒の各特性は、国家指導者となる花郎たちの個人的な実践倫理であると同時に、朝鮮民族全体が追求する共同体の倫理観を反映している。したがって弘益人間の哲学を実現し、理想国家の建設を目指す朝鮮民族の根本的な願望に応え、三国統一以後、高麗時代と朝鮮時代を経て、今日まで朝鮮民族固有の伝統的倫理観として定着したのである。

崔致遠は「鸞郎碑序文」の中で花郎の精神を次のように説明している。

「國有玄妙之道、曰風流。設教之源、備詳仙史、實乃包含三教、接化群生。且如入則孝於家、出則忠於國、魯司寇之旨也。處無爲之事、行不言之教、周柱史之宗也。諸惡莫作、諸善奉行、竺乾太子之化也。」唐令狐澄『新羅國記』曰、「擇貴人子弟之美者、傳粉粧飾之、名花郎、國人皆尊事之也」

(和訳)「国に奥深き真理があり、これを風流という。詳細は仙道の歴史に記録されているが、この言葉には三つの宗教の教えがすべて含まれ、民を教化する。家庭では孝を、国家に忠誠することは孔子の儒教と同じであり、偽善された行動をせず言葉ではなく真心を見せ教えなさいというのは老子の道教と同じであり、悪いことをせず善なることをするようにということは釈迦の仏教と同じである」

崔致遠によると、朝鮮民族にはもともと、民族固有の精神があり、それは儒教、仏教、道教の本質と相通ずるものがあるという。彼は、花郎徒の精神は朝鮮民族が本来持っていたその精神を体系化したものだと述べている。言い換えれば、弘益人間の理念を生み出した民族固有の精神が、そのような信仰的伝統の中で発見された普遍的真理に感応することによって、その精神とアイデンティティーが実体的に現れたのが花郎徒だと言うのである。

しかし、統一新羅はこのような朝鮮民族固有の遺産と目標を失い、内部分裂と王と貴族の奢侈な生活によって、結局、衰落の道を歩むことになる。このような状況の中において、民族の統一と朝鮮民族が追求してきた理想国家の建設という名分を掲げ、王建が高麗（９１８～１３９２ＡＤ）を建国したのである。

不幸にも高麗はモンゴルの侵略をはじめ、絶え間ない外勢の侵略に苦しめられた。しかしむしろこの苦難は、檀君が夢見た理想国家建設への熱望を呼び覚ますきっかけとなった。一然僧侶の「三國遺事」と李承休が記した「帝王韻紀」は両方とも民族意識を鼓吹し、民族が行くべき道を示すために檀君神話を歴史の出発として定めたのである。この本は当時、世界最高を誇っていた高麗の印刷術の力を借りて、世に広まったものと推定される。しかし高麗末期において、王朝の無能と権門勢家の腐敗は、このような民族の根本精神を喪失することで、結局は衰亡の道を辿ったのである。

高麗が滅び、李成桂によって朝鮮民族の建国神話に込められた理想国家建設に対する情熱が再び燃え上がった。新しい国の名前を朝鮮とし、そのルーツが檀君が建国した古朝鮮にあることを宣言し、民族の始祖として檀君を称えるために摩尼山をはじめとする、全国各地に祠堂と神殿を建設した。

民本主義を標榜していた朝鮮の政治制度は、歴代のどの王朝よりも弘益人間の精神の実現に重点を置いた。朝鮮の民本主義政治思想は、「民は邦の本である、国家においては人民が何よりも貴重であり、社稷（土地と穀物）の神によって象徴される国土がその次で、君主が一番軽いものだ」という言葉で定義されている。これは現代の西欧民主主義が追求する理想にも通じるものがある。西欧民主主義とは、統治者または政府と国民の間に結ばれた「社会的契約」である。国民の幸福と安寧を統治の目標として設定し、統治者およびその政府に権力を委任する。しかし、これとは異なり、朝鮮の民本主義は儒教的家族倫理の観点から新たに解釈される。すなわち、王は一国の「父」となり、「子」である民を徳と知恵と正義をもって治める「道徳的義務」を有するのである。

朝鮮の第四代国王であり、韓国の歴史の中で最も尊敬される世宗大王（１３９７～１４５０ＡＤ）は、そのような君主の役割を示した偉大な模範である。表音文字であるハングルの創製は、彼の多くの業績の中でもとりわけ著しいものである。彼は民が容易に読み書きできる文字体系を開発するために自ら率先し、数十年にわたって情熱を注ぎ込んだ。その当時まで文字の勉強と教育は、一般庶民にとっては考えられないことであり、両班に代表される支配層の専有物であり、中国の文字である漢字は複雑で学習も容易ではなかった。ハングル創製の意味は、当時の両班が独占していた知識や情報が、一般の人々に共有されるようにしただけでなく、民の陳情が王に直接届けられるようになったことに意味がある。

ハングル創製の他にも、世宗大王と政府官吏らは、国民のための最善の政策案を巡り、熾烈な議論を繰り広げた。世宗は儒教政治の基礎を固め、倫理的で道徳的な政府を運営し、税法を整え、税の暴利に対し無力だった国民の負担の軽減に努めた。軍事力を強化し、数回にわたる外交的勝利によって、朝鮮の領土を拡大した。それだけでなく彼が直接設立および監督を手掛けた集賢殿を通して、各分野で優れた学者を募集し、学問の研究や科学技術の発展にも貢献した。学者であり思想家である朝鮮のソンビ（学識が優れて礼節があって義理と原則を守って権力と富裕栄華を貪らない高潔な人柄を持った人に対する呼称。特に高麗、李氏朝鮮王朝時代の社会に儒教的理念を具現しようとした階層を示す）たちは、執筆活動や上訴文等の文書を通して道徳的な原則に立脚した統治を絶えず求め続けた。

民本主義の伝統は単に王にのみ要求される徳目ではなく、すべての政府官吏が備えなければならない重要な精神だった。そして、このような精神は朝鮮王朝末期において、一種の社会改革運動である実学を登場させた。実学者らは土地改革を実施し、科学を奨励し、技術を発展させる実用的な政策を主張した。これは中国の性理学の影響を受けた過度な形而上学や硬直した儒教的社会の構造を打破し、朝鮮独自の実用的な学問を確立し、すべての民が平等に良い暮らしができる国造りのための努力である。

民の大半が貧困に喘いでいた朝鮮王朝末期、代表的な実学者である茶山丁若鏞は『牧民心書』を編纂し、民に接する官吏の責任と義務を理論的かつ詳細に提示した。彼のもうひとつの著作である『経世遺表』は、倫理的国家の経営の青写真を提示し、朝鮮王朝末期と近代初頭にまで大きく影響を与えた。

朝鮮法制の基本枠となった鄭道伝の『朝鮮経国典』（１３９４年）は、数回の修正を経て成宗の時である１４８５年に『経国大典』として最終的な完成を見た。これら一連の作業過程自体が、朝鮮が追求した民本主義的王道政治の流れをよく示している。王は専断統治するのではなく、法体制の中での協議を通して国家を治めなければならないとした。このような点から朝鮮民族は、実際に15世紀初頭には既に牽制と均衡の論理を備えた憲政に準ずる制度を発展させたと見ることができる。王だけではなく官僚の権力を牽制し、民のための善政を強調したのである。

西欧では、近代自由主義の父、ジョン・ロック（１６３２〜１７０４）のようなヨーロッパの啓蒙思想家たちによる、「自由」や「社会契約」といった思想を通して現代西欧政治哲学の道を開いた。その後、モンテスキュー（１６８９〜１７５５）が、アメリカ建国の後、立憲民主国家の特徴となった権力分立に関する著述を開始した。驚くべき点としては、朝鮮のこのような体系が西欧とは無関係に、独自に出現し、西欧よりも時期的におよそ３世紀も前に存在したということである。

弘益人間は朝鮮民族の精神を汲む器であり、高貴な原則と価値に基づいた理想国家建設を念願する恒久的なビジョンである。朝鮮民族は様々な宗教と倫理哲学の中に込められた普遍的真理を受け入れ、民族固有の精神に則ったものとして再構成した。またアジアとヨーロッパで絶対王政が当然視されていた時代に、既に王や政府の存立理由が国民の安寧にあるという民本主義哲学を発展させた。その結果、先人たちは朝鮮王朝時期に限定されるものの、準立憲制形態の政府を構想し、近代自由民主主義の市場経済の中に見られる様々な特徴が示された。このことは一般的には人類史上において数世紀後のアメリカ誕生と同時に登場したと知られている内容である。

民に仕え、世界に仕える国

民本主義の伝統は朝鮮王朝時代に突然現れたものではない。「民のための政治」は、朝鮮民族の土俗的な伝統の中に見られるものである。これを裏付ける強力な証拠として、民族史に登場した主要な王朝の歴史が最低でも500年から1000年の間継続している事実を挙げることができる。古今東西、ひとつの王朝が500年以上存続した例は他に見当たらない。朝鮮民族と似通った歴史を持っている中国でも、王朝の平均寿命は、200〜300年にすぎない。ならば、朝鮮民族の王朝がこれほど長く持続した理由は、一体どこにあるのだろうか。王が民を無視し、暴君のように行動した場合には、その王朝の歴史は、ここまで長続きしないだろう。これこそが朝鮮民族の歴史の特筆すべき点と言えると思うが、その秘訣は、王と政府官吏らが弘益人間の精神である「民に益を与える」という心構えにあったからではないだろうか？

古朝鮮以降、数多くの王朝と国が登場し、五〇〇〇年という長い歴史をすべて検証すれば、暴君が一定数存在したのもまた事実である。しかし、ほとんどの王は、民のための政治を行った。それは弘益人間という独特の思想が内在していたためであり、これは他国の事例と比較しても、独特な歴史であると言えるだろう。ほとんどの王朝は「民のため」という精神を政治の目標にし、民本主義に立脚して政治を行うことこそ、大同世界形成の秘訣であると考えていた。大同世界とは、孔子が夢見た理想世界で、誰もが家族のように暮らす世界のことである。

王と国が民のために政治を行うという信念は、民が王と国に忠を報いるという伝統を生んだ。そのため、王と国とを同一視していた朝鮮民族は、これらの安寧がすなわち国の安寧と信じ、朝鮮民族の愛国心の強さの根拠となった。そしてこの精神は、外部の侵略を受けた時、とりわけ強い光を放ったのである。中でも、モンゴルの侵略に対抗し、40年間の抗争を繰り広げた高麗の民と三別抄の例が顕著である。また壬辰倭乱（１５９２・１５９８）

と、丙子胡乱（1636〜1637）が勃発した時には、全国各地で民が自発的に義兵を組織し、外敵に対抗したが、彼らは無力な朝廷に代わって国を守るため、憤然と決起したのである。五〇〇〇年の歴史を継続してきた力の源泉は、まさにこの弘益人間の精神による理想国家建設の念願にあったことは間違いない。

朝鮮民族の宗教もまた、そのような共同体意識と国家観に根差したものである。彼らが受容した信仰の伝統はすべて、個人の霊性の開発よりも、社会や国家の発展と安寧に重点を置いたものである。朝鮮民族のこのような宗教的性向は、個人の倫理だけでなく、それ以上に社会や国家の道徳性に影響を与えるものだった。儒教はもちろんのこと、仏教も例外ではなかった。

韓国仏教は、社会倫理を強調する儒教の教えの多くの部分を受容している。儒教の倫理的原則に当たる花郎徒の世俗五戒は、韓国仏教の伝統が持つ特性をよく示したものである。伝統的仏教が瞑想を通じた個人的な悟りに重きを置くのに対し、韓国仏教は共同体と国家のための献身を強調する。ひとつの例として、仏教では殺生を禁じるが、民族が外部勢力の侵攻によって危機に陥った際には、僧侶も国家防衛のために武器を持って戦っている。そのために、韓国仏教を「護国仏教」とも呼ぶのである。

このように、朝鮮民族は儒教、仏教、道教を積極的に受け入れ、弘益人間の精神に基づいた独特な精神的文化に溶け込ませることで、固有のアイデンティティーを形成、発展させてきた。これが朝鮮民族の外来宗教、文化、知識の取り入れ方とも言える。彼らは外来の宗教や思想の流入に対し、民族固有の精神的伝統に基づいて、オープンにこれらの長所を取り入れ、自らの精神的伝統としてきた。こうした方法によって朝鮮民族は外来文化の流入という課題を克服し、民族独自のアイデンティティーを確立してきたのである。

以上に述べた通り、朝鮮民族は強い愛国心を持ちながらも、尊ぶべき原則や価値を追求し、他の周辺国家とは異なり、全体主義を容認したり、好戦的民族主義を志向したりすることはなかった。むしろ国家が個人の価値と尊厳を守る役割を担い、共同「運命」体の文化を発展させてきた。その「運命」は、「すべての人間に利益を与える」弘益人間の国を建設することである。世界的に軍事的覇権主義が立つ瀬を失った今日の状況において、朝鮮民族のこのような歴史は、むしろ誇らしいことであると言えるだろう。朝鮮民族の歴史は、世界平和の舵取り役としての道徳的権威を裏付けるものである。

朝鮮民族の歴史の中で、このように早くから民本主義的統治体制と国家に対する愛国心が調和したという事実は、驚くべきことである。これは人権と自由を掲げて機能する、現代民主主義の基本的特性と似たものである。幼少期よりアメリカで育った私は、韓国の歴史とアメリカの歴史を比較することがある。アメリカも創造主としての神に根拠した、市民の「不可譲の権利（inalienable rights）」を骨子とする民主主義を採択しているが、これは朝鮮の民本主義の政治哲学と類似している。アメリカの独立宣言書によれば、政府の目的は市民の自由と権利を保護することにある。リンカーン大統領は、後に南北戦争の遺跡地となったゲティスバーグで行った演説で、「人民の、人民による、人民のための政治が、この地上から滅びることがないようにする」ことを強調した。彼らが命を懸けて守ろうとした普遍的理想と価値が、近代になってから生成された産物であるのに対し、朝鮮民族の歴史においては既に数千年前からひとつの理念として根を下ろしていたのである。

18世紀に韓国に伝来し始めたキリスト教は、20世紀初頭、アメリカの宣教師らによって急速に成長した。博愛と隣人への奉仕を強調するキリスト教の教えは、朝鮮民族の情緒にマッチした。何よりも朝鮮民族が信じてきた「天（ハヌニム）」に対する理解がキリスト教の「ゴッド（神）」と重なったのである。独り子イエスが、人類を救うために人間の姿で世に現れたという教えは、ハヌニムの息子であるファンウンが人間を助けるために地上に降臨したという朝鮮民族の起源説話と、自然と通じるものがあった。その結果、キリスト教は西欧から来た宗教にもかかわらず、多くの韓国人の霊性に響く宗教として、今日、韓国の人口の3分の1が信者となるほどに大きく成長した。このキリスト教受容によって、韓国は、他のアジアの国家と異なり、西洋と交流できるようになったのである。同じキリスト教が普及した国家でも、スペインによる植民地支配下でカトリックの信仰を強要されたフィリピン等とは異なり、韓国のキリスト教の受容は、極めて能動的なものである。アメリカの宣教師を通してプロテスタントが韓国社会に紹介されたことにより、韓国のキリスト教とアメリカとの関係は格別なものとなった。韓国は地政学的位置から、東西をつなぐ橋渡し役としての役割以外にも、キリスト教が主張する原則・価値が、朝鮮民族のそれと通じたために、アメリカとの関係がより一層特別なものになったのである。

このように、弘益人間の精神は、韓国が民本主義の哲学を無限に発展させることのできる土台の役割を果たしたと言えるだろう。この尊い建国の理想を通して、朝鮮民族は、真理と啓蒙、善と美徳を追究する深い精神文化を発展させ、他に例を見ないほどオープンな姿勢で、外来宗教を取り入れてきたのである。ヨーロッパにおいて宗教改革、ルネサンス、啓蒙主義時代を経て、社会改革を必要としたこととは無関係に、数千年も前から弘益人間の理想を通してそれが開花した人間観および天との関係を認識することができた。これらの理由から、韓国の政治・宗教・社会の目標は、人間的尊厳性を高める哲学に基づいたものとなった。朝鮮民族の歴史の中心には、理想社会の建設と人類への奉仕の使命が息づいており、そのことが朝鮮民族を、選ばれた特別な民族としてのアイデンティティー規定につながり、意味を付与するものになったのである。

危機の中で再び見いだす民族の夢

19世紀の朝鮮王朝は、権力の私有化と支配層の腐敗による農民反乱の渦中に陥り、国勢が衰え始めた。中国においては既に西欧列強による分割が進んでおり、朝鮮半島も列強の角逐の舞台となった。内部の混乱と世界情勢は、押し迫る王朝の没落と革命の到来を予見させた。

このような危機と混乱の渦の中、檀君の思想に立ち返り、民族が進むべき方向と意味を見いだそうとする、独自の宗教運動が起こった。１８６０年、崔済愚は、西学に対する反発から、東学という朝鮮民族独自の新宗教を創始した。彼は檀君の天地人の思想に基づいて「人すなわち天であり、天の心が人の心」という人乃天の思想を広めた。崔済愚は弘益人間の世界、いわばすべての人が平等に人間としての尊厳および権利を享受して生きることができる理想世界を、地上に実現することを説いた。

息子の高宗に代わって摂政した大院君は、この新興宗教の急浮上と民の支持を脅威と見た。特に、王朝の歴史的循環に則り、朝鮮王朝は創建五百年をもって終わりを告げるとする崔済愚の予測を問題としたのである。１８６３年、急に仕組まれた裁判によって、崔済愚はカトリック教義を実践した罪で有罪となり、翌年死刑となった。それにもかかわらず、彼の教えは、支配層の横暴に嘆く農民の苦しみを慰労するものとして、朝鮮半島南部を中心に幅広い大衆的基盤をつくることになるのである。

崔済愚の死後、朝鮮王朝の没落は加速し、王朝の没落を予言した彼の言葉の通りになった。１８９４年、古阜郡主の苛政に対抗し、東学農民運動が起こった。これは東学の理想に鼓舞された反乱で、国内の支配層の腐敗と外部の威圧を排除するため、高宗に対する不変の忠誠をうたいながらも国の根本的な改革を求めるという、政治・社会運動へと発展した。

反乱の勢いに驚いた高宗は、清国に反乱軍鎮圧のための軍事支援を要請し、このことは結果的に日本が朝鮮に介入する大義名分を与えることとなった。１８８５年の天津条約によって、清国は自国の兵力が朝鮮半島に移動する際に日本に事前に連絡する義務があったのだが、清国がこれを履行しなかったことにより、日清戦争が勃発し（1894年）、この戦争は日本の勝利で幕を閉じた。そして1894年、東学農民運動は、日本軍と朝鮮官軍の鎮圧によって瓦解することになった。この出来事によって、日本は朝鮮半島を手中に収める有利な立場を獲得し、これが20世紀初頭における韓国併合の背景となった。

朝鮮第26代王高宗による1897年の大韓帝国宣布によって、朝鮮王朝はその歴史に幕を下ろした。高宗は初代皇帝として強力な独立国家の建設を望んだが、日本とロシアとの不利な協定によって、すべての努力が水泡と帰した。

1905年に日露戦争で勝利を収めた日本は、大韓帝国に朝鮮半島を監督する日本人顧問を派遣する。1905年、日本と韓国の間に第二次日韓協約が締結され、韓国は外交主権を放棄した。そしてその2年後の1907年、ハーグ万国平和会議において大日本帝国によるアジア侵略を知らしめ、韓国に対する国際的な関心を呼び起こそうと密使を派遣した咎で、高宗皇帝は、息子である純宗に強制的に皇位を譲位させられた。しかし、純宗の治世も長くは続かなかった。3年後の1910年、韓国併合により大韓帝国は歴史の陰に消え、日本による朝鮮半島支配が開始された。五〇〇〇年の歴史の中で初めて、朝鮮民族は独立と主権と国民に対する統制権のすべてを失ってしまったのである。

日本の植民支配下で、韓国をはじめとする東北アジア地域では、激しい独立運動が行われた。しかし韓国の独立運動は、他の地域とは異なり、旧体制への回帰ではない理想国家建設を目標とするものであった。このような理由から、韓国の独立運動は、主権や政治的独立の回復、日本への復讐というレベルではなく、弘益人間が象徴する民族精神が具現化された国家の建設を目指したのである。

１９１９年の３・１独立運動は、これらの精神性をよく表している。キリスト教、仏教、天道教を代表する民族指導者33名が、鍾路のタプコル公園で朗読した独立宣言は、次のように始まる。

「我々はここに、我が朝鮮国が独立国であること、および朝鮮人が自由民であることを宣言する。これをもって世界諸国に告げ、人類平等の大義を表明し、これをもって子孫万代に教え、民族自存の正当なる権利を永遠に有せしむるものである。半万年の歴史の権利によってこれを宣言し、二千万民衆の忠誠を合わせてこれを明らかにし、民族の恒久一筋の自由の発展のためにこれを主張し、人類の良心の発露に基づいた世界改造の大機運に順応し、並進させるためにこれを提起するものである。これは天の明命、時代の大勢、全人類の共存同生の権利の正当な発動である。天下の何者といえども、これを抑止することはできない」

上海臨時政府が大韓帝国から大韓民国と国の名前を変えた理由は、独立の目的が「皇帝」の国ではない「国民の国」を樹立することにあったからである。弘益人間の精神に基づいた、国民のための政府を構成するという決意を明らかにしたのである。

また、上海臨時政府首班であり、独立運動の指導者だった金九が、1947年に発刊した『白凡逸志』の中の「私の願い」という文章は、次のように始まる。

「あなたの願いが何かと天が尋ねれば、私は躊躇うことなく『私の願いは、大韓の独立』と答えるだろう。その次の願いは何かというと、私はまた『我が国の独立』と言うだろう。またその次の願いが何かという三度目の問いにも、私はより声高に『私の願いは、我が国、大韓の完全な自主独立』と答えるだろう」

金九には独立運動によってつくろうとした国に対する、極めて具体的で明確なビジョンがあり、その達成のために進んで命を賭した。彼が夢見た国は、朝鮮民族固有の念願と遺産と文化の礎の上に構築された理想国家であり、これは他の人々にも感銘を与えた。彼にとって独立とは、弘益人間の理想の実現を意味した。私はこの章の冒頭に以下の文を引用させてもらったが、ここで改めて言及させていただきたい。

「私は、我が国が、他を模倣する国とならず、高く新たな文化の根源となり、目標となり、模範になることを望んでいる。それ故、真の世界平和が、我が国から、我が国によって、世界に実現されることを望んでいる。弘益人間という我々の国祖・檀君の理想がここにあると信じている」

民族の運命に対して、常に楽観的な見方を固持する彼は、民族が念願する理想国家建設の時が到来し、朝鮮民族がこれまでの歴史を通してこの課題を遂行するのに必要な資質・人格を取得したと述べている。

「また我々民族の才能と精神と過去の鍛錬が、この使命を達成するに十分であり、我々の国土の位置とその他の地理的条件がそうであり、また第1、2次世界大戦を行った人類の要求がそうであり、このような時代に新たに国を立て直す、我々が立っている時期がそうであると信じる。我々民族が主演俳優として世界の舞台に登場する日が目の前に見えないか？」

独立運動のために命を捧げた愛国の志士たちには、民族自決を超えたより遠大な夢が存在し、それは朝鮮民族の建国理想に則った新しい国家の建設であった。彼らは支配下にあっても、高い志と原則と価値に基づいて、他国の見本となり、世界の平和に貢献できる、モデル国家を建設するチャンスを求めた。このような暗澹たる状況下においても希望を失わなかったという事実は、朝鮮民族に、恒久的な理想とそれを持続させる夢があることを教えてくれる。その夢は、私がこの本の中で描いたように、コリアン・ドリームであり、弘益人間の理想に基づいている。故に、独立はとても感情的高揚を伴ったものであり、我々の歴史と文化の起源に根を置いていた。

しかし不幸にも、第二次世界大戦と日本の植民地支配の終息と共に、半島は完全に独立することができず、二つの異なった勢力範囲の下に分割されることにより、独立への希望は無残に打ち砕かれた。半島は38度線を境に南北に分断され、西側陣営とソビエト陣営の対立というより大きな地政学的分割に組み込まれることとなった。１９４８年までに、それぞれの後援者の政治的・経済的なフレームワークを選択するようになった両者は、それに続く二大陣営の対立に巻き込まれていく。こうして、朝鮮民族は、自ら統一された運命の主人となって、共通の歴史の中で民族を鼓舞してきた夢を実現するのではなく、人為的に分断され、望むと望まざるとにかかわらず、より大きな地政学的対立の中で、同胞を敵として互いに銃口を向け合うことになった。その悲劇的な状況は今日まで継続している。

彼らは民族の念願とは無関係な消耗戦をいつまで続けなければならないのか、真剣に考えるべきである。ソ連が崩壊し、冷戦が終息した今日の状況において、もはや理念の対立は時代錯誤である。南と北は共通して古朝鮮と檀君の遺産を重視している。韓国政府は「弘益人間」を教育理念と定め、北朝鮮は「朝鮮」という名称を公式の国名に含んでいる。選択は異なったものの、各々が選んだ体制が、五〇〇〇年にわたって望んできた理想国家建設の一助になると信じ込んでいる。しかし今日の南北コリアは共に問題を抱えている。こうした問題は、コリアン・ドリームに立脚した新しい国家の建設によって、治癒することができると私は確信しているのである。

檀君の建国精神は、朝鮮民族の起源であると同時に彼らの夢となり、民族のアイデンティティーを形成した。弘益人間は民族の運命を成就しようとする、先天的なスピリットから表出された哲学である。その運命は、金九が予言したように、世界的な道徳的権威を備え、新しい国を創造するための未来につながっていく。これは1910年や1948年、さらには昨日という過ぎ去った過去とは無関係に天が与えた運命であり、朝鮮民族と朝鮮半島、そしてアジアと世界のために新たな未来を創造せよという召命なのである。

朝鮮民族における家族文化の発展と、その儒教的ルーツ

弘益人間の理想を具体化した国は、それに則った先例の実績をつくった指導者と、道徳性を備えた市民によって実現される。どの文化でもそうであるように、家庭は社会の最小単位として、社会が重視する価値の涵養という重要な役割を担っている。これはコリアにも当てはまる。長い歴史の中で、我々のユニークな家族主義が朝鮮人の人格の核とアイデンティティーを形成し、様々な人間関係を高貴な志に向けた。

儒教の思想は、朝鮮の家族文化を形成するにあたって中心的な役割を果たした。孔子は、すべての人間がひとつの家族のように生きる「大同世界」を理想的な社会と説いた。家族

における親密・秩序は、社会や国家、世界へと拡大されていく。これを集約的に表現した「修身斎家治国平天下」は、文字通り、まず自分の行いを正しくし、家庭を整えた後に国を治めてこそ、泰平の世が訪れることを意味している。

儒教は、「仁義礼智」を、人間が持つべき根本的な徳目と説いている。

・仁：惻隠之心、可哀相なものを見る時、哀れに思う心
・義：羞悪之心、不義を恥じて悪を憎む心
・礼：辭譲之心、自分を下げ謙虚に遠慮し思いやる心
・智：是非之心、善悪のわきまえを知る心

これらの徳目を備えた人を「君子」とした。指導者たらんとする者は、当然、君子たらねばならない。統治者は君子の最上の模範たる者として「君王」と呼ばれた。右記すべての徳目を最初に学び、実践することができる最適な学校が、まさに家庭なのである。

朝鮮民族は、儒教発祥の地である中国よりも、こうした儒教的教えの実現に熱意を注いできた。同じ漢字文化圏に属していた関係上、中国で儒教が誕生した際、朝鮮民族はそれ

を道徳や倫理の基準として受け入れたようである。三国時代には既に、儒教は政治思想として採用され、儒教の経典を教えるための教育機関が設立されたという事実が、これを裏付けている。

多くの学者の見解によると、朝鮮民族による儒教的情緒の積極的受容は、孔子が生まれる遥か昔に確立されていた。歴史家たちは、我々民族の家庭的徳目と祖先たちへの尊敬の概念は、土着的な信仰に関係しており、それは朝鮮人の深い精神的意識の一部だった、と述べている。実際に孔子自身が、当時東夷族として知られていた朝鮮民族の文化に影響を受けたという内容が、彼の7代後に子孫である孔斌の著書「東夷列伝」に記録されている。その儒教的観念が孔子から出たのか、あるいは朝鮮民族固有の伝統によるのかは、重要な事柄ではない。結果から見れば、朝鮮民族固有の家庭文化は、極めて道徳的な人間関係によって形成されてきたことは間違いない。このような文化が根付いた理由を、農耕中心の社会に求める者もいるが、いまひとつ説得力に欠けるものがある。なぜなら、19世紀以前は世界のほとんどが農耕社会だったにもかかわらず、朝鮮民族の祖先ほどに儒教的家族文化を発展させた国は見当たらないからである。それればかりか、朝鮮民族の家族文化は、その概念を氏族、社会、国家的次元まで拡大解釈したものであるが、これはアジアの中でも独特と言えるのだ。

例えば、朝鮮王朝の統治者たちは、朝鮮民族固有の家族文化を奨励し、理想的な儒教的家族像を統治体制・哲学にも適用した。つまり先祖たちは、東方の理想的儒教国であることを標榜するためには、強力かつ道徳的な家族の土台の上に根付いた国を築かなければならないことを認識していたのだ。そのため、王朝は、家廟（一家の祖先を祭る御霊屋、祠堂）を中心に宗法制度を設けるなど、国家レベルで家族文化の強化に心血を注いだ。

朝鮮中期から、家廟を中心に集成村の文化が形成された。集成村は100世帯余りで構成された最小政治単位である。集成村はまた、売買が成立する経済単位であり、家廟を中心に宗教的な儀礼を行う宗教的コミュニティーでもあった。皆が血縁関係にある集成村文化の中で、儒教的道徳指針である三綱五倫が韓国文化に深く根付いていくことになる。三綱は、政治的目的のために進められたため、過剰に家父長的かつ全体主義的であるという非難をしばしば受けているが、五倫は孔子本来の教えに由来するもので、今日にも重要な教訓を与えるものである。五倫は、次の五つの人間関係の規律を言う。

・父子有親：親と子の間には親しみがなければならない

・君臣有義：王と臣下の間には義理がなければならない
・夫婦有別：夫婦の間には分別がなければならない
・長幼有序：大人と子どもの間には順序と秩序がなければならない
・朋友有信：友達との間には信義がなければならない

この5つの規律は、朝鮮民族が最も重要視した美徳であり、その文化の全般に影響を及ぼしている。「親と子の間には親しみがなければならない」は、親は子を愛し、子はそれを孝として報いる、の意。「王と臣下の間には義理がなければならない」は、臣下の義務は単なる服従ではなく、正義と善を奉るべきである、の意。「夫婦の間には分別がなければならない」は、父と母が担う役割が各々異なる、の意。「大人と子どもの間には順序と秩序がなければならない」は、家族内のみならずすべての人間関係に適用される基準で、年長者を敬い、年少者には愛情を持って接しなければならない、の意。また、信義は友人間でのみ適用されるものではなく、すべての人間関係の基礎となる。

ひとつ付け加えるなら、君師父一體という概念だ。これは、王と師匠と父の役割が同一であるという考え方である。この考え方は、孝の概念を社会に拡大させ、朝鮮が追求した理想国家建設の枠組みを提供した。

朝鮮は、家庭の倫理において模範たる人物を、忠臣と同格の扱いで広く称えた。そのため、愛国者のために建てる忠臣閣と同様、孝子には孝子碑を、そして夫に対する最上の愛と貞節を守った女性のために烈女碑を建て記念とした。孝子碑や烈女碑を受けた家は、忠臣閣を受けたのと同じくらい、家門の栄光としてこれを喜んだ。

朝鮮における徳目は、朝鮮人の典型的な二つの気質である恨《ハン》と精誠を背景に醸成された。朝鮮の文化は恨の文化だと言われる。その意味は豊かで、また複雑で、他の言語では表現し難い。典型的な例としては、恨みとか嘆きといった言葉で翻訳されるが、全く不適切だ。古い諺の「女が恨を抱けば、夏でも霜が降りる」というのは、文字通りの意味よりも、実はもっと深い。

恨は人が不正や精神的傷を受けたことに対して怒り復讐するのではなく、精神的成長が始まることだ。困難な情と格闘することを通して、人間の状態をより深く理解し、新しい精神的な成熟をなすことができる。恨は、格闘で終わるのではなく、自分たちに過ちを犯したものを許し、愛し、抱擁する精神的な覚醒を生み出すべきだ。

恨に関する理解において、新たな側面を加えることになると思うが、それが朝鮮人としての我々の運命と歴史を導くものであると信じる。それはイエスの教えとも共鳴する理解だ。多分、キリスト教を多くの朝鮮人が受け入れた理由は、そこにある。

歴史の試練に直面し、葛藤しながら、それを現実的にも精神的にも消化し、朝鮮人は精神的意識を深めてきた。我々は困難により、なすべき準備をし、成長してきた。その精神は、家族それぞれの間で受け継がれ、朝鮮人が朝鮮人となることを学んだのだ。

朝鮮民族的家族主義の、もう一つの特異な点は、精誠の精神である。忠、孝、烈といった徳目が「精誠」により実践されたという点である。忠、孝、烈は誠意を尽くして実践することで、これにはより崇高なレベルにおける誠実な自己犠牲が求められる。

孝や烈といった徳目は、様々な文化形態を通して鼓吹されてきた。『沈清伝』や『春香伝』のような古典小説は、その主人公が示す精誠が、深い感動と教訓を伝えている。『沈清伝』は、盲目の父の目が見えるようになればと、自らの身を供物として海の神に捧げた、献身的な娘の話である。沈清の献身的孝行に感動した竜王は、彼女を再び陸地に送り返し、沈清は最終的に王妃となる。『春香伝』の中で、春香は地方政府管理の度重なる懐柔と脅迫にも屈せず、命を懸けて貞節を守り抜く。そして、最終的に暗行御史（朝鮮王朝時代、勅命で地方の行政および民情を探るため潜行して回った臨時の勅使）となり、漢陽から下ってきた李道令と出会い、義なる行動に報いるという物語である。

　このような話はパンソリ（朝鮮の伝統的民俗芸能）にも伝えられており、唱やパンソリを通じた歌・絵画などの写実的方法を通して、朝鮮民族的美徳の特性に活力を吹き入れた。朝鮮民族は、これらのストーリーや絵に、笑い、また泣いてきたのである。究極的に、この美徳とは、儒学者の倫理的教えにとどまらず、平凡な家族の中であまねく構築され、民間文化を通して広く称えられながら、教育されてきたのである。

　これらの美徳が持つ道徳的な力が、時空を超越し、外国人に深い影響を与えた記録がある。中でも特に、壬辰倭乱の際、朝鮮に帰化したひとりの日本人武将の話はとても印象的である。沙也可（金忠善）という日本の将軍は、３０００の兵力を率いて連戦連勝を収めていた。彼は、度重なる戦いの中で朝鮮人のひたむきな美徳に胸を打たれ、彼らを殺すことは獣よりも愚かな行為であると判断し、朝鮮に投降するのである。そして朝鮮の兵士たちに鳥銃の使い方を教えながら日本軍と戦い、後日これらの功が認められ、歴史に名を残すことになったのである。

　もう少し最近になると、イギリスの著名な文明史学者であるアーノルド・トインビー博士の例がある。彼は、ひとりの韓国人ジャーナリストに出会い、韓国の孝の思想や敬老の文化を聞いて胸を打たれ、「もし韓国人たちがこのような伝統的な徳目を世界に広めることができれば、世界史に大きく寄与するだろう」と述べたと伝えられている。韓国人の家族文化を直接体験した外国人たちから、同じような話を聞くことも多い。路上で見知らぬ老人に若者が敬意を表す姿に、深い印象を受けたとする話をしばしば聞くが、西欧社会ではこのような精神が急速に失われているとも言われている。

朝鮮民族の家族文化は、儒教が掲げる理想的家族観に根差しているが、ここに朝鮮民族の精誠の観念が加わって、固有の特性が形成された。忠、孝、烈は至高の献身と真心によって、新たな段階へと上昇するのである。ここで驚くべきは、朝鮮民族がこれを人類の普遍的な仁性と捉え、民族の構成員すべてが、その理想を具現化させるべく努力したという事実である。彼らはそれを、人と動物とを区別し、人間らしくする倫理的な行動規範の基準と捉えていたのだから、これはごく自然なことだったと言えるだろう。この特性は、いわば朝鮮民族にとって、誰しも当然実践すべき、人間たる基準だったのである。

韓国の家族文化――明示された民族の夢

韓国の家族主義は、高尚な理念でありながら、家庭内の日常生活で実践されることによって民族のアイデンティティーとなった。民族の大志を社会規範や礼儀作法を通して内面化させることで、我々の先祖は、まず直接の家族に対しての献身と犠牲的愛を通し、次にはそれをより大きな共同体、社会、国家、世界へと拡大させながら、建国理想を具現化しようと努力した。朝鮮民族にとって、人類は拡大された一家族であり、普遍的理念や原則、価値を土台に、平和的な共存を模索することはごく自然な現象であり、実生活の中で達成しなければならない義務である。これが朝鮮民族の家族主義が持つ稀有な特徴であり、彼らにとって家庭とは、天から与えられた運命を担い、弘益人間の理想を抱いた人格的な市民を養成する学校なのである。

韓国人は家族以外の他人にも兄、姉、弟、妹という呼び方を気兼ねなく使い、また、おじさん、おばさんという呼称で年長者に対して敬意を表すが、これは単なる言葉尻の問題ではない。彼らは最も親密な「家族」という人間関係の中で、深い徳性を修得し、あらゆる人間関係を見つめる観点を養うのである。例えば、親しい友人には「兄弟のように愛する」と言い、学生は尊敬する教師や後見人に対しては「父のような方」という言葉で、最上級の尊敬の念を表現したりする。このように韓国人は、最も親密な人間関係を家族に喩え、日常的に家族的愛情で結ばれた深い絆を拡大し、体験することを通して、誠実な関係性や礼儀を学習するのである。

このような伝統の中で育まれた韓国人は、あらゆる人々を家族の観点から見つめるようになる。なぜなら、家族関係が献身的な愛に基づくものだとすれば、その家庭で育った子どもたちは、自然に献身的な愛の観点で他人を見つめるようになるからである。他者との関わり方は、その者の家族関係を見れば分かる。社会の通念的規範を無視して行動する人は、その倫理性に強く非難されるものだが、この時しばしば用いられる表現が「人でなし」という言葉である。韓国人の基準で見た場合、自分の叔父を処刑することにより、北朝鮮の金正恩は、そのような位置に自分を置いた。

韓国では同様の原則が政治にも適用されてきたわけだが、歴史のあらゆる王朝、中でも特に朝鮮時代について言及しないわけにはいかない。家族という観点において、王は父に該当する。したがって、父親として示すべき道徳規範は、そのまま王にも適用されるのである。今日においてすら、韓国人がこうした規範に基づき、統治者・政治家を判断する風潮がある。政治指導者に対しては良き親としての資質と徳性を求め、独裁行為や破廉恥な腐敗が決して容認されることはない。なぜなら、これは天倫に反する行為だからである。

現代史で起こった1980年代の4・19革命と6・10民主化抗争の決定的な出来事は、

政府が権力を乱用して青年を拷問で殺害したことが明らかになったことで、全国から人々がデモに参加するようになった。それは、国家が国民を守るという神聖な義務を犯しているということであり、あたかも政府が子どもを虐待する不道徳で邪悪な親であるかのような道徳的な憤りを表明していたのである。韓国人が政治指導者に求める倫理水準は、今日でも非常に高い。

韓国人は、自国の家族文化が持つ独特かつ魅力的な特性を誇りとすべきである。世俗化し、シニカルに変わりゆく世界の中で、道徳的人格、真実なる美徳、持続的で誠実な人間関係を強調する韓国の伝統的家族文化は、軽薄な消費主義と相まって表出される大衆文化の寂莫とした大地の中の、オアシスとも言えるものである。韓国の家族主義は本質的に人として求めて然るべき有益な価値と規範を提供するものであり、それ故に普遍的に通用する強い訴求力を持っているのである。

これを証明するのが、全世界に広まった「韓流」である。韓流は類似した文化や宗教的伝統を共有するアジアのみならず、アメリカ、ヨーロッパ、アフリカ、中東をはじめとする世界各地で急速な広がりを見せている。韓国で制作されたテレビドラマが全世界の人々を虜にしている。この現象をどのように説明することができるだろうか。これは韓国の家族関係の中で表現される、水準の高い献身や真心、犠牲的な愛情が、世界の人々の共感を誘うためと解釈できるのではないだろうか。

世界的に一番人気のある韓流ドラマは『宮廷女官チャングムの誓い』であったが、これは2003年の初放送以後、今や90カ国余りの国々で放映されている。驚くべき事実は、イランやエジプトのようなイスラム国家、さらにはスリランカのような仏教国において、視聴率90パーセントという記録的な数字を叩き出したことである。また、アフリカ奥地に住む子どもたちが、『チャングムの誓い』を通して、夢や勇気を与えられたという話も耳にする。ちなみにドラマの内容としては、幼い少女チャングムが厳しい苦難を乗り越えて、ついに亡き母との誓いを果たすというものである。彼女は最終的に宮中のすべての食品を管掌する最高位まで昇りつめ、王の食膳を担当するようになる。また、宮廷の医女として病人を治療し、献身的に与えられた任務を全うするのである。

『宮廷女官チャングムの誓い』は、家族の中で培われる韓国人の精神文化を余すところなく表現している。この物語には、憎悪や復讐ではなく、愛と忍耐を通して恨みを克服し、精神的に成熟していく過程が見られる。また、韓国文化の固有性とも言える、目上を奉る文化や精誠の内容が色濃く強調されている。韓国人は「至誠感天（誠を尽くせば天も感動する）」という言葉をよく使うが、これは正しく誠実な心で努力すれば、天も深く感動するという意味である。朝鮮民族が他者を家族関係の観点から捉えるように、天と人間との関係もまた、親と子の関係に喩えられるのである。したがって、子どもである人間が真っ当な精誠や献身を示した時、天である親の心も動かすことができると考えるわけだ。

『宮廷女官チャングムの誓い』のプロデューサーは、視聴者のターゲットに韓国人を想定していたため、このドラマが世界中でこれほど多くの人々に感動を与えるとは夢にも思わなかったと述べた。しかし、『宮廷女官チャングムの誓い』の話は、極めて韓国的であると同時に、それが示す道徳的特性や美徳は、明らかに世界の人々の心に響く普遍的なものである。『宮廷女官チャングムの誓い』以外にも、韓国ドラマの大部分は、高い道徳性に基づく家族関係の深い心情が表現されている。親は自分を犠牲にしてでも子どもの将来のために身を粉にし、子は親の恨を解き、その夢を叶えるために必死に努力する。さらに、歴史ドラマか現代物かを問わず、韓国ドラマには、家族の愛を超えて社会・国のために倫理的かつ愛国的に行動する主人公が登場する。

海外における韓国ドラマの魅力は、最も親密な人間関係、特に家族内の関係を描いていることにある。韓国ドラマには、人間としての最も基本的かつ普遍的な特性を刺激する要素が内包されているが、その代表的な例がまさに、犠牲的な愛と絶対的な献身にも代弁される「精誠」という概念である。『冬のソナタ』はエゴイズムを超越した男女間の純愛を描いた作品として、日本で女性を中心に爆発的な人気を博した。実際に韓国ドラマに描かれる犠牲的愛は、世界の人々が普遍的に求めるものであり、直感的に共感し、魅了されるものがある。

家庭の価値崩壊と核家族化の問題

アメリカに住んでいる私は、韓国人女性と結婚したアメリカ人男性らを通して、家庭生活で感動したという話をしばしば耳にする。特に夫の両親と嫁の関係に関する内容がほとんどであるが、巷に知られているように、アメリカでは、子が家庭内で年老いた親の面倒を見る文化が廃れて久しい。子は成人すれば親元を離れなければならず、この時から親は子に対する責任を負わなくなり、子もまた親の面倒を見る倫理的・道徳的義務を持たない。これは韓国の伝統とは違う。

アメリカ人は、60代半ばに引退して余生を楽しむのが一般的である。そして、やがて自分で自分の面倒が見られなくなる時が来れば、その大部分が老人ホームを探し、そこで余生を過ごすのである。このように人生を終えることは便利な面もあるが、韓国人の目にはあまりにも非人間的なものとして映ることもある。老人ホームの設備がいかによく整っていたとしても、人生最後の時間を家族と離れ、孤立した場所で過ごすことは非常に寂しく悲しいことだと考えるからである。多くのアメリカ人が老人ホームを通して親の介護に気を使ってはいるが、人間は決して肉体のみの存在ではない。我々は愛や情緒的な保護を必要とする精神的な存在として、人生の終わりが近くなればなるほど、最も近しい存在である家族の愛を恋しく感じるものである。

韓国の伝統文化の中で育った韓国人の嫁は、義理の両親の面倒を見るという倫理的徳性を備えるようになる。私が耳にした話では、多くのアメリカ人の親が韓国人の嫁の献身的な姿勢に心打たれたというが、その理由としては、自分の親に対するような心で誠心誠意自分たちの面倒を見てくれるからだという。韓国人の嫁は、結婚すれば配偶者をその家族も含めて支え、子女の教育に責任を持つことが当たり前だと考えている。韓国人にとって少なくともこれらのことは、脈々と受け継がれた家族文化の伝統に基づく、極めて自然な行動である。私は韓国の家族文化を「すべての人間に利益を与える」ためのひとつの在り方として、世界に誇り、広める価値のある朝鮮民族固有の大切な文化であると考えている。

しかしながら、今日の韓国において、朝鮮民族が最も重要視してきた伝統的な家族文化は消えつつあり、その美徳の存続が危機に瀕している。その美徳とは我々民族が最も高い価値を置いてきたもので、社会全体を家族の観点から見るものだ。性的道徳の混乱は、男女が持つべき信頼と貞節を傷つけ、家族の倫理をないがしろにすることが、高い離婚率を招いている。父母に孝行して侍る文化は消え去りつつあり、年長者に対する尊敬も昔の記憶になりつつある。若者たちは、もはやこのような美徳を教育されることはなく、深刻な問題を生み、韓国人のアイデンティティーを損なわせ、社会の未来を危うくしている。

こうした伝統的価値の喪失や性道徳の崩壊を、韓国の多くの人々が、現代化に伴う不可避な事態であり、婚前交渉や同性愛、離婚を現代的な生活様式のひとつと捉えがちである。しかし、こうした現象を「現代的」と捉えることを、私は疑問視している。これらは古今東西の歴史を問わず、あらゆる社会で常に発生していた、むしろ「陳腐」とも言える現象である。例えば、ローマ帝国がその良い例だ。ローマ執権層の家庭の倫理的退廃が、帝国指導部内全体の腐敗へとつながったという歴史的事実が存在するのだ。家庭倫理を支えるためには道徳的な努力が要求されるものだが、性道徳の乱れとは、まさに道徳的価値が立つ瀬を失うことを意味する。世界史や韓国の歴史を見ても、王朝が没落した主な原因に、社会分裂と混乱を引き起こした指導層の道徳的腐敗があったことは否めない事実である。このように道徳の崩壊は、社会全体の没落と、それに続く大混乱を招く要因ともなった。

その腐敗の核心には、常に家庭倫理と性道徳の崩壊があった。しかし一方で、新しい時代の到来は、常に道徳性の改革と共に訪れた。今後の韓国社会の行方は、韓国国民自身の選択に委ねられているのであって、社会の空気が決定するのではない。伝統的な拡大家族の価値消滅を、自然で必然的な過程として受け入れることもできるし、逆にそこに込められた固有の倫理的・文化的価値を認め、それに基づく道徳的な社会をつくることも可能なのである。

伝統的に韓国は拡大家族の下で暮らし、その中で子どもたちは様々な人間関係を通して、献身的な愛の徳性を学んできた。儒教的理念が標榜する基本的な倫理規範は、韓国の伝統的な拡大家族の中で全く新たな水準にまで昇華された。したがって、各個人の行動や他人との関係に最大限の誠意と献身を尽くして臨む精誠という徳目が奨励されることになり、これは最も高い水準の自己犠牲が求められるものである。親をはじめ、祖父母、叔父、叔母との関係を通して、子どもたちは自然にこれらの徳目を身に付け、自分自身のアイデンティティーを確立させる。そして、家族の中で学習される関係の規範は、より広い社会のレベルにまで自然に拡大されていく。しかし今日、近代化や都市化といったお題目の下、こうした家族の形は失われつつある。これはとても残念なことだと言わざるを得ない。なぜならそれは、朝鮮民族の道徳的・精神的遺産を後世に伝承する手段が失われることと同義であるためだ。そして、いわゆる核家族にとって代わられつつある。

現在、韓国社会では、核家族化が急速に進行している。核家族とは「親および親と同居する未婚の子女で構成された集団」と定義される。今やひとつ屋根の下に三世代が同居するケースを見つけるほうが難しく、実際家族という概念すらも全体的に変わってしまった。またそれにとどまらず、核家族化が進行し、今やその核家族すらも解体されつつある。片親家族、私生児、離婚によって2組の親と暮らす子ども、異父異母兄弟姉妹、様々な形の契約による同居など、家族に対する概念自体が曖昧になりつつあるのだ。このような家庭の概念の崩壊は、社会的・経済的・道徳的に深刻な事態を招く。先進国は、ようやくそれに気が付いてきたところで、対応はまだ行われていない。

先例があるのだから、朝鮮人はそれを避けるべきだ。核家族の増加とともに、伝統的価値と人間関係の質において、何が失われるのか考えるべきなのだ。我々はまた、核家族によってもたらされた、社会的かつ文化的な変化が、新たな社会経済的問題をもたらしたことに気付くべきだ。

現在は政府が提供する社会保障の役割を、過去は拡大家族が担っていた。拡大家族の共同体は、全人的観点から構成員個々人のニーズをすべてまかない、また、現代の福祉制度が提供する物質的なサポート以外にも、精神的・心理的・情緒的な支えとなった。

拡大家族には多くの利点があるが、中でも最も重要なのは、円満な人格につながる幅広い人間関係と、世代を超えた協力の場をつくり出すという点である。互いを尊重し合う愛に満ちた雰囲気の中で、家族の構成員は、自己犠牲、誠実、勤勉、自己開発、責任感といった美徳を見て学び実践するとともに、人間関係において必要な礼儀作法や善悪の判断基準を学ぶことになる。こうして拡大家族の中で育った各世代の心中に刻まれた教訓は、家庭から出発し、社会へと拡大される中でも、調和と協力を土台とした人間関係を結ぶよう働きかける。

一方で核家族では、その関係性は親と子のみに限定される。形としては二世代が住んでいることになるが、それも子どもが成人するまでの一時的な状況にすぎない。アメリカの場合、ほとんどの親は自分たちだけの自由な余生を過ごすために、子どもが一旦成人すれば離れて暮らすことを望むケースが多い。子どもの立場でも同様に、法的に成人になれば、親の干渉なしに自ら独立した人生を送ることを望む傾向にある。

核家族が二世代で構成されているとしても、親子間の役割や関係は法的に制限される。特定の年齢になると子女は大人と見なされ、その瞬間から親と子の相互の責任と義務は終結するのである。理想的な家族の概念に基づいた自然な人間関係は、より深い、永遠の関係である。法が人間関係に対する我々の価値の概念を定義するなど、あまりにも不自然ではないか。本来、法の属性とは、最も根源的で大切な人間の価値を縛るものではなく、むしろそれを忠実に反映すべきものであり、それに相反することなど矛盾と言わざるを得ない。このような状況下で、現代社会の世代間断絶を意味するジェネレーションギャップを目撃するのは珍しいことではない。

核家族の下において、子どもはおよそひとりもしくはふたりいればいいほうで、共働きをしている間は保育園に預けておく他に取る選択がない。このような環境において深い家族間の情緒的な絆や、これを通じた様々な人格の涵養を期待することは、拡大家族に比べると困難と言わざるを得ない。多くの子どもたちが、兄弟姉妹の関係を持たず、そこには親子だけの単純な関係が存在するのみである。本来子どもは、様々な愛情関係を背景に成長することが望ましいが、その点において、核家族には限界があると言わざるを得ない。成熟した円満な性格を形成するためには、親だけでなく、祖父母や兄弟姉妹との様々な形の愛を育むことが望ましく、その関係性の適切な在り方を実践の中で習得しなければならない。この点において、祖父母の愛は子どもに過去の遺産を相続し、血統的な一体感を強める効果をもたらすが、これは父母のみにできる性質のものではない。

最近の子どもたちが大人や先生を敬うすべを知らず、学校で倫理教育が問題となっている理由は、家庭で教わるべき礼儀作法を、核家族ではまともに教えることができないからだ。実際、韓国では校内暴力やいじめなどが原因で、親すら子どもを学校に送るのが怖いという。教師に対する学生の暴力もあるというが、これは昔の韓国では想像もつかない出来事である。

子どもは自分の親が祖父母を敬う姿勢を直接目にしながら、正しい礼節と孝行心を自然に身に付けるようになる。これは理論で習得できるものではないため、祖父母と共に住んでいない場合には、心からの自然な孝行や礼節を身に付けることは非常に難しいと言わざるを得ない。核家族化は実際に、祖父母と孫を遠ざけ、過去と未来を断絶させている。こうした傾向が続き、韓国社会が伝統と決別することになれば、五〇〇〇年にわたる歴史の中で先祖たちが苦難と逆境を耐え抜いて培ってきた遺産、アイデンティティーを失ってしまうことになる。

家族に対する考え方が、世代をつないだ幅の広い拡大家庭から、狭いものに変わったように、結婚に関する考え方も変わった。最近では結婚を「ふたりの男女間の出会い」と表現する。これはつまり、ふたりだけの関係という見方が大勢を占めるということだ。男女間のロマンチックな愛が、結婚において最も重要な項目に数えられている。これらの風潮は、文学やドラマ、歌などの大衆文化を通して、望ましい結婚観として描かれている。こうした風潮が見逃しているのは、結婚はただふたりが一緒になるのではなく、ふたつの家族の出会いであり、夫婦が互いに愛し合うことだけではなく、もっと大きな責任を要求されるということだ。

結婚した女性は、夫ができると同時に、彼の両親や兄弟とも新しい家族となる。彼らは夫婦の結婚や、特に子女の誕生を最も祝福してくれる家族である。同様に男性は、妻の親と兄弟が新しい家族になる。夫婦は各々の家族の中で育んだ深い愛情を、より幅広い両家の人間関係の中で拡大することができる。結婚を、単なる男女ふたりのロマンチックな愛と捉える利己的な考え方は他の家族を疎外するものであり、私はこれが正しい家庭文化を毀損するのではないかと危惧している。なぜなら、ふたりの間に愛情が失われた時、容易に離婚を選択することができるからである。ロマンチックな愛に依存する人々は、結婚しようが離婚しようが家族とは無関係であるため、自分たち夫婦だけで決められると思い込んでいる。しかし公正に考えてみれば、その決定は結果的にすべての家族に影響を与えることは明確だ。結婚を、男女が私的に好き嫌いで決めることを容認する社会の雰囲気は、明らかに道理に合ったものではない。

一方、両家家族ぐるみで幅広く結ばれた夫婦の愛情は、それらすべての家族との関係もひっくるめて考慮すべき責任を伴っている。夫婦が容易に離婚という選択に走ることを防止するだけでなく、夫婦の間でロマンチックな感情が消えゆく喪失感を、大きな家族的愛情で相殺し、情緒的、物理的な困難を克服するように働きかけるのである。したがって、拡大家族制度下における結婚は、より現実的で道理に適った「人倫之大事」として、社会をより健全に維持する役割を果たしていたのである。

一部の専門家の意見によれば、核家族の限定的な人間関係の中で受けるストレスは、拡大家族の場合と比べて、より個人の心理的健康に否定的な影響を及ぼすと言う。昨今の韓国は他の先進国以上に、躁うつ病の患者が増加傾向にあり、自殺率も高くなっている。これは核家族化がもたらした二次的な結果とも見ることができる。核家族には拡大家族が提供するような情緒的に頼ることのできる多様な対象や環境がないからである。

孔子は秩序の取れた国家をつくるためには、何よりも家族が根本にならなければならないと語った。ところが最近の韓国社会では、公的な領域で、道徳的腐敗と関連したスキャンダルが相次いでいる。2011年、「トランスペアレンシー・インターナショナル」の腐敗認識指数で韓国は39位から46位と7ランク順位を下げた。貯蓄銀行の融資事件で8億5700万ドルの損失が発生し、20もの銀行が閉鎖に追いやられ、2011年以降、関係者200名余りが起訴された。横領罪で有罪判決を受けた財閥グループ会長に対し、「服役した場合、社会に及ぼす影響が甚大である」という裁判所の判断で、執行猶予判決が下された。2014年4月、304名の犠牲者を出したセウォル号沈没事故では、船舶所有会社は船舶が不安定であると警告を受けていたが、無視したという事実が確認された。にもかかわらず、その船舶は2013年度、韓国船級による安全検査にパスしていたのだ。後に、検察は韓国船級を捜査した。孔子が言ったように、家庭の基盤の上に秩序ある国が建設されなければならない。蔓延する公的腐敗は、家庭での美徳が社会に拡大されるという点から見れば、家庭における教育の崩壊を指し示している。

韓国における家庭の変化は、身近な社会問題とともに、将来の社会に深刻な経済的結果をもたらす。過去、拡大家庭は、家族、特に老人の世話をして、社会的なセーフティネットを提供していた。核家族が広がるにつれて、老人はひとりで住むようになり、政府の役割も大きくなった。さらに、祖父母がいない家では、夫婦は保育所に頼らざるを得ず、政府の補助に頼るようになるだろう。

こうした要求に応えるために、政府の社会福祉に対する支出は増大せざるを得ず、将来は維持できなくなる。既に先進国においては、これが深刻な問題となり、約束した社会福祉を提供できなくなるだろう。この問題は韓国に、多くの深刻な結果をもたらす。

まず、核家族化は少子化につながる傾向があるが、特に韓国はその程度が顕著だ。ハワイのアンドリュー・メイソン米国東西センターによると、現在（２０１５年当時）の韓国の出生率は世界最下位である。２０１４年、保健福祉部は女性ひとりあたりの出生率は１・１８人に落ちたと発表した。

統計庁が２００９年に発表した報告書によれば、２０１８年から人口が減少し始め、２０５０年には今より約６４０万人も人口が減ってしまうという。韓国開発研究院は、２０２１年以降には２８０万人の労働者不足を予想している。少子高齢化による人口減少は、内需市場の縮小とともに、社会保障費の負担の増加、つまり税収源が減るという事態を招く。

全人口が減少する一方で、高齢者の人口の割合は増加の一途を辿っている。2050年には65歳以上が人口の38・2パーセントを占めるようになり、韓国は超高齢社会になることが予想されている。OECD加盟国の平均扶養高齢者の数が労働者100名あたり24名なのに対し、現在（2015年当時）の韓国は労働者100名に対して15名である。ところが2050年には、OECD加盟国平均が45名と予想される中、韓国の場合は75名にまで増加するという。

核家族の下では高齢社会に対し、情緒的・心理的な関心を期待するのが困難である。ひとつの例が、高齢者の孤独の問題である。2010年の独居老人の数は106万人と集計されたが、これは韓国全体の高齢者人口の20パーセントを下らない数である。今や独居老人の孤独死が社会問題となり、数カ月後に遺体が発見されるなどの報道も珍しくなくなっている。

以上、本章では、経済的、道徳的、情緒的な側面から今日の核家族が抱える問題点について、私独自の観点から分析を試みた。韓国の拡大家族は、五〇〇〇年にわたる歴史の中で朝鮮民族のアイデンティティーを形成し継承してきた、独特かつ貴重な文化遺産である。それを認識する必要があるのだ。拡大家族は韓国人を韓国人たらしめ、韓流ドラマの普及に見られるように、世界にも通じる普遍性を帯びた大切な遺産である。特に今日の韓国社会で、この伝統的な家族文化に込められた固有の価値を保全し、奨励することは最も重要な課題であり、韓国人はそのために全力を傾けるべきである。

統一――我々のアイデンティティーの回復と運命の実現

核家族化、物質主義の拡大、国家目的の喪失、北朝鮮の人々の運命への無関心などの問題は、韓国人が歴史と民族のアイデンティティーを形成してきたビジョンを見失っているために生じている。祖国統一は、そのビジョンを回復し、建国の大志を反映した国を作る機会を与えてくれる。だからこそ、統一のための運動は政府レベルや政治・経済交渉の場だけでは成り立たない。統一は韓国人全体が参加し、コリアンとしてのアイデンティティーとその運命について真剣に考えなければならない。

我々は過去と歴史的先例を振り返り、そこから学ぶことで、未来の進むべき道を明確に知ることができる。朝鮮半島に変化をもたらし、これを進捗させる鍵は、歴史がいかに朝鮮民族の固有のアイデンティティーを形成してきたのかを理解する点にある。これが私がこの章で書いたことであり、我々の貴重な美徳と伝統を体現した家庭モデルに代表される、豊かで固有な文化遺産の重要な役割について書いた。

朝鮮民族固有の特性とは、檀君の弘益人間の哲学を根本とした民族の建国を源とするものである。その弘益人間の理念は、歴史を通して朝鮮民族の世界観と人生観を形成しながら、大きな試練にも堂々と立ち向かい、朝鮮民族の安寧を超えたより大きな目標を志す力を与えてきた。その例として、韓国独立の志士たちにとっての国の独立が挙げられる。彼らにとって独立とは、より高い水準の文化を創造し、他の模範となり、世界平和に貢献する理想国家を建設するという究極的目標を果たす上で、重要な手段だったのである。

韓国人の多くは檀君神話や弘益人間の原則の持つ素晴らしさをあまり理解していない。しかし、実際には世界史のどこを見渡しても、これに匹敵するだけの建国哲学はない。世界の著名人たちもこの精神の素晴らしさを高く評価している。中でも、フランスのジャック・シラク元大統領は、檀君神話と弘益人間について「他の国では、苦難の時期に聖人が生まれたが、韓国は聖人が国をつくった」と述べ、その建国理念を高く評価した。

前述の内容では、弘益人間の建国理念に根差した朝鮮民族の意識が、歴史を通じていかに広範囲な精神的・倫理的体系の受容を可能にしたのか、さらには正義、人間の尊厳、社会的調和に基づいた理想国家建設への願いがいかなるものかについて説明してきた。しかし、それがいくら高尚なものであったとしても、原則のみで実現できることは何もない。それらは生活の中で具体化し、ひとつの共同体や社会として人々を結束させることで初めて意味を持つのである。

コリアン・ドリームは、弘益人間の理念が韓国の家族文化と結び付いて初めて完成する。弘益人間は、すべての人間のために生きる朝鮮民族のビジョンを示す。またそれと同時に、全地球規模で、人類のために生きるという美徳の表現でもある。このような徳性を実践する人々は、まず家庭の中でこれを体験し身に付けるが、朝鮮民族の歴史を通して発展してきた拡大家族の中で、献身的な家族の愛情が追求されてきた。このユニークな韓国的特性は道徳的人間関係の構築を促し、代々受け継がれてきた家族文化と共に朝鮮民族固有の根本精神として定義されるのである。朝鮮民族の建国精神は、彼らをして理想的な国家建設への情熱を燃え立たせ、その家族の伝統は、国家における道徳的かつ正義ある市民の養成に貢献してきた。この点が韓国的アイデンティティーの核心とも言え、彼らの独自性を際立たせる要因となっている。

朝鮮半島の統一とは、数十年にわたる政治的・理念的分断の終息のみを意味するのではない。それは、五〇〇〇年の歴史の中で受け継がれてきた民族の運命を実現するまたとない好機である。祖国の統一は朝鮮民族がアイデンティティーを回復し、自尊心を取り戻す最大のチャンスである。時代は我々に、家族主義を通して歴史の中に表現された根本精神と理想を取り戻し、実質的な変化に取り掛かるよう要求している。

韓国内におけるこの動きは、他の国にとって刺激となり得ると同時に、そのアイデンティティーは、東西間の橋梁の役割も果たすと考えられる。『25時』の著者であるルーマニアの作家コンスタンチン・ビルジル・ゲオルギウ（1916〜1992）は、その後続作である『25時を超えて朝の国へ』において「弘益人間は、最も力強く優れた法であり、21世紀の哲学をリードするものになるだろう」と述べた。

西欧政治哲学は、自由と人権の概念を普遍的な原理として発展させてきた。特にアメリカ建国の父たちは、その根拠を創造主から賦与された不可譲の権利という概念に置いたのである。それはつまるところ、人間の尊厳や価値はいずれの国の支配者や制度、政府からではなく、創造主である神によるという理念である。弘益人間の伝統をルーツとした人乃天の概念を探ってみると、西欧思想とはまた別に、朝鮮民族もまた人権の概念を発展させてきたという事実を知ることができる。「人すなわち天であり、天の心が人の心」という考え方は、人類の根本的な価値を、普遍的かつ絶対的な真理の土台上に置くものである。

以前からアメリカでは個人主義が重要視され、常に社会に対する個人の責任が強調されてきた。ジョージ・ワシントン初代大統領をはじめとする米国の大統領らの言動を見れば、それは今日の利己的な個人主義とは違い、たとえ個々の市民の権利を認めたとしても、国家の永続のためには市民に道徳的な徳目が必要であると強調するものである。また、大家族制度は、アメリカの開拓時代だけでなく、20世紀初頭におけるほとんどの移民社会において普遍的な家族形態であった。

しかし、第二次世界大戦が終わって、特に1960年代にカウンターカルチャー運動の登場とともに、アメリカは急速な変化に見舞われた。1960年代に登場した極端な形の自己中心的個人主義は、伝統規範と社会的責任に反旗を掲げ、ひたすら自己の欲望に耽ることを肯定した。そのような社会現象は、当時最も普及したフレーズである「Do your own thing（自分の思い通りにしなさい）」という表現に要約される。この類の利己的個人主義は、善悪に対する一切の基準に疑問を投げ掛け、道徳的混乱を招いた。現代の韓国の若者が、この文化に染まってしまうとすれば、韓国の未来は絶望的なものになると言わざるを得ないだろう。

人々が賢明さを維持し、韓国の家族文化を保全していたとするならば、この類の利己的で芯のない生き方に対する最善の解決策となることは疑う余地がない。それだけでなく、個人主義的市民を強調する欧米式思想を補完し、そのバランスを正すことにも貢献できると考える。東洋文化は、「人間」を独立した個人ではなく、「関係」を通して理解する。漢字の「人」とは、ふたりが互いを支えている姿を形象化したものであり、「人間」という言葉は、「ふたりの間の関係」を意味する。このように東洋における役割と責任とは関係の中で決定され、ここから個人のアイデンティティーが規定されるのである。

このように、人間関係は家庭から始まり、すべての社会的関係には家族の関係が反映されるのである。韓国には「孝行者の家に忠臣が現れる」という諺があり、家庭は責任感のある市民を養成する機関であると同時に、道徳教育の場でもあるが、西欧の家族文化には、家庭を社会や国家といった公的領域と関連付けるような倫理観は見当たらない。孔子は「修身斎家治国平天下」という言葉を通し、天下を治めるためには、まず自分自身を修養し、家族を和睦させることを説いた。彼の教えには多くの知恵が込められている。

西洋の家庭文化においては、家庭を社会や国の領域に連結する倫理は、普通はない。前述した、孔子の理想には知恵がある。世界を変えるにはまず国を変えなければならない。国を変えるにはまず家庭が正しく立てられなければならない。孔子は、また、家庭を立てるためには、個人を訓練しなければならず、その訓練の多くは家庭の中でなされる、と言った。

私は儒教的伝統が完璧なものと論じたいわけではなく、過去への回帰を促したいわけでもない。西欧の個人主義には、家族を超えてより大きな目的に向かう責任感、また個人の創意性を奨励する肯定的な面があり、これらの徳目は、アジアの文化が明らかに学ぶべき部分であると確信している。また、誤って適用された儒教的伝統は、しばしば家父長的であり、女性軽視につながる傾向がある。その結果、過度に権威的な態度が個人の創造性を抑圧し、社会全体の発展を阻害する負の効果が出ることもある。例えば、航空機の墜落事故では、乗組員が権威への誤った敬意から機長に問題を警告しなかったり、警告しても、機長がそれを無視したりするなど、この文化が致命的な結果につながったこともある。このように、東洋的文化や伝統にも短所は存在するため、東洋の文化・伝統の長所が、西欧思想のそれと結合されるとすれば、両者の短所を相互補完できる理想的な組み合わせを可能にすると考えるのである。

このような組み合わせは、既存の分裂や闘争を超越した世界平和を可能にする、真のグローバル・カルチャー形成の、精神的・文化的・哲学的土壌となるものである。そしてこれこそがまさに、本章の冒頭に引用した、金九の夢見たビジョンに他ならない。彼は、朝鮮民族が世界に貢献し、平和をもたらす重要な役割を果たすのを信じていたのである。

私は、その世界平和という大きな夢の実現に際し、朝鮮民族が重要な役割を果たす特別な立場にあると確信している。韓国人は、歴史を通してその役割を担うに足る十分な資質を培ってきた。それがまさに本章で述べた弘益人間の精神に根差した道徳的な家族文化の形成である。私は韓国人がこの遺産を受け継ぎ、そのアイデンティティーを回復し、コリアン・ドリームを実現することを心から期待してやまない。

コリアン・ドリームは、過去の歴史から学び、東西洋をつなぎながら新たな未来を開拓するのである。朝鮮半島において、これは新しい出発の機会であり、南北のすべての住民たちにとって、その意志とは無関係に強いられた分断による悲劇の歴史を克服するよう働きかけるだろう。朝鮮民族としてのアイデンティティーを取り戻し、その歴史と文化が求め続けてきた運命を認識することによって、韓国民、北朝鮮民という枠を超えた、ひとつのコリアンとして共に前に進むことができるのである。

第 5 章

民衆の力

──国家を動かした事例と朝鮮半島統一への道

民族の運命を決する責任を、特定の個人や政府、
あるいは国際社会に転嫁することはできない。
朝鮮民族の一員ならば、
民族の輝かしい未来の創造に貢献できることを自らの誇りとしながら、
誰もが強い精神的・道徳的リーダーシップを発揮し、
率先してその責任を請け負うべきである。

私ひとりでは
世界を変えることはできない。
しかし、
私の投げる小石で
多くの波紋をつくり出すことはできる。

作者不詳

前章では、朝鮮民族の先祖が建国理想実現のために努力してきた歴史を振り返った。朝鮮民族は、人間が天と同じ価値を持つという精神に立脚した哲学の実現にあたり、東北アジアでその先導的な役割を果たしてきた。その結果として、日常の中で、その理念が具現化された家庭をモデルとした国家体制と道徳的伝統の開拓に勤しんできた。また「広く世界に利益を与える」という弘益人間の理想に有用な形として、様々な信仰の伝統を受け入れながら、ひとつの民族的意識を形成するとともに、豊かで包容的な精神性を開発してきた。

今日の我々は、重大な歴史の転換点に置かれている。北朝鮮の脅威と、それにより増大する不安定な情勢の中で、統一は喫緊の課題として浮上した。我々の課題は、いかに平和的な統一を実現するかということである。本書における私の主張とは、朝鮮半島の統一が朝鮮民族のアイデンティティーの回復には不可欠なものであり、歴史的運命を実現するまたとない機会であるということである。

そのために、私は、民族の団結した支持を導くビジョンとして、一貫してコリアン・ドリームを説いているのである。コリアン・ドリームは、単なる抽象的概念や夢想的な希望にとどまるものではなく、すべての韓国人が広く大衆運動に参加することで達成される具体的な計画である。第1章の冒頭で「ひとりの夢は〝夢〟にすぎないが、すべての人が同じ夢を見る時、それは〝現実〟になる」というチンギス・ハンの言葉を引用したが、この格言は、民族の構成員すべてが、余すところなくコリアン・ドリームに基づく統一の運動に参加し、新たな歴史の創造に加わることを促すものである。

大衆運動は、あらゆる社会において、特に民主社会においては特に大きな力を発揮する。そのような運動が肯定的なものか否かという問題は、彼らの動機やビジョンにかかっている。ビジョン不在の大衆運動は、怒れる群衆へと突発的に変化する。肯定的な変革をもたらす大衆運動の指導理念は、人々の良心に訴える真理に基づいた道徳的権威を備えている。その結果、多くの人々がその理想や原則に共感し、それに基づく変革の実現のために、一致団結して行動するようになるのである。

社会的、国家的な変革につながる大衆運動は、参加者各個人の当事者意識や自発性によって動くものである。もし韓国国民が心から統一の実現を望むのであれば、まず個々人一人ひとりの中に自らの動機や情熱を見いだす必要がある。たとえ各自の貢献が、全体から見て極めて小さなものであったとしても、その小さな努力が結集することで、根本的な変革をもたらすクリティカル・マス（臨界質量）をつくることから、個人の参加は必要不可欠なのである。本章冒頭で引用させていただいた「私ひとりでは世界を変えることはできない。しかし、私の投げる小石で多くの波紋をつくり出すことはできる」という言葉の意図は、ここにある。

朝鮮民族の歴史上最も決定的と言える今、すべての韓国人が、祖国の統一とコリアン・ドリーム実現のために、自分自身が何をすべきか、自ら問う必要があるのではないだろうか？　自分が民族の歴史においていかなる貢献をすべきか。朝鮮民族の建国理想の実現およびその未来に、いかなる遺産を残すべきか。我が民族、祖国、そして人類に貢献するという我々の運命のために、こうした問題意識を持ち、真剣に考えることが求められている。本章では、韓国、また世界の歴史上で起こった事例を通して、「大衆の力」が、偉大な変革を成し遂げる上で果たした役割について考察する。そして、人間の根本的な願望や原則、価値の根拠である普遍の真理に則った道徳的権威こそが、成功した変革において最も重要な要素であったことを証明していく。また、インターネットやソーシャルメディア、スマートフォンの開発による情報通信革命が、世界の社会運動に及ぼした影響についても探っていく。それは、今日の情報通信技術の発展は、人類史上過去に類を見ないほど、個人の社会参加を可能にしたからである。

大衆が紡いだ韓国史

朝鮮民族の歴史は、熾烈な大衆運動によって綴られてきたと言っても過言ではない。40年余り続いた対蒙抗争（1231〜1273）は、民族の気高い理想を守るため、忠誠心によって武装した民衆の力故に実現した戦いだった。地方の豪族に苛政を敷かれた農民が自発的に起こした19世紀後半の東学運動の背景には、大地主に対する怒りや悔しさのみならず、弘益人間の伝統による原則に基づき、すべての人間が社会的地位に関係なく、生まれつき人間としての尊厳や価値を持っているという主張があった。

3・1独立運動の趣旨が記されている独立宣言書には、自由と平等、良心、そして五〇〇〇年にわたる朝鮮民族の歴史が志向してきた使命が綴られている。その内容に対する民族の共感が、全国的なデモや、自発的な大規模平和行進につながったのである。大衆の行進を脅威と感じた日本による過酷な弾圧にも負けず、彼らは全国津々浦々に出没し、朝鮮民族の念願が綴られたその宣言書を朗唱した。こうした現象は、朝鮮民族の精神の根底に、宣言書に述べられている夢や理想が息づいていたからこそ起こり得た。理想を叶えんとする心の奥深くより湧き出づる衝動は、悠久の歴史と共に朝鮮民族の血統を通して受け継がれ、現代に至っては、大韓民国における民主主義の発展にも大きな役割を果たした。

ソウル大学の学生運動家だった朴鐘哲の拷問致死事件は、6・10民主抗争の導火線となった。彼は1987年1月14日、公安当局の拷問を受けて死亡し、政府の隠蔽工作もむなしく真実が明るみに出たのである。彼の死は、多くの人々を街路に駆り立てた。第1章で既に言及した内容となるが、民族をひとつの家族と見なし、人命を尊重する韓国人にとって、この事件は到底看過できるものではなかった。その怒りは、6月9日、延世大学校の学生だった李韓烈がデモの最中に催涙弾を撃たれ、7月5日に死亡する事件を機に、さらに高まった。

止めようもない大衆の民主化への要求に屈した全斗煥大統領は、譲歩する形で、改憲と大統領直選制、そして市民の自由回復を約束した。これは韓国社会において、真の意味で民主主義が定着する、歴史の転換点となった。6・10民主抗争は、軍による独裁政治を終息させると同時に、社会の各層で自発的な市民参加の動きを生むきっかけとなった。このように、韓国は、大衆運動によって短期間で安定的に民主主義を定着させたのである。初期には急進的な学生によるデモが主導したというのも事実であるが、後に多くの韓国民らが積極的にこうした運動に参加するようになり、韓国社会は安定を維持できるようになった。初期の段階では、北朝鮮の主体思想の支援者を含む過激な学生たちが活発だったが、その後、韓国国民が国家的事項に対してより積極的に参加するようになり、彼らの影響は薄くなった。

大衆の力、道徳的権威、社会の変化

2010年12月17日、チュニジアのモハメド・ブアジジという青年が、露店の営業許可を受けられず、そこで販売していた青果を公務員に押収されたことに抗議し、焼身自殺する事件が発生した。これをきっかけに、23年にわたって専制政治を行ってきたベンアリ大統領に反対する蜂起が起こった。ブアジジが死亡した2011年1月4日の10日後、ベンアリ大統領が退いたことをきっかけに、その反政府デモはアラブ世界へ広く波及し、「アラブの春」へとつながっていった。「アラブの春」はその後、エジプトとイエメンにも拡大し、エジプトのムバラク大統領やイエメンのサル大統領を権力の座から追放した。リビアでも、デモから内戦へと拡大し、ついにカダフィ大統領の射殺によって、42年にわたる独裁政治は幕を閉じた。シリアでも大衆のデモに続いて内戦が勃発し、政府軍と反政府勢力との攻防が今も続いている。

ブアジジは青果を販売しながら、母親と叔父、そして幼い弟妹の面倒を見つつ、妹の大学の学費まで支払っていた。家族に対する責任感が強かった彼は、いくつかの仕事を試みたものの、公務員から公的許可が下りないなどの理由で、度重なる挫折を経験した。チュニジアにおける露天商の許可については詳しく知らないが、ひとつ明らかなことは、公務員が市場の商人に賄賂を要求したという事実である。焼身自殺したその日も、ブアジジは借金して物を購入したものの、賄賂を払えなかったために警察に押収されてしまったという。ブアジジの焼身自殺は、１９８７年に大韓民国で起きた朴鐘哲拷問致死事件と同様に、チュニジア国民の怒りに火を点けた。ブアジジは不正と腐敗の犠牲者であり、彼の悲劇は、ベンアリ大統領の統治下で苦しむ多くのチュニジア人の現実を映すものだったからである。

統治者の不正・腐敗に大衆が虐げられる中、時に、ひとりの正しい行動が多くの人々の意識を覚醒させ、大衆運動につながることがある。基本的な善悪の原則を認識し、これを追求する過程において連帯を模索するのは、人間の自然な行為である。

20世紀に登場した道徳的権威に基づく偉大な指導者の代表格が、マハトマ・ガンジーである。第一次世界大戦前、南アフリカ共和国のインド人コミュニティーで弁護士として活躍していた青年ガンジーは、一等車の切符を買って列車に乗った際、白人に席を譲らなかったという理由で、駅員に荷物もろとも無理矢理放り出されたという。彼はこうした個人的体験から、有色人種に加えられる構造的な不平等に対して問題意識を持った。

彼は21年間南アフリカ共和国に住み、投票権をはじめ、インド出身移民者の権利を剝奪しようとする政府に対抗して戦った。1906年、トランスバール州政府は、白人以外のインド系住民のみを対象とした指紋の登録法案を通過させた。これに対してガンジーは、後に彼の象徴ともなる戦略的哲学、公正でない法への「不服従」と、処罰の結果に対する「非暴力」的受容を発展させていった。

妥協を拒否する政府に対し、インド人移民者らは7年にわたって抵抗し続けた。その過程で、登録を拒否したり、登録カードを焼失した等の理由で、数千人のインド人が逮捕され、数百人が投獄された。ストライキを繰り広げていた数千人の鉱夫らも同様に逮捕され、銃撃が行われる事態にまで発展した。しかしその中で、抵抗運動は国際的な支持を得ることに成功した。最終的にイギリスとインドの圧力に屈した南アフリカ共和国政府は、いくつかの譲歩案への合意を余儀なくされるのである。

1914年、インドに戻ったガンジーは、その後1948年に暗殺されるまで、南アフリカと同じ方法で、今度はインドの独立のために戦った。彼の先駆的な運動の背景には、

「サチャグラハ」という不服従と非暴力の哲学が深く関わっている。文字的に「真理の力」を意味するこの言葉には、平和的に表現される真理の力が、最終的に抑圧の不当性や不義を暴露する力になるという確信が込められている。

こうした彼の哲学が最も強烈に示された事件が、１９３０年の塩の行進である。ガンジーは、イギリスが独占していた塩税に対する抵抗の表明として、塩をつくるためにグジャラート州のダンディ海岸まで２５０マイル（約３８０キロ）の道のりを行進したのである。数千人が参加したこの行進は、歴史上最も有名な非暴力抵抗の事例のひとつとして記録されており、この抵抗を理由に、６万人を超えるインド人が投獄された。

ガンジーの正義感は、イギリスの植民地統治を終息させるのみにとどまらなかった。彼は、インドに根深く存在する身分制度下において最も低い階級である「不可触民」への処遇改善に、サチャグラハに基づく原則と方法を適用し、彼らを「神の子」という意味を持つ「ハリジャン」と呼んだ。また彼は、ヒンドゥー教の信奉者にもかかわらず、宗教の枠を超えた普遍的なビジョンを提示した。１９４７年のインド独立の後、パキスタンがイスラム国家としてインドから分離された際、ガンジーはヒンドゥー教徒とイスラム教徒間の協力関係を構築した。そして、そこにキリスト教徒も含めようと試みたが、その方針に反対したヒンドゥー教原理主義者の銃弾に撃たれ、その生涯に幕を下ろした。

ガンジーは生前、南アフリカ・インド本国のみならず、ヒンドゥー教徒・イスラム教徒である多くのインド人から非難されたが、今日では、サンスクリット語で「偉大な魂の所有者」という意味を持つ「マハトマ」の尊称で呼ばれ、世界中の人々から尊敬されている。

ガンジーは、自叙伝『真理へと近づく様々な実験』の中で、自らの人生をより大きな悟りに向かう絶え間ない探求の旅と語った。彼の活動自体の焦点は、インドにおける正義の確立にあったが、彼の人生を支えた根本原理は、あらゆる人々に普遍的に適用されるものである。彼はそのことについて、「それについて考えてみた時、異質性と同質性との区別は想像にすぎず、我々は皆ひとつの家族であるという事実を目の当たりにする」と述べた。

ガンジーは、真理に立脚したビジョンや夢こそが、自然に人々の心を動かす道徳的権威を生じさせるということを悟り、それを次のように説明した。

「私は神を見いだしたい。なぜなら、そうしたいからである。そして人々と共に神を探さなければならない。私はひとりで神を見いだせるとは思っていない。もしそれが可能だとしたら、既にヒマラヤの洞窟に駆け込んでいることだろう。しかし私は、誰もひとりでは神を見つけることができないと信じているので、人々と共に働き、彼らと行動を共にするのである」

永遠の理想と、真理に基づいたビジョンが持つ道徳的な力は、あらゆる人々の生来の良心に共感を起こす。ガンジーは、これがあらゆる政治的立場を超越するものと考えたのである。ガンジーのような指導者たちは皆、こうした真理に基づいて多くの人々を動かし、社会に根本的な変革をもたらしてきた。

ガンジーは、新しい哲学や宗教運動を創始することには、全く関心がなかった。むしろ彼は「私はただ、自分なりの方法で、永遠なる真理を日常生活や社会問題に適用しようとしただけである」と述べた。ガンジーは、永遠の真理と精神的な原理に重点を置いた点で、宗教的指導者（レリジャス・リーダー）ではなく、精神的指導者（スピリチュアル・リーダー）だった。この違いについて十分に強調しておく必要があると、私は考えている。彼はその知恵の多くをヒンドゥー教の伝統から見いだしたが、自分が帰依する真理そのものは、ヒンドゥーの伝統にのみ存在するものではなく、普遍的なものであると理解していた。まさにこの点が、彼が他の宗教者、特にイスラム教徒に接することができた理由なのだ。

これとは対照的に、宗教的指導者とは、ひたすら自分の信仰のみを主張し、教勢拡大を第一に求める傾向にある者を言う。彼らにとって他の宗教は、競合者、あるいは敵と見なされる。このような観点を持てば、宗教間の衝突が起こるのは必至である。これは、根本的な原理・原則というものが神からもたらされた普遍のものであり、いかなる宗教も例外ではないという事実に対する否定である。これらの普遍的原理や原則を認めなければ、人類が互いを神の下のひとつの家族（One Family Under God）として見なし共存するという、宗教が目指す平和世界の構築も不可能となってしまう。宗派による利己主義に陥りがちな宗教的指導者とは異なり、精神的指導者とは、宗教の壁を超越した普遍的ビジョンを志向し、人類の歴史を根源的かつ永遠なる理想に近づけるよう導く者を指す。

私は、韓国のマスコミによるインタビューで、精神的指導者と宗教的指導者の違いについて再三強調してきた。特に私の父である文鮮明牧師に関して言えば、彼が精神的指導者であることは疑いの余地がない。彼のビジョンは、彼が関わる組織を含め、その宗派的境界を遥かに超えたものである。このビジョンは、宗教や民族、国籍を超える神から賦与された精神的原理に根差しており、世界平和の礎を構築するものである。父のビジョンを継承し、発展させるために設立したグローバル・ピース・ファウンデーションの事業における最優先目標のひとつが、普遍的な原則に則りながら、世界の宗教間の協力を促進することである。なぜなら、宗教間の協力がなければ、世界平和実現を推し進めることは事実上不可能だからである。

普遍的真理に根差すガンジーの包容的精神および非暴力抵抗運動は、世界に大きな影響を与えた。南アフリカ初の黒人大統領であり、南アフリカ共和国国民全体の投票で選出された最初の大統領であるネルソン・マンデラも、ガンジーの思想に影響を受けたひとりである。２０１３年にその生涯を終えた彼のことを、世界は「高い理想を抱き、行動を持って表した偉大な政治家」として記憶している。また、南アフリカの人々の間では「国家の父」として「タタ（原地語で〝父〟の意味）」の呼称で親しまれている。アメリカの時事週刊誌『ニューズウィーク』は、マンデラについて、祖国で「ワシントンとリンカーン大統領の役割をひとりで果たした者」と描写した。彼の公式伝記作家であるアンソニー・サンプソンは、１９９３年に「ノーベル平和賞の受賞は、全人類のための真理と正義に尽くした彼の道徳的権威を、世界が認めた出来事」と評価した。

しかし、マンデラも、初めから偉大だったわけではない。若い頃にはマルクス主義に心酔し、武力闘争の中で南アフリカ共和国の共産党秘密要員として暗躍した。１９６１年には、アフリカ民族会議の秘密軍隊である「民族の槍」を共同創設。南アフリカの社会基幹施設を対象としたテロ活動に携わった。そしてその罪で1962年には逮捕され、有罪判決を受けて終身刑を宣告されている。

27年間にわたる収監生活の中で自分の人生を深く反省した彼は、ガンジーの不服従と非暴力によるアプローチが、武力紛争以上に、祖国を革新に導く力があると知った。しかし、彼の獄中における悟りはさらに深いものとなり、1990年の釈放時には、道徳的権威に基づく根本真理と原則に対する深い悟りを獲得していた。

南アフリカ共和国の人種隔離政策（アパルトヘイト）が崩壊し、民主的移行に差し掛かる頃、白人の抑圧に対する報復として、黒人による無差別的暴力や復讐の危険性が高まった。これに対しマンデラは、デズモンド・ムピロ・ツツ大主教をはじめとする、強い道徳的リーダーシップを持つ平和活動家と共に、国民の和解を説いた。長きにわたる収監を経た後、彼のこのような活動は、多大な道徳的影響力を発揮し、アパルトヘイト体制から民主主義への平和的移行を導いたのである。

彼は自叙伝『自由への長い道』で、自分が経験した思想の変化について記述し、「長い孤独の時を過ごし、民族の自由への渇望が、白人と黒人すべての自由への渇望に変わった」

と語っている。私は偶然ある人を通してマンデラの感動的な逸話に触れる機会があった。その人もその話をバングラデシュの外交官を通して知ったそうだが、その内容はマンデラの人となりを実によく表すものだった。南アフリカ共和国の大統領としてバングラデシュを訪問したマンデラは、そこにいた外交官たちを前に、敵を友にすることの重要性について語ったという。これは彼が、国家元首として、精神的次元を現実の政治の世界で実際の政治的領域に取り入れ、大きな影響力を与えたことを意味している。

彼は、永遠不変かつすべての人間に余すところなく適用される根本的な原則の存在に気付いていた。１９９４年、キリスト教シオニスト会議において、彼は「我々はこの山の頂上から、すべての人間は肌の色と貧富、知識の有無に関係なく、創造主の形に似せて創造された神の子であることを確認し、これを宣言しなければならない」と述べた。このビジョンは人々の心に感動を与え、確信を持って行動するよう促した。

マンデラは、ノーベル平和賞受賞時の演説で、南アフリカ共和国で自由を擁護した人々について言及しながら、「彼らは個人的な利益を図ることなく、独裁や不正に立ち向かい、高潔な精神の所有者として、ひとりの傷はすべての者の傷であることを理解し、正義と共通の人間的品位を守るために共に闘った者たちだった」と述べた。また、大統領就任式においては「それ故に我々は、国家的和解と建設のため、そして新しい世界の誕生のために団結しなければならない」と訴えた。これは今日を生きる我々にもそのまま適用される教訓である。

1950年代と1960年代に起こったアメリカの公民権運動は、精神的な原則や価値に基づく道徳的権威によって、広範囲にわたる大衆の支持を呼び、社会に根本的な変革がもたらされたもうひとつの確固たる事例である。公民権運動を導いた指導者のビジョンは、アメリカ独立宣言に記された建国理念とキリスト教的理想、ここにガンジーの哲学と実践を組み合わせたもので、その訴える内容は、人種や宗教の垣根を究極的に超越したものであった。

1863年、アブラハム・リンカーン大統領が奴隷解放を宣言し、1965年に憲法修正第13条が成立したにもかかわらず、南部の州の黒人は依然二流市民の扱いを受けていた。1876年、これらの州で制定されたジム・クロウ（黒人差別）法は、以後80年以上の長きにわたり、公立学校や公共交通機関、映画館、レストランのような公共施設において白人と黒人の隔離を公認し、連邦法で保障された投票権も、現地の様々な法規制によって、実質的な行使が不可能となっていた。

この制度に最初の亀裂が生じるきっかけとなったのは、１９５５年に起こったある事件だ。この事件は、韓国の朴鐘哲拷問致死事件やチュニジアのブアジジの事件とよく似ている。当時アラバマ州のモンゴメリーに住んでいた42歳の黒人女性ローザ・パークスは、人種隔離が適用されたバスの中で、後に来た白人に席を譲れという車掌命令を拒否したために逮捕された。彼女は以前から市民運動を行っていたが、今回の場合は単に「屈することにうんざりした」一市民として行動しただけと述べた。

彼女の行動は、当時26歳の血気盛んなマーティン・ルーサー・キング牧師が組織した「モンゴメリーのバス・ボイコット運動」につながった。モンゴメリーの黒人たちは、人種隔離が廃止されるまで1年以上にわたって公共バスの乗車を拒否し、ついに１９５６年6月、アメリカ連邦最高裁判所が人種隔離バスに違憲の判決を下した。同年12月17日、連邦裁判所はその決定を支持したものの、この勝訴は強い反発を呼び起こし、暴力沙汰にまで発展した。バスに乗っていた黒人らを狙った発砲事件が起こり、公民権運動指導者のラルフ・アバナシー牧師やキング牧師の教会と家に、爆弾が投げ込まれる事件が起きたのである。

しかし一方で、不平等な法に対する抵抗は、直接的ながら非暴力的な方法で行われた。これはガンジーの思想・実践に倣うものであり、キング牧師のリーダーシップ下におけるアメリカの公民権運動の特徴として位置付けられた。かねてよりキング牧師は、キリスト教の「隣人を愛せよ」という戒律は、個人間の葛藤においてのみ有効であると信じ、人種や国家が衝突する場合には、より現実的なアプローチが必要だと考えていた。しかしガンジーを通して、憎悪や暴力によらずとも、真理や原則の力が不正義に抗う力となって人々を動かすことを学んだ。彼はリンカーン記念館の前で行われた有名な演説の中で、「我々は、肉体の力に魂の力で対抗するという荘厳な高みに、何度も繰り返し上がらなければならない」と力説した。

彼のこの信念は、人種や信仰、宗派を超えて、多くのアメリカ人たちの良心を動かした。公民権運動家たちは、黒人らを有権者登録し、人種隔離施設での座り込みによる抗議活動や、南部都市でデモ行進などを行った。警察当局は、彼らの運動を、消火ホースや警察犬を使って力ずくで抑えようとしたが、彼らはそのような暴力的な弾圧を受けながらも、暴力で対抗することはしなかった。全市民が見守る中、ついに世論は彼らのほうへと傾き始めた。1964年、キング牧師は非暴力を貫きながら人種平等を促進した功労が認められ、ノーベル平和賞が授与された。翌年、アラバマ州セルマでの人種差別反対デモにおいてキング牧師が逮捕されたというニュースが伝えられ、公民権運動に対する国際的支持が巻き起こった。

公民権運動成功の秘訣は、結果的には、アメリカ南部に住んでいた黒人をはじめ、幅広い大衆の支持基盤を得たためだと言えるが、それを導き可能にしたのは、根本的な原則に基づいた道徳的権威の力であり、それを追求する熱望が、良心的な人々によって共有されたためであることは疑いようがない。１９６３年に行われた「I have a dream」の演説において、キング牧師は、独立宣言書にあるアメリカ建国の理念が希求するその気高い理想を、アメリカ国民に思い起こさせた。彼は「私には夢がある。いつの日かこの国が立ち上がり、『我々は、すべての人々が平等につくられていることを、自明の真理と信じる』というこの国の信条を、真の意味で実現させることだ」と宣言した。彼は南部の黒人の同胞市民が不当に差別されている状況をこれ以上看過することはできないと自ら立ち上がり、アメリカ人の覚醒を促した。それは、黒人に対する不平等が「すべての人間は創造主によって平等に創造され、剥奪されることのない権利を有する」という、建国の精神に反するものだったからである。

２０１２年、私は公民権運動の中心地であるジョージア州アトランタで、年例行事であるグローバル・ピース・コンベンションを催し、その基調講演者としてマーティン・ルーサー・キング牧師の娘、バーニス・キング牧師を招請した。彼女は、その基調演説で、「もし父が今生きていたら、グローバル・ピース・ファウンデーションの一員として、この運動に加わったでしょう」と語り、また、「私は父を公民権運動の指導者と規定しません。何よりも父は精神的指導者であり、神の人であり、公民権と人権に影響を与えた道徳的リーダーでした。そして、父がしたすべてのことは、政治的イデオロギーではなく、彼の根本精神に由来するものです」と、父・キング牧師が、精神的指導者であったことを強調した。

気高い理想を追い求め、人々の行動を鼓舞する力と道徳的権威は、宗教や政治、人種を超越するビジョンと普遍の真理から生じるものである。ガンジー、マンデラ、そしてキング牧師の業績は、それらを直接反映した事例だと言える。彼らは皆、社会的立場、民族や宗教、人種や肌の色など、自分の狭い殻を脱ぎ捨て、真理を追い求めた。もしそれが事実でないとすれば、インドの植民地主義やアフリカ・アメリカの人種差別政策の不正・欺瞞を暴き、数百万の人々の良心に火を点け、20世紀の地政学的構図を変えるような業績を、どうやって打ち立てることができるのだろうか。彼らは、基本的人権と自由の概念を、絶対的な真理に高めるために多大な努力を傾けたのである。その結果、真の道徳的権威とは、地位やお金、権力ではなく、人々の良心に訴え、ひとつにまとめ上げた普遍の真理によりもたらされるということを行動で示し、現実に、社会に大きな変革をもたらしたのである。

道徳的権威と共産世界の没落

１９８９年11月9日、ドイツを東西に二分したベルリンの壁を、東ドイツの市民が壊し始めた。やがてそこに西ドイツの市民が加わり、東西ドイツのみならず、西欧民主陣営と東欧共産陣営を分かつ冷戦の象徴たる壁は解体された。市民が立ち上がったことで、抑圧者は失脚に追いやられた。そのわずか1カ月前、共産主義強硬派である東ドイツの書記長・エーリッヒ・ホーネッカーが軍部に命じ、日増しに拡大するデモ隊に発砲するよう指示したが、軍が市民に向けて銃を発射することはなく、以後一年足らずでふたつのドイツは再びひとつになった。

ベルリンの壁は東ドイツ人の脱出を防ぐために築造されたもので、警備兵は脱出しようとする者をその場で射殺することができた。しかし、西ドイツのテレビやその他の媒体を通して流入する情報は、東ドイツの人々の、より自由に住みやすい場所に行きたいという欲求を刺激した。１９８９年初頭には、何千人もの東ドイツ住民が、民主化を達成したハンガリーへ、チェコスロバキアを通して逃げ出した。東ドイツ首脳部はこれを防ぐため、四方の国境を閉鎖したものの、脱出を希望する人々の列は途切れることがなかった。そしてすべての出口が封鎖されると、政府に抵抗する市民の数が増加したのである。

1989年、ライプツィヒで開かれた「月曜デモ」は、反政府デモの象徴となった。築800年以上にもなるライプツィヒ、聖ニコライ教会で始まった小規模な祈祷と討論の集会は、32万人が参加する民主化を求める平和行進へと発展した。こうした民主化を求める集会は、全国の教会へと広がった。

デモに加わる人々の数が多くなると、大衆の憤りに恐怖を感じたドイツ社会主義統一党（SED）は、1989年10月8日、ホーネッカー書記長を権力の座から追放した。最終的にこのデモは、ドイツ社会主義統一党の権力維持のための抵抗の意志を砕くものとなった。政府は50万人を超える市民が参加した11月4日の東ベルリン集会を許可し、一切の旅行禁止処置を撤回し、ついにベルリンの壁の崩壊を目の当たりにすることになるのである。

内閣は間もなく総辞職し、「党の主導的な役割」という文句が憲法から取り払われ、多党制が成立し、自由選挙が実施された。SEDはマルクス・レーニン主義を放棄し、党の名称を社会主義統一党・民主社会党（SED－PDS）に変更した。共産主義体制から平和的に民主主義体制へと移行した国々で見られるように、この過程で党の協調的な役割は重要な要素として働いた。党指導部は旧時代的要素を取り除き、権力独占を放棄し、新しい民主的政治プロセスを導入した。

彼らは、最後まで抵抗して収監されたり処刑されたりするよりも、協力的な姿勢を取ったほうが、自分たちにとって遥かに有益であると見抜いたのである。一方、ルーマニアの独裁者ニコラエ・チャウシェスクはこの点を見誤った。彼は権力への未練を捨てることができず、信頼していた軍部によって妻もろとも銃殺刑に処された。他の東ヨーロッパの共産党が体制転換の過程で変わり身を成功させたのに対し、ルーマニアの共産党はついに生き残りに失敗したのである。

ホーネッカーの時代、東ドイツは、厳格なソ連式共産主義に追従し、秘密警察・諜報機関として悪名高い国家保安省、通称シュタージが管轄する情報員とそのネットワークを用いて、反対派を抑圧した。ゴルバチョフが改革に着手してからは、ソ連で発行される特定出版物の持ち込みまでも禁止した。これに対し、何より先に党の内部から批判の声が上がった。１９７７年、西ドイツの週刊誌『シュピーゲル』は、「ドイツ民主主義共産党連盟」が送ったとする声明書を掲載したが、その内容は匿名の中高級ＳＥＤ幹部による、未来のドイツ統一へのプロローグとして、民主的改革を主張するものだった。

このように、大衆の抵抗によって共産主義政権が没落した背景の核には、ソ連の変革があった。ゴルバチョフは、ソ連が軍事介入によって東ヨーロッパの共産主義政権を支援しないことを明言したが、それはソ連とドイツが今後生きる道を模索すべきという意味を内包した発言だった。そればかりか、ゴルバチョフは、これら東ヨーロッパ共産主義国のトップに各々改革を実行するよう促した。彼がこのようなメッセージを携えて東ドイツを訪問してから、わずか数日後にベルリンの壁が壊され、ゴルバチョフのメッセージを拒否したホーネッカーは、2週間もせずに退陣を余儀なくされたのである。これに対し、ゴルバチョフが東ドイツの指導部に送った発表文には、「遅れて来る者は人生に罰せられる」という文言が含まれていた。

東ヨーロッパの共産主義体制崩壊の引き金となったポーランドには、宗教界と市民社会をそれぞれ代表するふたりの人物がいる。そのうちのひとりはカトリック教会の首長である教皇ヨハネ・パウロ二世、もうひとりは、電気技師で、独立自主管理労働組合連帯を結成した後、ノーベル平和賞を受賞したレフ・ワレサである。

初のポーランド出身の教皇、ヨハネ・パウロ二世は、東ヨーロッパの共産主義独裁体制の打破に大きく貢献したと評価されている。彼を評価したのは、その支持者のみではない。

ワレサやアメリカの元大統領ジョージ・H・W・ブッシュ、さらには１９８１年に戒厳令を宣言し労働組合の機能を停止させた、ポーランドの軍事独裁者ボイチェフ・ヤルゼルスキをはじめ、ソ連のゴルバチョフといった共産主義陣営の指導者すらも教皇の働きを認めている。ゴルバチョフは、「教皇ヨハネ・パウロ二世がいなければ、鉄のカーテンの崩壊はなかった」とまで述べている。１９８９年12月、ゴルバチョフはバチカンで妻に教皇ヨハネ・パウロ二世を紹介する際、「地球上最高の道徳的権威を紹介する光栄に与かった」と述べている。教皇としての影響力はもちろん、その道徳的権威は、ポーランド国民をはじめ、世界中の人々にまで影響を与えた。ポーランド国民にとって、彼は共産主義に対置する精神的な原則と価値基準を代表する人物であった。教皇就任翌年の１９７９年、母国を訪問した際、彼を歓迎するのは少数の高齢女性に限られるという共産主義の専門家の予想に反し、彼主催のイベントには何百万人ものポーランド人が押し寄せた。人々は共産主義のプロパガンダの欺瞞に対抗し、真理の御霊を語る彼の説教に強い感銘を受けた。

ヨハネ・パウロ二世は「恐れないでください」という言葉を繰り返しながら、ポーランド国民を勇気づけるとともに、共産主義が抑えつけようとする豊かな道徳的教訓がポーランドの歴史と偉大な伝統の中に息づいており、それが彼らにさらなる勇気や力を与えると語った。共産主義政権もカトリック教会を完全にコントロールすることはできなかった。さらにヨハネ・パウロ二世は、共産政権指導部に対し、教皇として彼らの行動を見守り、党は「歴史と良心」の前に責任ある行動をしなければならないと警告した。

ポーランド出身のワシントンポストのコラムニストであるアン・アップルバウムは、教皇は彼のビジョンを通して、共産主義の世界観に道徳的な挑戦をしたと述べた。彼女は「教皇が自分の信念を公に堂々と表明し、また、文化や歴史的資料を引用する彼独自のスタイルは、文化や歴史の一切を統制しようとする政権にとって爆薬に他ならなかった」と述べた。

東ヨーロッパの共産政権に対抗して起こった1989年の革命を記録した、イギリスの歴史学者ティモシー・ガートン・アッシュは、教皇の役割を次のように要約した。「私はこの歴史的な状況を3段階に定義する。ポーランド出身の教皇がいなかったら、1980年代のポーランド独立自主管理労働組合連帯の革命はなかっただろう。彼らがいなければ、ゴルバチョフの東ヨーロッパ政策に劇的な変化は見られなかっただろうし、そのような変化がなければ、1989年のビロード革命もなかっただろう」

次にポーランドの変化に影響を与えた人物は、レフ・ワレサであった。教皇がポーランド人たちに、希望と変革に向かう勇気を与えてくれたと信じていたレフ・ワレサは、教皇から与えられた刺激をもとに、１９８０年に独立自主管理労働組合連帯を設立する。これはソ連帝国の下で政府の統制を受けない最初の労働組合として記録される。この連帯は、読み書きから労働条件まで、日常のあらゆる面を指示・命令する一党独裁国家を拒んだ、平凡な労働者たちが集まって組織された団体だが、驚くべきことに政府はこの組織の存在を認めるグダンスク協定に署名したのである。

連帯は短期間に急速に成長し、大規模な社会運動を展開し、ポーランドの労働年齢人口の３分の１である、約１０００万人の人員をかき集めた。これをソビエト体制に対する重大な反逆と認識したソ連共産党書記長のレオニード・ブレジネフは、ポーランド人に連帯を鎮圧することを命じ、これに逆らった場合、１９６８年のチェコスロバキアのように、ソ連軍によって占領すると脅した。結果、ヤルゼルスキーは戒厳令を宣言し、連帯の活動は禁止され、ワレサやその他リーダーたちは投獄されることになった。

しかし彼らは国際貿易労組団体とカトリック教会の支援を受けて活動を続け、中央指導部の体制に代わり市民団体運動に入った。政府の弾圧にも負けず連帯は健在を維持し、むしろその影響力を拡大させながら、１９８９年、ついに政府を彼らと交渉せざるを得ない状況にまで追いやった。その結果、多党制の自由選挙が実施され、連帯出身の候補者が議席の大半を占め、連帯が主導権を握る新しい政府が誕生した。やがてワレサは、第二次世界大戦以後、ポーランドで初めて行われた民主的選挙で、大統領に選ばれるのである。

共産党が協力して初の非共産党政府が立ち上がったことは、ソ連帝国下におけるひとつの画期的進展であった。このような状況下で、ルーマニアのチャウシェスク大統領は、ワルシャワ条約機構の加盟国に対し、軍事力を動員してポーランドを再び共産主義体制に戻すことを要求したが、ゴルバチョフは専任書記長のブレジネフとは異なり、ワルシャワ条約機構加盟国の内政に、物理的圧力を加えるような干渉はしないことを表明した。そして、ポーランドにおける変革は、直ちにハンガリー、東ドイツ、チェコ共和国、スロバキア、ブルガリア、ルーマニアへと波及していった。

民主主義への移行過程において、ルーマニアを除くすべての国家が同じプロセスを辿った。それは市民の幅広い支持を受け、平和的な方法で変革がもたらされたことを意味する。このように、大衆の力の圧迫によって、執権共産政権は降参し、民主的移行に協力することで、党指導部は裁判や処罰を免れるのである。党における年配のリーダーの大半は既に引退したが、共産党自体はそのまま存続し、マルクス・レーニン主義を放棄して新たな多党制民主体制に適応していった。

自由のための運動は、地下新聞やファックス、教会や劇場、作業場での集まり等を通じたフォーラム、ニュースなど、あらゆる手段を講じて情報を拡散して人々をつなぎ、共産党の一党独裁を覆そうと試みた。これらの運動は、根本的に共有する原則によって、改革を志向する共産主義者から自由至上主義者まで、様々な政治的スタンスを持つ人々で構成される幅広い連合体を形成していった。その共有された原則の中心には、永遠的真理や原則に根差した人間の尊厳と普遍的人権思想がある。チェコスロバキアの反体制連合である市民フォーラムのリーダーであり、最初の民主的プロセスによって選出されたバーツラフ・ハベル大統領は、これを「真実の生き様」と呼んだ。

民主化への転換を果たしたモンゴルの教訓

ソ連時代、ゴルバチョフが実施した、グラスノスチとペレストロイカに代表される改革と開放政策は、単に東ヨーロッパ共産政権の崩壊を導くにとどまらなかった。１９２４年、アジアで唯一、ソ連の衛星国になったモンゴルは、ソ連崩壊以後、共産主義から民主主義体制への平和的移行に成功した模範的事例である。

共産主義体制時代、モンゴルは、強硬な一党独裁体制による徹底した中央計画経済を実施し、マルクス主義が教育やマスコミを完全に掌握していた。1930年代、ソ連のスターリンによる粛清と相まって、モンゴルでも過酷な圧制が敷かれていた。ソビエトの抑圧的な体制下で、多くのモンゴル貴族層や知識人、軍将校、僧侶たちが銃殺され、300余りの寺院が破壊された。1939年から1952年まで、モンゴル人民共和国の首相を歴任したホルローギーン・チョイバルサンは「モンゴルのスターリン」として知られる人物である。統計によると、多くて約10万人、モンゴルの全人口の10〜15パーセントに至る人々が、彼の在任期間に殺害された。これは、比率としては、ロシアのスターリンによる粛清よりも高い数値である。

1980年代半ば、モンゴル政府はゴルバチョフの改革路線に従い、いくつかの経済改革を断行したが、民主化運動を率いた青年たちはこれに満足できなかった。その中に、私と親交のある元モンゴル大統領、ツァヒアギーン・エルベグドルジがいた。彼は、モスクワ留学時代、グラスノスチの開放がより大きな表現の自由を許容していることに深く感銘を受ける。

1989〜1990年の共産主義国モンゴルの状況は、傍から見ると平和な体制移行には見えなかったのかもしれない。議会制民主主義の伝統もなく、年間１人あたりの国民所得が１７００ドルにも満たない社会主義国家の中でも、最貧国に属していたからである。東ヨーロッパで起こった劇的な変化を目の当たりにしたエルベグドルジと12名の仲間は、モンゴル民主連合の結成を発表し、一党独裁体制に対抗する最初のデモを起こした。そして、政府と党に多党制代議制システムの導入と、世界人権宣言の実行を要求したのである。これらのデモは平和的な方法で行われた。なぜなら彼らは、この方法が、独裁権力を振りかざす政府の変革を成功させる唯一の道であることを知っていたからである。１９９０年１月、首都ウランバートルのデモに参加したのは数千人ほどだったが、同年４月、その数は４万人にまで増えた。そして政府がデモ隊に武力を用いるという噂がより多くのモンゴル人を刺激し、彼らへの支持はさらに高まった。

大衆による圧迫が強まると、政治局に所属する者すべてが辞任し、部署は解体され、モンゴル民主連合は、当時の与党であるモンゴル人民革命党との交渉に入り、ついに共産党一党独裁体制の終息に同意した。そして１９９０年６月28日、モンゴル初の自由な総選挙が開かれ、モンゴル人民革命党が勝利を収める。勝利した革命党は民主的原則を遵守し、１９９２年には新しい憲法を可決させた。そして、１９９６年の総選挙に敗れ、野党となった。共産主義終息以来、モンゴルは7回の総選挙と6回の大統領選挙を行ったが、都度、政権の移譲は平和的に行われ、革命党と他党との連立政権が構成されたりもした。

モンゴルの成功事例は、全体主義統治下の貧困国から、円滑に機能する民主主義体制へと、首尾良く移行した印象的なケースである。現在、モンゴルの市場経済は成長軌道にあり、豊富な天然資源によって、大きく成長する可能性を秘めている。しかし、今日まで辿った道のりは、決して容易《たやす》いものではなかった。ソ連の援助が中断されてからは経済的に厳しい時期を迎え、1990年代初頭には軍人に対する食糧配給すら行えなくなり、自隊で調達せよとの命令が下るほど状況は切迫していた。しかしモンゴル人は困難な時期を耐え抜き、苦労の末手に入れた民主主義実現のため、人権と自由に基づく社会の構築に力を注いだのである。

エルベグドルジ大統領は、2013年に平壌の金日成大学で行った演説で、モンゴルの礎を形づくる原則について語った。彼は自由に対する熱望を「永遠の力」と呼び、「モンゴルは人権と自由を尊重し、法による統治を支持して、開かれた政策を追求し、表現の自由、集会・結社の自由、自己の選択によって生きる権利等、基本的な人権を大切にしている」ということを堂々と述べた。

我々と同じ地域に属するアジア国家、モンゴルの例は、北朝鮮の状況に多くの示唆を投げ掛けている。全体主義的共産独裁体制下の貧しい中から、民主主義への移行に成功し、経済成長を遂げた歴史を持っているからである。またモンゴルは、ロシアと中国という核武装した超大国と地理的に接しているにもかかわらず、核兵器に依存せず自国の安全保障を行っている。エルベグドルジ大統領が、平壌訪問の際に強調したのも、まさにこのような教訓であった。

政権が不安定で将来の不確実性が高ければ高いほど、北朝鮮指導部と党の幹部は厳しい試練に直面することになる。その点、モンゴルの事例は、平和的体制移行による北朝鮮指導部の生き残りへの可能性を提示するものである。モンゴル共産党が全体主義から脱却して民主化を進めてきた過程や、ルーマニアを除く東ヨーロッパの指導者が民主化および市場経済への変革に協力して生き残ったのは、極めて重要な教訓であり、北朝鮮指導部は、これらの教訓を無視してはならない。

１９８９年の東ヨーロッパと現在の北朝鮮の状況には、多くの共通点がある。ソ連が東ヨーロッパ共産政権への支援を打ち切ったことをきっかけに変革が起こり、ソ連が崩壊した結果、北朝鮮の支援国はただ中国一国のみとなった。しかし今日、中国による北朝鮮への支援は、無条件の恩恵ではない。北東アジア地域の安定を損なうことなく、達成可能な範囲で、北朝鮮指導部が中国の利害関係に沿った立場を取ることを願ってのものであることは明白だ。

最後に、北朝鮮指導部は、住民に対する統制力が、時がたつにつれて弱まっている事実を明確に認識する必要がある。金日成体制下の昔を思いながら、いわゆる「新主体思想」を扇動したとしても、惨憺たる現実が変わることはない。既に第3章で述べたように、北朝鮮の食糧配給体制は概ね崩壊しており、外界からの情報流入は現北朝鮮政権の維持を一層困難なものにするだろう。

今日、北朝鮮住民および世界の国は、今まで以上に北朝鮮の実情について多くの情報を得ている。それは言い換えれば、時代が変わったということだ。こうした状況下で、自業自得ではあるが、金日成や金正日と異なり、金正恩は住民からの尊敬を失っている。彼はもはや、指導者を敬うようにと教え込まれてきた北朝鮮住民にも信頼されない、ただの未熟で道徳的に堕落した人物にすぎない。

北朝鮮指導部は、まさに今が真実と向き合う時であることを悟るべきである。変化は避けられず、それは予想以上に速いスピードで訪れるだろう。彼らの前には、歴史が与える教訓が横たわっており、過去のプロパガンダの霧が晴れ、その現実がさらなる鮮明さを帯びて露呈している。彼らは沈みゆく北朝鮮という船で、生き残りを懸けた選択を迫られることになる。最後まで強硬路線を貫き、船と運命を共にするのか、それとも統一された国としてコリアの未来を開き、生き残る道を確かにし、世界に希望を与えるかである。

技術の発展がもたらした大衆の力

1989年、東ヨーロッパのビロード革命の活動家は、情報を伝達するためにコピー機を活用し、デモを拡大させた。同年、中国では、天安門広場に集まった学生らがFAXを利用して、そこで起こっている状況を世界に発信した。しかし今や、インターネット、スマートフォン、ソーシャルメディアの台頭によって、過去とは比べものにならないほど革新的な情報伝達システムが整っている。

モハメド・ブアジジ焼身の映像は、周辺にいた人々の携帯電話によって撮影され、ユーチューブに投稿された。チュニジアは、北アフリカ地域でもインターネットのインフラ整備が最も進んだ地域のひとつであり、他のアラブ国家と同様、教育を受けた若者が多く、人口の3分の1がインターネットを利用している。ブアジジ焼身のニュースは瞬く間に全国に広がり、チュニジアのジャスミン革命に火を点け、さらにそれがソーシャルメディアを通して中東全域に拡大し、アラブの春へとつながっていった。

ブアジジの葬儀後に行われた大規模なデモも、携帯電話やインターネットを通して拡散された。チュニジアは、政府によるインターネットの検閲が非常に厳しい国であり、デモ期間中の約1カ月間、ユーチューブが遮断された。しかし、IT技術に明るい若い活動家たちは、これらのブロックをかわし、インターネット接続経路をつくって情報や動画を投稿した。そこにソーシャルメディアが加わって大衆が動かされたことで、その関心、また活動への参加の輪は、着実な広がりを見せた。そしてついに1月14日、ベン・アリ大統領が海外に亡命し、政権の崩壊に至ったのである。

チュニジアのケースは、エジプトでも起こった。ベン・アリ大統領の亡命から一月足らずで、約30年にわたるエジプトのホスニー・ムバラク政権もまた終わりを告げた。

その発端となったのは、青年実業家ハーリド・サイードが、警察の暴行によって死亡した事件である。こうした行為は以前から公然と行われていたが、これまで警察が責任を追及されたことはほぼなかった。ところが、死体安置所の暴行されたカレドの遺体を携帯電話で撮影した者がおり、その写真が、グーグルの中東・北アフリカマーケティングマネージャーとしてエジプトで働いていたワエル・ゴニムの手に渡った。彼は、このような不当な措置に対して誰も責任を追及しない事態を目の当たりにし、黙っていることができなかった。そして自ら作成した「We are all Khaled Said（我々は皆ハーリド・サイードだ）」というフェイスブックのページにハーリド・サイードの写真を掲載し、その不当な死を人々に知らせたのである。このページの訪問者は急速に増え、わずか3カ月で25万人を記録した。またそれは、カイロのタハリール広場で行われた大規模反政府デモを組織する、重要なツールとなった。その結果、約30年にわたって権力を握り続けた独裁者ホスニー・ムバラクが大統領職を退くことになった。彼を退陣に追い込んだ18日間にわたるデモは、公権力による不正義と、これをソーシャルメディアで公開した責任ある一個人によって触発されたのである。

デモの過程で、ソーシャルメディアは、情報を伝達し、コーディネートするという重要な役割を果たした。当時、ある活動家は「我々は、フェイスブックを利用してデモのスケジュールを決め、ツイッターで調整し、ユーチューブで世界に知らせる」というメッセージをツイッターに投稿した。政府はフェイスブックやツイッターをブロックし、インターネットへの接続を制限しようとしたが、若いコンピューターマニアたちは、国際的な支持に支えられながら、すぐに新しい情報のネットワークを生み出したのである。

エジプトは人口の大半が25歳未満という若い国で、全人口の5パーセントにあたる400万人がフェイスブックを利用している（2015年当時）。その中には、機が熟せばデモに参加できる者も含まれている。撮影されたデモの動画は口コミで全世界に広まり、デモの最終週には、ツイッターに投稿されたエジプト関連のコメントは一日に2300から23万と100倍に上昇した。

ソーシャルメディアの力を立証するもうひとつの代表的な事例が、ミャンマーのケースである。まだソーシャルメディアのなかった1988年、数万人の仏教徒や学生、一般市民がラングーンの市街に赴き、軍事独裁政権に抗議し、人権と民主主義を求めるデモを行ったが、軍人の銃撃を受け、無惨にも鎮圧されてしまった。この残酷な事件は一部の伝統的なメディアを通じて世界に知らされたが、情報の内容が十分でなく、外部に流出するまでに多くの時間がかかったために、結果的に反響が薄かった。

2007年、同様の事態が再現されたが、反響という意味で、過去と顕著な違いがあった。携帯電話を所持した多数のデモ隊が現場を撮影し、リアルタイムでインターネットに動画を投稿したのである。ミャンマーのインターネット利用者数は、全世帯の1パーセントにすぎず、チュニジアやエジプトよりも遥かに強力な政府の統制を受けていた。しかし、進歩的で勇気あるミャンマーの市民は、ブログやメール、携帯電話の写真や動画を通して次々に入るニュースを外部の世界に知らせる方法を模索したのである。

ニュースの広がりは、オンラインの嘆願書という形に結実した。多くの支持が集められ、大衆は軍事政権に対し、他の国の政府にも立場を明らかにするよう圧力をかけた。事件からわずか10日後、ミャンマーのデモ隊を支持するフェイスブックのグループは11万人のメンバーに成長し、その後も増え続けている。この新しいデモの目的は、政府当局の降伏を促すことではなく、世界の目がその一挙手一投足を監視していることを政府に知らしめ、圧力をかけることだった。

これを可能にしたのは、モバイルテクノロジーおよびインターネット、ソーシャルメディアの力である。現在のモバイルテクノロジーは、情報伝達の方法はもちろん、マスコミや情報通信の構造そのものを一新した。19世紀から20世紀にかけて、メディアとは、新聞や雑誌、ラジオやTVなどの大型マスメディア会社を通じて大衆に情報を伝達するものだった。そこには、伝達する情報を取捨選択する、通称「ゲートキーパー」という部署が別に存在する。その機能は、民主主義社会ではマスコミが行い、全体主義国家では政府が実行する。彼らが情報を独占的に統制しながらプロパガンダを発信したため、国民はその内容の真偽を独自に証明する方法がなかった。

しかしソーシャルメディアの出現は、これらすべてを塗り替えた。今や、携帯電話の所持者は、誰もが独立したニュースの提供者として、写真や動画、事件の内容をインターネットで世界各地に送信できる。そのため、かつてなら自分とは関係ないものとして見過ごしていたかもしれない社会問題や遠い国の話を、誰もが自分と直結した問題として身近に接することができるようになったのである。その新しい技術によって、人々は世界各地のあらゆる場所から発信される情報を直接入手できるようになり、ゲートキーパーの統制を迂回することが可能になった。現在では、フェイスブック、ツイッター、ユーチューブ、その他ブログのような無数のソーシャルネットワーキングサイトを通して、場所を問わずリアルタイムでの情報の取得や発信が可能である。

このような技術革新が、世界の独裁政権に及ぼす影響は計り知れない。これら先端技術は、不正を暴露し、社会変革をもたらす上で、かつては想像もできなかった可能性を開いたのである。全体主義政権が自国民を囲い込み、洗脳するためには、情報の完全な独占が必要だが、それはもはや不可能になりつつある。東ヨーロッパの変革が成功した秘訣は、まさに教皇のメッセージや西ドイツのテレビ放送、また様々な印刷物を通して情報が流入し、政府が情報独占力を失った点にある。これがその事実を裏付けている。

抑圧的な政権にとって、情報独占力を失うことは、権力を支える重要な軸を失うことに他ならない。それは、統制不能な大衆の力と思想の前に、脆弱さを露呈する。無力化した独裁政権は、国民がどんな情報を手にするか戦々恐々となるが、そこで、経済発展のための主要なツールとしてソーシャルメディアの普及を認め、新たな思想や体制の変化を受け容れるか、もしくはソーシャルメディアを否定し、経済的に立ち遅れたまま残るのかの選択を迫られることになる。

チュニジアとエジプトは、アラブ世界でもインターネットの利用が最も活発な国である。政府は、ソーシャルメディアが政府の不正や不法を暴露するためのツールとして使用されると、これを遮断しようとしたが、結局失敗に終わった。そこには既にスマート機器に習熟し、政府のブロックをかわす方法に長けた数多くの若者が存在したのである。一方、政府によるインターネットの遮断は、国家経済はもちろん、国政運営にも実質的な被害をもたらした。インターネットでつながった世界においては、ビジネスや金融、政府の社会インフラは、ソーシャルメディアと相互連携されており、それに依存するしかない。政府がこれらの媒体を利用した国民のニーズを妨げれば、エジプト革命のように国家体制全般が瓦解することになる。フェイスブックがブロックされると、営業に打撃を受けた企業の抗議が相次ぎ、政府の国政運営にも支障をきたすからである。

北朝鮮と、情報通信技術の革命

北朝鮮は、権力基盤を脅かさない水準で、新技術による利得を確保しようと動いている。2004年、北朝鮮政府は携帯電話を禁止しようとしたが、2008年、エジプトの通信会社オラスコム・テレコムの支援を受け、公式に「高麗リンク」というモバイルネットワークを設立した。資料によれば、2013年までの北朝鮮の携帯電話加入者数は200万人だが、海外接続はサポートされていない。北朝鮮当局は、承認を受けた個人、主に公務員や学者を対象としたイントラネットも開設したが、やはりこれもインターネット接続は不可能である。

北朝鮮政権は、情報の流入が体制維持を図る上で深刻な脅威となり得る事実を認識しており、住民の携帯電話の使用を禁止しようとしたが、これといった効果は見られていない。そのような点で、アラブの春は、北朝鮮を極度に刺激した事件だったと言える。北朝鮮政府は中国から入り込む違法携帯電話を取り締まり、２０１１年6月から10カ月にわたって大学を閉鎖し、学生を農場や工場に送り込んだ。オフィシャルな理由としては、次の年の金日成の生誕１００周年に備えるためと述べているが、大半の予想では、学生が集まってアラブの春について議論する可能性を潰す意図があったと見ている。

北朝鮮のような圧政下においては、自由な情報がもたらす力を恐れるのは常であるが、それはいわば真実がもたらす力に対する恐れとも言える。ビロード革命の後に大統領になったチェコスロバキアのバーツラフ・ハベルをはじめとする指導者たちは、全体主義の力が虚偽の上に成り立っている事実を目の当たりにしていた。このような全体主義政権にとって、今日の革新的な情報通信テクノロジーは、あたかもすべてを押し流す洪水のようである。一度で彼らの要塞の地盤を崩壊させることはなかったとしても、時の経過と共にじわじわとその地盤を侵食し、削り取っていくからである。

ソーシャルメディアやモバイルテクノロジーは、大規模なイシューに対して、即時に個々人の手によってその真実を広め、不正を暴露する力を持っている。アラブの春やミャンマーの反政府デモにも見られるように、人間の顔をしたソーシャルメディアのモバイルテクノロジーは、世界中の個々人を接続し、彼らを巻き込んでいった。ジョディ・ウィリアムズの例は、まさにその力を証明するものである。1992年、彼女はアメリカのバーモント州にある自宅で、地雷禁止国際キャンペーンを独自に立ち上げた。彼女は、インターネットを利用し、コーディネーターとして国連や政府、国際赤十字の協力を仰ぎながら、6つのNGOから、開始してわずか5年で60カ国以上の1000以上に上る団体が加盟するNGOネットワークを結成した。1997年、ノルウェーの首都オスロで対人地雷禁止条約が調印され、彼女は地雷禁止国際キャンペーンと共にノーベル平和賞を受賞した。

一方、分断の現実の中で育った多くの韓国国民にとって、戦後問題や統一問題はもはや自分と関わりある問題ではなくなってしまっているが、今日、彼らが統一の理由を身近なものと捉えるならば、情報テクノロジーの進歩は、一夜にして社会の空気を変える力を発揮する。私は本書で、民族の歴史の重要性について強調してきた。それは、民族の共同体として固有のアイデンティティーを確立し、歴史的使命を実現するために、統一を願って生きた親や祖父母、先祖の人生を、自らの人生と深く関連付けるためである。これによって各自が朝鮮民族の歴史の一部として、統一という歴史の1ページを、自分の世代にとどまらず、次世代にまで残す役割を理解するのである。ソーシャルメディアの力はこれらのストーリーを共有し、現実化する上で絶大な力を発揮する。

韓国は世界でもトップクラスのインターネット大国であり、ソーシャルメディアの力を活用することができる最適な要件を備えている。今日、インターネットを利用する多くの人々は、各々が活動主体として自分独自の世界や情報網、社会関係および参加の領域を持っている。このような観点から、伝える言葉や理想を持ち、意欲のある者なら誰しもが社会に影響を与え、動かすことができる。

たとえ北朝鮮がインターネットを遮断したとしても、国境をまたいで行き来する情報の流れまで防ぐことはできない。次の話は、北朝鮮政権の情報統制が、事実上不可能であることを示すものである。韓・米関係を研究するアメリカのジョンズホプキンス大学ポール・H・ニッツェ高等国際関係大学院が発表した『北朝鮮における携帯電話の利用』という報告書によれば、平壌の金策工業大学に在学中の学生が、高麗リンクを利用してサッカークラブを組織した。これに対し当局は、携帯電話サービスの制限に踏み切ったのだが、その理由については、携帯電話を利用してサッカークラブをつくることができるならば、サッカーではない他のものを組織することもできるのではないかという当局の懸念によるものと推測されている。このことは、情報の波を防ぐことが事実上不可能となっている、北朝鮮政権の脆弱性および情報開示に向かう可能性を示している。

既に第2章で、韓国社会への適応に関する脱北者の苦悩や困難について記述したが、一部の脱北者たちは、こうした状況下でも、北朝鮮社会についての情報を広く知らせる活動を積極的に行っている。彼らは様々なメディアを利用しながら北朝鮮関連情報を収集し、それを再び北朝鮮の住民に知らせるための活動を行っている。ソウルにはこうした活動を行う団体が多数あり、彼らは北朝鮮内部の秘密諜報員を通じて、日常に関する情報を得ている。農民や工場労働者、教師をはじめ、一部は中間幹部党員にもなり済ました諜報員らは、中国との国境地域で密かに出回っている中国産の携帯電話を使い、国際信号を受信している。

『Daily NK』は、中でも最大の北朝鮮専門インターネットニュースサイトであり、韓国語をはじめ、中国語、日本語、英語でサービスを提供している。その他にも、良き友（good friends）が発行する『今日の北朝鮮』や、アジアプレス・インターナショナルが発行する『リムジンガン』等があり、これらは北朝鮮に関する極めて詳細な情報を世界に向けて迅速に発信している。その範囲は、食糧やエネルギー事情、通貨や市場状況から政府の対応、北朝鮮住民の声まで幅広い。これらのメディアを通して、隠蔽大国北朝鮮の実情は次第に明らかになりつつある。

ここでの情報のほとんどは、特にラジオを通して北朝鮮に送信されている。メラニー・カークパトリックの著書『北朝鮮からの脱出』には、中国の貿易商が、北朝鮮内で海外放送を受信できる隠し持てるくらいの携帯小型ラジオを、3ドル程度の価格で販売していると記述している。北朝鮮住民は、ソウルを拠点として脱北者たちが運営する『自由北朝鮮放送』、『開かれた北朝鮮放送』、『自由朝鮮放送』等のラジオ放送をはじめ、『ボイス・オブ・アメリカ』、『自由アジア放送』等の放送を聴くことができる。2008年のインターメディア研究所の調査によると、北朝鮮住民の57パーセントがラジオを所有していることが明らかになった。ビデオやCDプレーヤーを持っている人はそれよりも遥かに少ないが、市場では中国でコピーされた韓国ドラマの海賊版ディスクが、活発に取引されていると見られている。

北朝鮮知識人連帯（North Korea Intellectuals Solidarity）は、大学の学位所持者や専門職に従事した脱北者で構成された団体である。この団体は、隠密に北朝鮮同胞との接触を試みるために2008年に結成された。そして、北朝鮮の政府関係者や学者、専門家たちと接触し、彼らの知らない北朝鮮の内部事情や外部の情報を知らせようとした。メラニー・カークパトリックによると、これらの情報には「革命の歴史とこれを生んだ民衆運動」という内容が含まれているという。また、公正な司法制度といった民主主義を支える制度についても論じている。これらの情報を入手した者は、潜在的なオピニオンリーダーとして、北朝鮮に変化が起こる際には重要な役割を担うことが期待されている。金正恩政権は、もはや北朝鮮への情報の流入と拡散を止める手立てはないという事実を認識する必要があるだろう。アクセスポイントの増加や情報テクノロジーの発達に伴い、その影響力は拡大する一方である。

このような北朝鮮の変化は、金正恩体制の終わりを告げる前兆とも言える。しかし北朝鮮の体制に終わりが来たとして、それが必ずしも平和的な体制への転換、もしくは朝鮮民族の本来的な建国精神に基づいた新しい国づくりが行われることと同義にはならない。だからこそ、韓国人一人ひとりが、切迫した統一の問題に対して主体性を発揮し、明確な目標を描きながら、真剣に取り組む必要があるのではないだろうか？　コリアン・ドリームの主人になることこそ、彼らが選択すべき唯一の道である。

「あなたが変えることができる」

これまで紹介したような、東ヨーロッパ、南アフリカ共和国、モンゴル、アメリカ南部の州における歴史的な転換は、厳しい圧力にも屈することなく、人々が力を合わせ、変革を求めることで成し遂げられた。これらの運動に力を与えたのは、人の数だけでなく、人々の良心に訴えるビジョンであり、そのビジョンはどこまでも永遠なる真理や原則に根差したものである。それは人々を感化し、真理や道徳を侵す不義を公の下に晒して真っ向から立ち向かう勇気を与えた。むしろ、どれだけたくさんの人間が参加するかどうかは、本質的にはそのメッセージと大義名分の力によるのであり、他の何かによってなされるものではない。大衆の力は、そのプロセスや変化そのものよりは、目的や理由が持つ道徳的正当性から生じるものである。その力を最大限に引き出すには、あらゆる人々の心に訴え、ひとつに束ねることができる夢が必要である。韓国人にとって、その夢がまさにコリアン・ドリームなのだ。この夢は彼らの歴史の中に脈々と流れるものであり、統一のための明確な道を提示するだけでなく、世界を前に韓国がいかなる役割を果たすべきなのかといったことも教えてくれる。

本章では、韓国の民主化運動や、アラブ革命、東ヨーロッパのビロード革命の事例を通して、不正な事件が大衆的な抵抗を触発するきっかけになったことを取り上げた。また、歴史的に偉大なリーダーたちが、いかにして根本的な精神的真理をもとに、道徳的権威に満ちたビジョンやメッセージを伝え、人々の心を動かすに至ったのかを説明した。マハトマ・ガンジー、ネルソン・マンデラ、マーティン・ルーサー・キング、教皇ヨハネ・パウロ二世はまさにそのようなリーダーだったと言えるだろう。彼らの共通点は、全員が例外なく精神的指導者だったという点に尽きる。彼らは偏狭な信仰的伝統や形式に縛られることなく、普遍的な原則や価値に基づき、人々の普遍的良心に訴えたのである。

今日、韓国は歴史的な変革の時を迎えている。しかしこの変革は、政府だけの責任ではない。民族の運命は、朝鮮民族全体の統一された支持があってこそ実現することができる。それは韓国と北朝鮮、そして海外にいる同胞まで含むすべての朝鮮人の参加を意味している。こうした広範囲にわたる朝鮮民族全体の関心や支持が得られなければ、彼らの理想は実現されることなく、夢は永遠に夢のまま終わることになるだろう。

しかし、国民の広範な支持を得れば、昼夜の別なく、二つの部分の総和を超えた新しい統一国家を建設するというコリアン・ドリームを実現することができる。私自身、朝鮮民族の一員として、その固有の特性やアイデンティティーが反映された理想の国を心から望む者のひとりである。そしてその国が建国の理想を実現した時、世界に誇れる国になることを確信している。

コミュニケーション革命の恩恵によって、韓国人はコリアン・ドリームを主体的な立場で発信し、場所を問わず世界中で、同じ志を持つ人々と連携しながら、想像も及ばないほど大きな社会的影響力を行使することができる道具を手に入れた。既に述べたように、このような技術の進歩は北朝鮮も例外ではなく、変化は目の前に差し迫っている。いずれ朝鮮半島に変化が訪れることは必至であり、それがいかなる変化として現れるのかは彼ら次第である。いわば南北双方が合意するという目的を中心とした平和的プロセスを辿るのか、それとも敵対的に武力行使を伴うプロセスになるのかという問題である。このことについては第1章で、なぜ統一の究極的な目的を何よりもまず考えなければならないのか、そしてすべての朝鮮民族が支持し参加することができるビジョンを開発する必要があるのかについて明確に主張したが、その理由はまさに、それが何より平和的な統一を達成することができる解決策だからに他ならない。

そのため、私はコリアン・ドリームを新しい韓国の国家ビジョンとして表現する仕事を引き受けたのである。この希望は、特定の一個人や一部の人々のためのものではない。南北コリアすべての人のものとして、彼らの先祖が歴史の中で実現しようとした夢、その民族共同体としての希望を、再び呼び起こす必要があるのだ。

民族の運命を決する責任を、特定の個人や政府、あるいは国際社会に転嫁することはできない。朝鮮民族の一員ならば、民族の輝かしい未来の創造に貢献できることを自らの誇りとしながら、誰もが強い精神的・道徳的リーダーシップを発揮し、率先してその責任を請け負うべきである。

本章の冒頭において、「私ひとりでは世界を変えることはできない。しかし、私の投げる小石で多くの波紋をつくり出すことはできる」という一節を引用した。その言葉通り、我々はひとりでは世界を変えることはできない。しかし、「ひとつの波紋」をつくることは十分に可能である。この小さな波が集まった時、それが変化の津波となって世界を変える力となる。この変化はすべて、我々自身から始まるということを、心に留めておく必要があるだろう。今日、社会参加の機会はあらゆる場所に存在している。次の章では、これについてより詳しく見ていこうと思う。

第 6 章

政府だけではない

――コリアン・ドリーム実現への市民社会の役割

世界各地で数多くの市民団体およびNGOが
登場しているのは新しい現象であり、
これを通して各個人は、より大きな目的のために
互いの力をひとつに結集することが可能になった。
市民団体やNGOは、
個人が効果的に他人や社会のために
貢献できるよう組織されたものである。

最初に事業を始める様態を見ると、
フランスは
まず政府から動き、
イギリスは
地方の実力者が主導するのが見てとれる。
しかしここアメリカには
市民団体がある。
彼らが多くの人の努力を
引き出すことのできる
共通の目標を提案し、
自発的にそれを追求させる
驚くべき技術に、
私は感嘆している。

アレクシス・ド・トクビル

偉大な社会変革は、共通の目的を追求する幅広い人々の参加を必要とする。前章において、いくつかの劇的な例を挙げ、明確なビジョンと普遍的原則に合致することの重要性や、道徳的権威の重要性に関して述べた。分断された我々の半島の統一は、疑いの余地なく、歴史的な重要性を持っている。それは、冷戦の最後の痕跡を取り除き、アジアにおける植民主義の遺物を朝鮮人が乗り越えることになる。統一によって、朝鮮人は再びひとつになり、我々が長い間大切にしてきた、理想に基づく国家を目指すことが可能になる。

統一の過程では、政治や政府間交渉よりも、遥かに多くのことが要求される。今日の歴史を見れば、政府間の交渉がたやすく膠着状態に陥ってしまうこと、そして本来の趣旨とは全く違った方向へ流れてしまうことが分かる。例えば〝太陽政策〟は、北朝鮮の漸進的な変化を誘導するという大きな期待と共に始まった。しかし期待された変化は見られず、北朝鮮がただ韓国からの支援を受けただけにすぎなかった。分断された民族をひとつに統合するためには、政治や経済の事案に取り組むことに加え、社会的かつ文化的な大変革をもたらさなければならない。南北の人々が様々なレベルで関わる必要があるのだ。

これが、統一成功のために、幅広い大衆運動が求められる理由である。前章で朝鮮民族が歴史的な機会に直面していると述べたが、我々はその機会を手にし、外部の圧力に影響されることなく未来を決定することができるのだ。そのためには、民族の構成員である個々人が責任を持ち、共通の目標でひとつとなって、確信を持った行動を取らなければならない。南北統一を実現させるためには、韓国市民と政府が協働する必要がある。

ここで、市民団体とＮＧＯ（非政府組織）の役割が一層強調される。現在、宗教界等の専門分野で構成された様々な背景を持つ団体が、続々と現れている。彼らは韓国社会の多様な性向を代表しながら、食糧や医療、教育、人権に対する人道的レベルの支援を含め、具体的な北朝鮮関連イシューにフォーカスした活動を行っている。統一問題に関心のある人なら、誰もが自然に参加できる場が広がりつつある。「どのように貢献したらいいのか」という問いへの答えは、シンプルである。自分の才能や専門性を発揮できる団体とともに行動するのもいいいし、未開拓の新たなイシュー解決のために新しい団体を始めることもできる。

また、民間非営利団体は、政府と市民が官民協力で行動する道を示している。社会全般に実質的な活動をもたらす広範囲な協力関係は、予想以上に早く到来する南北統一への準備にあたり必要な基盤となる。政府と市民団体との連携は、単に政府の方針への支持を集めるというレベルの問題ではない。統一に向け、社会的かつ文化的な広い分野に取り組むため、また人と人との絆を拡大するため、政府と非営利団体は積極的に連携を行うべきだ。韓国と北朝鮮の政府間交渉は、冷戦時代の思想的対立構造でがんじがらめになっている。一方で、市民団体はこうした限界を超越して、政治的状況から比較的自由な活動を行うことができる。現在、韓国社会では、統一に向けて非政治的なアプローチを行う市民団体が増えているが、彼らにとっては、ふたつの政治的対立の和解以上に、同じ人間であり、また同じ民族である北朝鮮住民を支援することのほうが重要なのだ。

そのために、韓国の市民社会は、単に政府とのみ協力するのではなく、市民社会団体同士協力して行動しなければならない。金日成と私の父が会談し北朝鮮と関わる道が開かれた時の過ちを繰り返してはならない。その当時は、北に対処する上で政府と民間の努力を調整する指導的なビジョンも体系的な戦略もなかった。それぞれが各々の利益をのみ追求したばかりに、政府の努力もむなしく、太陽政策は破綻という終局を迎えてしまったのだ。

その時、何が欠落していたのだろうか？　それは、政府の戦略と協調して多くの民間団体を団結させる、包括的な国家ビジョンであった。現代にあってはこのビジョンを、コリアン・ドリームの中に見いだすことができると、私は信じている。同時に、多様な市民社会における統一への努力をコーディネートし、お互いに支援し合い、政府との橋渡しとなる牽引役が必要となってくる。私はこうした理由から、統一に向けて尽くす市民社会の統括団体として「統一を実践する人たち（AKU）」の創設を促した。これをもって、韓国が同じ過ちを繰り返さないようにできるのだ。

市民団体の台頭と信仰の重要性

市民社会団体は単なる政府の補助組織ではなく、健全で躍動的な民主主義の根幹である。彼らは社会的に重要な目標を達成できるよう市民の意識を高め、そのエネルギーを結集させて、各コミュニティーや地域社会、そして国家に貢献するよう働きかける。これらの活動を通して、その理念や原則が実践されるのである。

NGO（非政府組織）という現代用語を使用するようになったのは、国連の創設以降からだ。しかし俗に市民団体によって表現される市民社会の重要性は、その単語が意味するように、長い間自由社会に不可欠な要素と考えられてきた。影響力のある『アメリカの民主主義』という本を書いたフランスの政治哲学者、アレクシス・ド・トクビルは、自発的団体が持つ重要性について説明している。彼はこれがアメリカ人の普遍的な生き方の特徴であり、19世紀初頭の健全な民主主義の成長において重要な基盤になったことを発見した。

自発的な団体は、社会に安定をもたらし、市民が公共のために積極的に参加するように導き、他人のために奉仕する習慣を培うことに貢献した。

トクビルはフランス革命を研究する中で、革命以前の市民団体活動について調査を行った。彼の研究によると、市民団体が設立されようとする度に例外なく抑圧が加えられたため、いざ革命になると仲裁や調整の役割ができる社会機関は存在しなかったそうだ。すると、革命の意味は消え、打倒しようとした旧体制の全体主義的特徴は、そのまま他の極端主義的統治体制へと形を変える。そして、すぐさま過酷な恐怖政治へ後戻りしてしまう。そこでトクビルは、安定的で正義的、躍動的な民主主義の特徴は、市民団体にあると結論付けた。

市民団体のほとんどは、誰かを助けようとする熱心な意志の持ち主によってつくられる。設立の動機は、大半が彼らの信仰や根本的な道徳原理に端を発するもので、社会の不義に立ち向かったり、社会に必要なものを提供しようとするものだ。市民団体は、近代自由社会における生き方のひとつの特徴となった。イギリスでは、19世紀、雨が降った後のたけのこのように市民団体が増えていった。そして、産業化による深刻な危機に瀕した多くの人々を救済した。

産業革命による爆発的な人口増加に伴い、農村では仕事を失った数十万人もの人々が仕事を求めて住み慣れた故郷を離れ、巨大な産業都市へと押し寄せた。そこでの暮らしは、貧しさ故に劣悪を極めた。衛生環境は最悪で、腸チフス、コレラといった伝染病が蔓延し、犯罪も多発した。こうした状況に対して、都市の貧民たちの劣悪な状況への大衆の関心を呼び起こし、物質的・精神的に支援するため、様々な団体が設立されたが、その設立者のほとんどが「隣人を愛せよ」という福音の言葉を実践するキリスト教徒だった。そのひとつの例として、救世軍がある。この団体は、1865年、一時メソジスト派の牧師だったウィリアム・ブースと、その妻キャサリン・ブースによってロンドンで創設され、今日まで世界各地でその精神を受け継ぎ活動している。

前章で述べたように、大衆の力が呼び起こす劇的な社会変革は、様々な形の市民団体が民衆のエネルギーを共通のビジョンへとつなぐことによって可能になる。アメリカの公民権運動をはじめとして、ポーランドと東ドイツの体制の変化の中心となったのは、キリスト教だった。アメリカの場合、運動を率いる指導者のほとんどがアフリカ系アメリカ人牧師だが、彼らが担任していた教会は、黒人コミュニティーの活動における求心点としての役割を自然と担っていた。キリスト教が中心になったとは言え、この運動は宗教の壁を超え、普遍的な道徳的原則に訴えるものだった。

東ヨーロッパも同様である。ルター派の牧師と教会のコミュニティーは、共産体制に抵抗するにあたり核心的な役割を担った。そこでは、宗教や政治的見解を持った人々が、共通の目的を達成するために共同で運動を行った。カトリック教会が重要な役割を果たしたポーランドも同様である。教会は、積極的に反政府運動を行うことはなかったが、市民社会を代表して政府の束縛に屈することなく耐え忍んだ。その結果、カトリック教会は、聖職者が直接関わらずとも反体制の団体が集まって討論し、計画を練る場所となったのである。

教会は共産主義思想の代案として、道徳的原則と社会的ビジョンを提供した。それはポーランドにおいて、独立自主管理労働組合連帯のような市民団体を生んだ。そしてその団体は、ポーランド国民が共産党の統制を受けることなく公共分野で活動できる機会となり、数週間のうちに数百万人が労組に加わる規模の賛同を呼んだ。

チェコスロバキアでは、共産党の統治に反対する人々が、自らを市民フォーラムと称した。彼らは、一切の政治思想を止揚しながらも、政治の領域を超えた普遍的かつ道徳的な原則に立脚した根本的人権・自由の土台の上で、市民社会は回復できると主張した。ポーランド人にとって会合の場は教会だったが、チェコとスロバキアの人々は、政府が統制できない分野のひとつである芸術界の現場で、交流の場を設けたのである。

多くの例で見られるように、信仰を持った人々が、市民運動の推進力やインスピレーションを提供した。このことは、信仰が、他人に尽くすように導く原理・価値を説いていることからも理解できる。中国で秘密脱走路を設け、脱北者を助けている同胞もまた、自らの信仰に導かれて活動する場合が多い。面識もない人たちから、これまで一度も経験したことのないような愛情のこもった保護を受け、脱北者たちはただ茫然とし戸惑うばかりだという。神の下ではひとつの家族であるという理由のみに基づく、代価を求めない利他的な愛は、苦しむ同胞に手をさしのべる力を与えてくれる。

このように、信仰は人々に強力な動機を与えるが、崇高な目的での協働を可能にするのは、特定の信仰的伝統や哲学に限定されない共通の希望やビジョンに他ならない。本書の第5章でも記述したように、大衆の力、ガンジー、キング牧師、マンデラは、普遍的原則と普遍的価値を守ることによって、偉大な道徳的権威を持つようになった。宗派的な枠を乗り越え、全人類の普遍的な願いに訴えたのである。

北朝鮮関連の活動を行っている韓国内のNGO・市民団体のほとんどは、仏教、カトリック、プロテスタントの団体である。宗教をベースとした団体が、北朝鮮の救援活動において重要な役割を果たすことは当然とも言えるが、団体間での協調も必要不可欠だ。彼らが共に活動することが課題なのである。私はGPFの活動を通して、共通のビジョンに基づいた宗教間の協力関係構築を推進してきたが、それこそが期待される社会的変革のために必要不可欠な要素であり、朝鮮半島の統一においても強力な推進力となり得るのだ。

北朝鮮で活発に救護活動を展開する大韓仏教曹渓宗は、２０１１年、宗教の枠組みを超えて北朝鮮への訪問を推進した。２０１０年の北朝鮮におけるヨンピョン島（延坪島）砲撃事件以降、南北共に極めて敵対的な関係にある。しかし『八万大蔵経』１０００周年を記念する行事のため、南北政府が、北朝鮮内の曹渓宗の聖地巡礼を許可した。曹渓宗はこの機会を活用し、他の宗教団体にも呼びかけ、宗教間の団結を示そうとした。その際、私もその一行に参加するよう招待された。それは北朝鮮の砲撃以来、初めての南北交流だったため、メディアによって興味深く報じられた。

原則に基づく社会・文化変革の背景には、宗教の役割があったことは議論の余地のないことだ。しかし、世俗的な西洋の知識人や言論人は、宗教を狭量で陳腐なものとして軽視する傾向がある。しかし実際には、世界中の大多数の人々が、深い信仰心を持っている。

２０１２年12月に発表された、ピュー・フォーラムは次のように報じた。

「世界的に、10人に８人以上が宗教を持っていると答えた。ピュー・リサーチ研究所が２３０カ国を対象とした人口動向調査によれば、２０１０年に世界69億の人口のうち、84パーセントに該当する58億人が、宗教団体に加入しているという」

時に宗教の違いは葛藤の要因になることもあるが、信仰は、数十億の人々に人生の意味や道徳的規準を提供している。世界に社会的・文化的変革をもたらした偉大な運動の多くは、信仰に触発された人々によって推進された。もし宗教者が、他の宗教を競争相手やライバルだと捉えず、人類の普遍的な原則・価値を反映した根本的な社会変革に乗り出すため共に行動したとすれば、どうだろうか。人類のほとんどが、アイデンティティーの違いからくる摩擦などのグローバルな課題に取り組むようになり、国や地域の境を超えて豊かになることができるはずだ。だからこそ、共通の念願・原理・価値に根差した〝真〟の宗教間の協力は、とても重要なのである。つまりそれは、単に他の信仰を許容したり理解するだけではなく、各々の信仰を維持しながら、世界の現実的な問題を共に解決するためのものになり得るのだ。

近代化、国際化、そして市民団体

今日、最も印象的な現象のひとつが、国際的な市民社会の浮上とともに、国や地域を問わず、助けを必要とする場所にどこへでも駆けつけようとするボランティアが急増していることだ。これは、情報技術の発展の恩恵に負うところが大きい。例えば、ソウルやニューヨークで朝食を食べながら、数千キロ離れた場所で災難に見舞われた人々の惨状を、まるで目前の出来事であるかのようにリアルタイムで知ることができる。

そしてまた、今日では、天災や人災を問わず、すべての惨事に対して国際的な対応が行われている。2004年に22万5000人もの命を奪ったインド洋の津波。2010年のハイチの大地震。2011年に日本の東北地方を襲い、福島原発事故を引き起こした、東日本大震災による津波災害。2013年にフィリピンで猛威を振るった台風30号ハイヤン。アフリカで定期的に見舞われる、南スーダンとサヘル地域の飢饉……。これらすべての災害に対して、グローバルに対処していく姿勢が見られた。この時の民間組織の働きは、政府による援助を凌駕するものがあった。ドン・エバリーが、著書『地球市民社会の浮上

(The Rise of Global Civil Society)』において指摘したように、インド洋津波災害の発生時、アメリカ政府が提供した莫大な援助は、民間組織と個人の募金の総額に及ばなかった。

このような災害が発生すると、国際赤十字社、オックスファム、ワールドビジョンといった民間支援機関は、国際的な連絡網を稼働し、各国政府と協働して救助活動を準備する。また、数百万名にも及ぶ個人ボランティアや寄付者は言うまでもなく、数千に上る小規模NGOも、各々の専門領域で対応に当たっている。

エバリーは、『市民がつくる国家、地域社会』という副題を添えた自著で、最近数十年で国際的に増え続けている市民団体の広がりを、社会に影響力のある一種の社会現象と分析した。彼は同著作の中で、21世紀、市民社会団体が提供する、これまで以上に鋭敏かつ革新的な方法での対外援助や奉仕活動が、従来の伝統的な政府の役割に取って代わるものとなるだろう、と予見している。

NGOは、一時的な災害救助の他にも、持続性が要求される問題にも積極的に取り組んでいる。食糧、住宅、保険、貧困、教育、環境および開発途上におけるあらゆる総合的なイシューがその主な対象となる。現在、国際的に活動している2万にも上るNGOは、規模も相当大きいが、その土台も堅牢であるとされている。国際的なネットワークは持たないが、国内で純粋に地域に根差した活動をするＮＧＯの数は、それと比較にならないほど多い。アメリカだけでも１５０万のＮＧＯがあり、インドにおいてはその数字は３３０万に至る。市民団体活動に好意的でないロシアでさえ、50万を超えるＮＧＯが登録されている。これらのほとんどは、自分たちの関心のある分野で意義ある仕事を見いだそうとする、少数の市民によって運営されている。

多くのＮＧＯが、地域社会で、政府の手が届かない問題を取り扱っている。その多くは、すぐに結果が見えるものよりは、コミュニティーの主体性を育みながら長期的に実質的開発を促すような活動を主としている。

一部のＮＧＯは、一般的に、政府の想定を超えた社会的革新をリードするために組織される。その代表格には、ムハマド・ユヌスが創設したグラミン銀行がある。１９７０年代後半、バングラデシュのチッタゴン大学の経済学部長だったユヌスは、学生たちに教える内容が、彼の在籍する大学周辺の貧しい村の人々と、全くの関連性がない事実を悟った。彼は少額でも信用貸しが可能なら、潜在的成長力のある社会で、貧困から脱出することが可能であると考えた。

彼は学生たちに農村に与信を提供する方法を調べさせ、その結果、マイクロ・クレジット（microcredit、無担保での少額の資金貸し出し）という概念が誕生した。現在、マイクロ・クレジットは、全世界の開発途上国で貧しい農村の企業家精神を奨励する手段として利用されている。ユヌスは、村のコミュニティーを開発する手段と、無担保貸し出しを連携させた。そのため、グラミン銀行は、個人ではなく小規模グループに貸し出すことによって、グループ内で相互に扶助しながら事業を行い、融資金を償還するような仕組みを採っている。この制度に対する功労として、ユヌス博士とグラミン銀行はノーベル平和賞を共同受賞することとなった。

市民団体とNGOは、市民が様々な公的・社会的問題に取り組んで意義ある役割を果たせるよう、革新に努力を傾けている。情報通信技術における革命と同じく、これもまた、わずか20〜30年の間に起こった現象だ。エバリーは、「市民社会は……孤立した個人を包容し、私的あるいは地域主義の狭小な利益の枠を超えて、より大きな社会組織の中に編入させる」と述べた。彼はおそらく、政府の活動よりもっと大きな領域で運営されることを述べたかったのかもしれない。

韓国においては、市民団体活動が一般国民の生活に占める比重も、次第に大きくなっている。市民団体は、実践的な活動を通して、半島の統一過程において核心的な役割を担うだろう。政府は、市民と、彼らがもたらす躍動的な力なくしては、統一を成功させることはできない。しかし韓国の市民団体はまだ歴史も浅く、さらなる開発が求められている。私はかねてより持っていた社会団体やNGOの役割が今後国際的に重要になるとの理解から、2001年の初めに、サービス・フォー・ピース（Service for Peace, 以下、SFP）という団体を設立した。この団体は、先進国の若者が、開発途上国や自国の地域社会におけるボランティア活動を通して、平和を実現させることを目標としている。

韓国の海外支援ボランティアは、他と比べて最近始まったものである。政府が表立ってこれらの活動を奨励する以前から、SFPは国民にその価値を伝え、奨励する役割を担ってきた。韓国ボランティア協議会の理事団体として、他のNPOの活動を支援し、韓国内のボランティアに対する認識の改善にも貢献した。そして大学生たちが身体障害を持つ子どもと遊ぶことを通じて交流するなど、手軽にボランティアを実践できる場を提供した。最初は子どもがボランティア活動をするより勉強に専念することを望んでいた親も、後には一緒に参加するようになった。企業には、ボランティアの価値と同時に、企業の社会的な責任を訴えた。

市民社会は、統一過程における南北政府中立のパートナーとして、重要な役割を担うことを期待されている。また各個人を〝広い社会の織物〟の中に〝織り込む〟ことで、政府が充たしきれていない社会・文化的な必要を埋める役割を果たすようになる。アレクシス・ド・トクビルの言葉のように、彼らの存在は、平和的な統一過程を履行するための社会的安定をもたらす。最も重要なことは、こうした団体の信仰や人類愛が、政治や思想の違いを超えて、我々が同じ人間であり、同じアイデンティティーを持った朝鮮民族であることを強調してくれるという事実である。それ故、統一というゴールに向かうことは、同じ共同体としての必然的運命である。

グローバル・ピース・ファウンデーションの国際事業、オールライツ・ビレッジ・プロジェクトと人格・創造性教育

私は2009年にグローバル・ピース・ファウンデーション（Global Peace Foundation, 以下、GPF）を設立した。GPFは、ワンファミリー・アンダー・ゴッドのビジョンの下、価値を基盤にした、平和構築への斬新なアプローチを推進してきた。このビジョンを具体的で変革力のある行動に展開し、その実践的な事例を拡大することで、人類が直面する深刻な問題に取り組むことを目的としている。社会的な変革をもたらす例を説明するた

めに、発展途上国におけるオールライツ・ビレッジ・プロジェクト（All-light Village Project, 以下、ＡＬＶ）と、人格・創造性教育（Character and Creativity Initiative, 以下、ＣＣＩ）による成果をここに紹介する。このふたつのプログラムは、ＧＰＦが重点的に行っている活動である。

オールライツ・ビレッジ・プロジェクト（ＡＬＶ）では、アジアとアフリカにおいて、電力供給のない村の家庭に、太陽光で充電できるソーラーライトを提供している。家で使用できる小型ライトと同時に、村で必要とされるより大きな街灯の設置も行う。こうした活動の結果、灯油を燃やす際に発生する煙がなくなり、目や肺の健康が守られ、経済的負担にもなる燃料購入の費用が浮き、村人の生活に大きく貢献することができる。

このプロジェクトは、単なる物理的な〝光〟の提供を超えて村人たちに〝希望の光〟を届け、彼らの生き方に変化を促すものだ。子どもたちは日没後も勉強ができるようになり、灯油を購入していたお金で本や学用品を買うことができるようになる。平等な教育の機会を提供することで、貧困の連鎖を断ち切る可能性を提供することにもつながっていく。

アフリカ・ケニアのモロ地区では、ソーラー街灯が設置されて以来、村の治安が顕著に改善した。街灯のおかげで夜間の犯罪が大幅に減り、住民たちは安心して移動できるようになった。住民たちは増えた活動可能時間を利用して、コミュニティーの問題解決・発展のための集会を主体的に持つようになった。

フィリピンでは、20以上の村で試験的にＡＬＶとしてソーラーライトを供給する以外にも、低価格な簡易食用水濾過装置や部屋の空気を汚染しない調理用コンロなど、技術を活用した生活改善運動を展開している。現地の住民と相談しながら、ミミズの飼育など、村の住民が自活していけるような小規模の共同収益事業も進めている。住民はこれらの仕事を通して自尊心を感じて生きがいを見いだし、共同体としての意識が芽生える。このプロジェクトに各方面から多くの援助の手が差し延べられた。例えば、フィリピン・カラバオセンター（※カラバオとはタガログ語で水牛のこと）は、オールライツが推進されている村の家庭に水牛を無償貸与することを提案してくれた。ヌエバエシハ州のラネラ村では、国連ハビタットから低金利の長期融資を行い、２０１３年11月から、住民自ら協同組合を結成して水牛の牛舎を備えた住宅を80棟建設した。

ソーラーライトは夜を照らすだけでなく、村人の心を明るくし、考え方や生活態度にも影響を与えて、自ら新しい可能性を開拓するという変化をもたらした。ＡＬＶは韓国のセマウル（「新しい村」という意味）運動をモデルにしている。セマウル運動成功の鍵は、農村地域社会の住民たちが、自発的な取り組みで村のコミュニティーに変化をもたらしたことだった。自分の生き方や社会に対して、住民たちが主体性を持つことが、物質的援助にも増して重要なのだ。

世界各地を回って講演するにあたり、私は多くの開発途上国で、半世紀で貧困国からの脱却に成功した韓国の発展体験から学ぶべき点を見いだすよう訴えている。韓国は、極貧の国から先進国にまで発展するための良い事例を示してくれる。もちろん国民の勤勉さによるところもあるが、貧困との熾烈な戦いから学ぶべき大切な教訓がある。最も大切なのは、主体性と、「貧困の思考モデル」からの脱却である。それは自立心と自尊心を高め、自然に他よりも優れようとする欲求を呼び起こすからだ。

ＡＬＶは、フィリピン、インドネシア、マレーシア、ネパールなどのアジア諸国をはじめ、アフリカ、南米でも事業を展開している。この活動は、多くの団体から、未開発農村地域を変えていくための効果的な方案として認定されている。２０１３年には、国境なき技師団（Engineers Without Borders）と次世代融合技術研究院（Advanced Institute of Convergence Technology）から、適正技術の活用と、農村地域の生活改善に寄与した最も模範的な実践事例に採用された。

２０１３年２月、ＧＰＦ Ｋｏｒｅａは、国内外の統一運動への寄与と、国際的なＡＬＶの推進が国威宣揚と認められ、韓国政府から有功表彰状を受賞した。授賞式で高興吉（コ・フンギル）特任大臣は、「社会奉仕活動の範囲を鑑みても、市民団体としての力量を凌駕する業績であり、大韓民国の国家の位相を高めることに大きく貢献した」と授賞選定の理由を述べた。このプロジェクトはいつでも北朝鮮の住民にアプローチする準備があり、現在（２０１５年当時）、平安北道定州地域の試験事業を論議中である。

さらに、ＡＬＶは、海外ボランティア活動のための様々な機会を提供している。ソーラーライトの購買・配送を後援する韓国企業は、自社の職員に、機器が設置される村におけるボランティア活動への参加を奨励している。ボランティアたちは現地の住民と共に、町内会館の建設といったボランティア活動に携わる。大学生ボランティアのグローバル・プマシ（プマシとは、農作業の人手を互いに補い合う朝鮮民族固有の慣習の活動）は、フィリピン、ネパール、モンゴル、ケニアで様々なボランティア活動を展開しており、この活動が始まってから現在に至るまで、その参加者は１０００名を下らない。

この活動を通して現地の村人とボランティアは皆、何らかの変化を経験する。住民たちはただライトや新しい建物を手に入れるだけでなく、生産性・安全性の教育を通して、現状を変える機会を得るようになる。またボランティアとの交流を通して、自分たちが世界から切り離されていないことを認識する。そして、世界には自分たちを家族のように助けようとする人がいることを知り、夢と希望を見いだすのである。一方、ボランティアの立場からは現地住民の素朴な生活を通した異文化体験をすることで、人生観が変わったという感想が絶えない。人間を見る視野が、自分の国を越えた違う世界の人々にまで拡がっていく。今あるものに満足し、感謝の心が生じるのはもちろんのこと、恵まれない人々への責任感を通して、より成熟した自分自身を発見するのである。このような人間交流によって生まれる相互関係は、単なる救援物資の提供とは根本的な違いがある。ここでは与える者ともらう者すべてが「人類一家族」の世界をつくり上げていくパートナーになる。ラネラ村の住民は、自分たちの生活を変えていくために努力するだけでなく、「いつかは我々の村も、世の中のためになることができる日が来ることを夢見ている」と述べた。これほど美しい夢があるだろうか？

孤立した農村の人々が、自分たちの生活を変える機会を通して貧困から脱却することは、新興国の変革における重要な要素になるはずだ。また一方、こうした国における別の核心事案が、若者たちの未来である。新興国では、人口増加率が雇用創出を上回るために、若者の雇用創出が困難なケースが少なくない。青年層が国家の未来を担うという点において、これは深刻な問題と言わざるを得ない。彼らを導く価値、人格、地域社会に対する社会的責任感は、国家の未来を決定する上で極めて重要である。数十年間にわたり西欧の援助を受け続けてきた国々は、援助物資と共に世俗的な進歩思想に影響される。そして、伝統的に維持されてきた深い信仰心が損なわれていくのを目の当たりにし、援助を受ける〝代価〟が計り知れぬほど大きいことに気付く。また欲にまみれたウォールストリート金融家の道徳的腐敗によるアメリカ発金融危機と、世界的な景気の沈滞は、かねて支配的だった西欧的開発モデルに対して根本的な疑問を投げ掛けている。発展途上国は、利己的な個人主義によって伝統文化の価値を棄損されることのない、新たなアプローチを受け入れようとしている。

また、経済発展が、開発計画全体における氷山の一角にすぎないと認識する傾向が高まっている。成功するためには、社会的・政治的安定の基礎がなければならない。教育を受けられずに疎外された青年層が多ければ、そのような基礎をつくる上で大きな困難が伴うはずだ。逆に、道徳的品性と高潔さを備えた青年たちが企業家精神と指導力を持つことができれば、新興国の成功的な変化を実現するのに最も核心的な要素として作用する。

私は深い考察の末、これらの問題を解決するための、とあるプロジェクトを立ち上げた。人格・創造性教育（ＣＣＩ）は、まずケニアで始まった。２００７年大統領選挙直後、ふたりの大統領選挙競争候補を巡って部族間で発生した暴力事件により１２００名以上が死亡し、25万名が家を失った。暴徒の多くは、非良心的な政治家によって扇動された青年たちであった。

私は２００８年にナイロビでグローバル・ピース・フェスティバルを開催し、暴動の爪痕の残るこの地に、平和と和合の礎石として「ワンファミリー・アンダー・ゴッド」のメッセージを訴えた。この大会で、大統領選挙候補者のひとりだったライラ・オディンガ首相は、ケニア国民に向かって民主主義の原則と伝統に従って行動することを促した。人格・創造性教育は、ケニアの青年らの文化・生活態度を変化させる長期的な運動として継続されることになった。この運動は、ケニア教育省、ブランド・ケニア（Brand Kenya）、ケニア中等学校校長組合をはじめとする教育団体と共同で実施されている。

このプログラムは、人間性と創造性が共同体内の関係を表す〝文化〟の土台となるという基本認識から始まる。家族内の関係が特定の原理と道徳的価値の表れであるように、学校コミュニティー内の関係も〝文化〟の表れなのである。こうした認識を基盤として、Ｃ

CIは、教室内での知識伝達に重点を置いた既存の教育の在り方から一歩踏み出し、学校コミュニティー生活での全人教育に重点を置いている。

CCIを導入した学校は、校長、管理者、代表教師と学生、スポーツ指導員で構成された委員会を組織する。また、学校の外部からは父母や地域社会代表、企業家、宗教指導者らも参加する。メンバーが構成されると、委員会は、正直、誠実、公共の精神といった特定価値を学校生活で実践する方法を考案する。地域社会の代表は、学校がより広い社会コミュニティーの一員として認識されるよう学生らが取り組める奉仕活動をつくるために支援をする。

この方法は、学校職員や地域社会の人々に、責任意識と自主性を付与する効果を発揮する。体験を通して個別に権限付与が行われ、これを通じて創意工夫のエネルギーが湧き上がるのだ。とある女子校での事例がこれを証明してくれる。この学校は下級生に上級生の「マザー（母親役）」を割り当て、「マザー」は自分が受け持つ「娘」のために、在学期間中、助言や相談を行う。もちろんこの「マザー」にも自分を指導してくれる上級生の「マザー」がいる。このシステムを通して、学年を超えた一種の〝血縁〟関係が連結されるのだ。改めて注目すべき部分は、この関係性である。この人間関係は家族モデルに根差したものであり、道徳的人格は、こうした関係性の中で形成されていく。

２０１３年８月に民間研究所であるケニア公共政策研究・分析研究所（ＫＩＰＰＲＡ）が発行した報告書を通して、その成果は立証されている。報告書は、２年間にわたってＣＣＩを試験的に運営した６つの学校を他の５つの対照群の学校と比較した時、該当期間の暴力、集団いじめ、薬物乱用といった懲戒事由に該当する問題が減少していると伝えた。プログラムの主目標ではないが、学業成績の上昇の効果も見られた。

ＣＣＩが学校の文化に及ぼした影響力は、教師と学生を対象にしたアンケートでも具体的な数値として表れた。教師は高い職務満足度を示し、学生たちは自信に満ち、教職員と学生間の交流や支援も増加した。

この報告書は、学生たちの成功に向けた人生の準備のために、学校は、学生、管理者、教師、父母および周辺地域社会との協調を通して実力と倫理的素養を共に培うべきという結論に到達した。そして、道徳的原則に基づき文化の改革を達成するため、学校のカリキュラムにおける国の価値観を統合することを提案した。報告書は「これにより、ケニア国内とグローバル・ビレッジ（地球村）における我々の在り方や信念、価値観のイメージを明確にすることが可能」として、ＣＣＩプログラムはケニア全土に拡大しなければならないとの結論を出した。

そのための計画が、教育省と全国人格・創造性協議会によって既に共同で進められている。人格教育が提示する地域社会との連携は、順調に拡大しつつある。試験学校は、他の地域の学校に対して、中心的な役割をもってＣＣＩが定着するようアドバイスを行う。一旦これが慣行化されれば、アドバイスを受けた学校は、他の学校に対しアドバイザーとなる。大学も同様に大学生が現地の高校生の相談者となることで、自然に関わることができる。

この方法が成功を収めたことにより、ケニアの教育省の学校評価方式が変わった。今は「全人的児童」教育の一部として、学科目外の評価を別途実施している。ケニア教育省次官ヤコブ・カイメニは、ＫＩＰＰＲＡ報告書を発表する場で、「学校は学業成績だけをもとに順位をつけてはならず、ここには才能開発、創意性の涵養、他の学生に奉仕する望ましい人格形成といった要素も評価項目に含まれる」と述べた。

この運動が及ぼした影響力は国連からも認められ、２０１３年10月、「ケニア青少年に社会奉仕の文化を根付かせた卓越した努力」に対する功労として、ＧＰＦケニアが賞を受けた。賞牌は、ＣＣＩだけでなく、オールライツ・ビレッジ（ＡＬＶ）活動の功績にも言及していた。ケニアのＣＣＩに深く感銘を受けたナイジェリアとウガンダでも、この教育が採択された。また、アジアでは、インドネシア、マレーシア、モンゴル、ネパール、フィリピン、そして南米ではパラグアイとブラジルで運営されている。

私は、新興発展途上国で、試験的な社会開発モデルとしてＡＬＶとＣＣＩを開始した。ひとつは農村の貧困を克服するためのものであり、もうひとつは途上国の青年たちを責任ある市民として要請するためである。その成果は先に述べた通りである。貧困問題と現代化の過程における逆機能をすべて克服し、国家の成功に向けた変革をもたらすために、ふたつは欠かすことのできない必須要素である。

国家発展のための唯一無二の妙策など存在しない。多くの要素が総合的に作用しなくてはならない。私は固有の精神的遺産を受け継いだ信仰人のひとりとして、人類の調和のとれた繁栄の基盤は、人類の歴史を通して培われた偉大な宗教の精神的原則と道徳的価値にあると確信している。このような原則と価値が、家族と地域コミュニティーで、そして社会的には政治団体の中で、人間関係を通して実質的に表現される。

ＡＬＶとＣＣＩは、単なる抽象的観念ではなく、原則と価値を実践に移して実質的な変化を起こした社会運動なのである。実際、原則と価値は、誠実で自主性があり責任感を持った市民として人々を育てるのに寄与し、自由で進んだ技術を持つ社会においての経済的繁栄に、必須の基盤を提供する。社会変革に関連する、これらすべての構想と経験が、パラグアイにおいての仕事として実り、国家的変革をもたらしている。

国家変革のための社会基盤――パラグアイの事例

私は、韓国とパラグアイが、互いに密接につながった運命を持っていると考えている。この主張は、韓国人からすれば奇異かもしれない。その理由をこれから説明しようと思う。

2014年6月、韓国の一成建設が、パラグアイの道路建設を受注して着工式を行った。パラグアイの競合会社との競争入札で、単独国際入札者として契約を締結することができた。一成建設の受注は、両国の協力関係を今後持続する足跡となるだろう。着工式をきっかけに、GPFパラグアイ支部は、韓国側の銀行代表団・元大臣クラスの公職者と、パラグアイ側の中央銀行総裁・財界人らが参席する、韓・パ座談会を取り持った。彼らは、パラグアイのインフラストラクチャーについて総合的な開発計画を論議した。

私は、韓国主要経済新聞の記者たちに、韓国・パラグアイ間で始まるパートナーシップが両国にとってなぜ重要なのか、よく分析してほしいと要請した。両国のリーダーが一堂に会して一成建設が工事を受注したという表面的な事実よりも、実はもっと大切なことがある。これはパラグアイという国の発展への貢献の物語である。以前、パラグアイは退行の最中にあった。政権が腐敗し、民主主義は脆弱で、工事代金を支払う保証はなかった。そのような国に対して危険を顧みず投資を行う外国人は、ひとりもいなかった。

２００８年に初めてこの国を訪問した時、私は、パラグアイと韓国の国民に深いつながりを感じた。パラグアイは南米大陸の中央部にあり、韓国とは地球の正反対側に位置している。その上、国土の形も不思議と朝鮮半島にそっくりなのだ。私はこの国に、国家的な変革を達成して地域のハブとなり、南米全域を新たに生まれ変わらせる〝子宮〟の可能性があると見ている。

パラグアイは、多くの面で、未だ白紙状態のような新興民主主義国家である。政治制度や社会的慣習が、依然開発途上にある。それでも正しい原則・価値を土台として、十分に整備された民主主義を打ち立てることができれば、全国民がその恩恵に与り、進んだ自由市場社会を維持していくことは可能であると確信する。パラグアイの国民は伝統的価値を重視し、現代社会でも現地の伝統とのバランスを維持しながら、共存するために多くの努力を傾けている。特に現地語であるガラニー語はしっかりと保存され、今でも人口の約

90パーセントが使用している。

私がパラグアイを初めて訪問した2008年には、可能性を一切見いだすことができないような状態だった。1989年、アルフレド・ストロエスネル将軍の35年間にわたる長期独裁政治からようやく抜け出し、1993年、私の友人でもあるファン・カルロス・ワスモシが初めての民選大統領に当選した。しかしその時点では民主主義は形ばかりのもので、腐敗認識指数、グローバル競争力指数、司法権独立指数、すべてにおいて最低に近い水準だった。

南米のほとんどの国々がそうであるように、パラグアイもまた、少数の支配層が富の大部分を掌握しており、富裕層と一般国民の所得格差は歴然としている。「瀆職家」たちは、政治体制を国家全体の利益ではなく自分たちの利益のために利用し、法に対する信頼すら十分にない状態だった。その結果、腐敗が蔓延し、中産層不在の国家経済は少数の手によって収奪されていた。

私がこの地を踏んだのはまさにそのような時代であり、当時のアメリカ政府は、パラグアイへの旅行を自制するよう呼びかけていた。ところが犯罪組織と結託した過激派集団は、土地を不法占拠した上、管理者を拉致したのである。それればかりか、一部の政治家は彼らに対して支援まで行っていた。父の強い要請により訪問した当初、この問題を解決する道はないように思えた。私は当時の大統領、ニカノル・ドゥアルテと会見した。当時、腐敗した急進派の政治家と企業家が結託して、自分たちの欲を満たすために土地の所有権を没収するよう、大統領に圧力をかけていた。実はそれは、外国人の私有財産を盗む典型的な方法だった。

土地没収を望む国内の圧力のために、ニカノル大統領が政略的な手管を弄することに疑いの余地はなく、原則に則って問題が考慮されることもなかった。私は大統領と、この問題を巡って2時間ばかり舌戦を交えた。そして彼に、このような形の没収は、パラグアイの未来に甚大な損害をもたらすだろうと説明した。第一に、搾取した土地を単に貧しい農民に与えたところで、国家経済や世界経済との連結点がないため、貧困問題の解決にはつながらない。よしんば彼らが自営農になるなどしてより良い生活を望んだとしても、今のような状況では、構造的矛盾から抜け出す機会がないからである。また彼らに必要なのは、経済的な成長を実現するために、まず職を得ることである。第二に、所有権を無視して土地を没収することは、国際社会へ悪印象を植え付けることになる。パラグアイは貧困問題の解決にあたって、雇用を創出する外国からの直接投資を必要としている。しかし、私有財産が保護されない実態があるのに、誰がこの国に投資をしたいと考えるだろうか？　当面の利益のために土地を奪うことはできるが、長期的には国家と国際社会へ害をなすと、私は彼に強く訴えた。もしそうなっていれば、パラグアイは世界経済からの孤立を免れることはできなかっただろう。

私は大統領に、正しく機能する民主主義は、原則・価値の基盤に依拠することを語った。すなわち精神的な原則・価値は、人間がつくった組織から生まれるものではなく、創造主から賦与されたもので、抽象的な概念ではなく現実の世界において具現化されるものであり、もしそれを無視すれば、この国が相応の報いを被ることになるだろう、と。そしてまた、これを受け入れるなら、パラグアイと全国民のより良い未来が開かれると。

議論の末、ニカノル大統領はこれを受け入れるに至った。彼は私の話を聞いて、自分の考え方を改めざるを得なかったと述べている。当時の米国大統領ジョージ・W・ブッシュの弟、ニール・ブッシュがその場に同席していた。会議を終えた後、彼は私に「未だかつてこのような討論を見たことがない」と言った。そして彼は、ニカノル大統領を説得した私を「トゥルー・トランスフォーマー（真の変革者）」と呼んだ。

私はパラグアイの可能性を目にし、その潜在的な力を実現するためには、政治的にも社会的にも安定した基盤が必要だと痛感した。私は、これまで世界で活動した経験から、政治的・社会的な安定のためには、人間の根源的な念願、原理、価値を基盤とする必要があると確信している。その重要性を積極的に伝えようと心に決め、当時の訪問スケジュールの中から可能な限り時間を割いて、パラグアイの国会議員や政府官僚と会って話をした。そして、なぜ人間の権力・制度ではなく、神を人権と自由の唯一の源泉として認定しなければならないか、丁寧に訴えて回った。我々が神の主権を認めなければ、独裁的統治者や制度が神の位置に取って代わり、市民に賦与されるべき権利と自由が悉く統制され、我々の不譲渡の権利が、統治者の意のままに剝奪されかねないからである。

私は、中南米地域国家とアメリカの発展プロセスが大きく異なっているのは、決して偶然ではないと説明した。チャンスに恵まれた新大陸で、新たな出発を夢見る多くの人々が、長い歳月を要する大西洋横断を敢行した。しかし、数世紀を経る中で、南米と北米は大きく異なった展開を見せた。南米と北米の移民の多くは、キリスト教の信仰を持つヨーロッパ系移民という共通点があったにもかかわらず、実際には質・量共に異なった結果を迎えることになったのだ。

根本的な違いは、彼らの歴史的遺産にあった。北米地域は、イギリスが残した遺産のおかげで立憲政治の基礎が設けられ、イギリス人の「基本権」に対する認知を土台に発展していった。これに対して中南米地域は、イベリア半島から伝播した封建的性向の強い政治的・宗教的慣習に大きく影響を受けた。現在もイベリア半島は、依然として旧ヨーロッパの要塞であり、代弁者となっている。

ルネッサンスおよび16世紀ヨーロッパの宗教改革により、イギリスが経験した根本的改革と変化に向けた衝動は、スペイン人とポルトガル人には見ることができない。こうした違いは自然にふたつの地域の歴史と発展、そしてヨーロッパ系先祖から独立しようとする国家的革命にも大きな影響を及ぼすことになる。

時は流れ19世紀、南米国家は革命を通じて北米の政治的連合と類似した地域政治連帯を樹立しようと不断の努力を傾けたものの、すべて水泡に帰す結果となった。中南米は、結果的に多数の自治民族国家に分裂し、これら中南米国家群はイベリア半島の古い制度と伝統の影響圏を抜け出すことができなかった。

このような歴史的遺産との葛藤が中南米に今日まで実在するのは、相対的に、少数のエリート層が政治・社会・宗教・経済界の主導権を握っているためである。これが社会的不満を生み、その不満に満ちた雰囲気の中で共産主義や解放神学のような急進思想が台頭し、根付いた経緯ともなった。

以上に述べた話が、パラグアイ政府官僚や財界および社会指導者たちとの出会いを通して、私が繰り返し説明した内容である。２００８年から現在に至るまで、パラグアイのすべての現職大統領と出会い、「パラグアイという民主国家が国民の安寧のために働き、パラグアイの企業が自由市場体制の中、最大限多くの機会が与えられるように、パラグアイは普遍的原理と価値に根差すべきである」と訴え続けた。普遍的な原則・価値の重要性、これがまさに北米繁栄の事例が伝える教訓である。

この出来事をきっかけに、私は２０１０年、ＩＤＰＰＳ（Instituto de Desarrollo del Pensamiento Patria Soñada）という政策研究機関設立の必要性を訴え始めた。最高位の指導者たちによってＩＤＰＰＳの目的は、パラグアイが今後進むべき方向に対して長期的な青写真を構想し、これを実行することである。ＩＤＰＰＳ設立において重要な第一ボタンは留められたと思っている。多くの中南米国家は、統治体制が一貫性を欠いているという慢性的な問題を抱えている。パラグアイでは、政策はおろか国家計画さえも、政権が交代する度に予測できないほど変更されることがざらである。政治家は大抵近視眼的なアプローチに傾注しがちだが、政策的共感帯が伝統的に存在しない国家において、このようなアプローチ方法が政治的不確実性を引き起こし、最終的にパラグアイを国難に陥れている。過去、パラグアイもこのような状況にあった。IDPPSは、諸行無常の政治的波乱に翻弄されることのない、成長実現のための長期的なビジョンを提示した。政権が交代しても政策の一貫性を維持し、国家変革のための土台となる政治的安定を一段階高められるよう働きかけた。そのためにはこの組織を、経綸の才に富み、尊敬される指導者たちで構成しなければならない。最高裁判所の判事を務めたホセ・アルタミラノ博士のリーダーシップの下、元大臣、政治家、大使、退役将軍、教授、宗教指導者、経済人など清廉無欠の指導者たちが、IDPPSに合流した。その全員が、私が述べた原則・価値の土台の上でパラグアイを変革するという大義に、前向きに賛同する人々だった。

2009年には、GPFパラグアイ支部が設立された。IDPPSは一貫した政策を実行することでパラグアイの政治的安定性を高め、GPFパラグアイ支部は、社会の安定を脅かす様々な事案を解決していった。パラグアイは、腐敗や犯罪、そして劣悪な公共教育環境といった深刻な社会問題を抱えていた。パラグアイが民主国家として正しく機能するためには、このような問題の解決が必要不可欠だった。

GPFパラグアイ支部は、この国の政治・社会的指導者に、正しい行政に必要な内容を教育する活動を進めてきた。特に、基本原則・価値による変化について教育し、この原則・価値が高める人権と自由の源泉が、まさに神であるという点を強調した。その他にも、GPFは、様々な社会的NGO活動を通してこの原則を実践している。例えば、人格教育、青年活動、社会福祉事業等があり、家庭と子どものための分野を開拓する女性を中心としたセクションもある。

人格教育は、パラグアイ政府の教育省との連携によって、国家的に運営されている。パラグアイ政府の教育省は、この教育を通じた変化に深く感銘を受け、学生のみならず教師、教授、教育指導者および政府職員にまで人格教育を体験するよう奨励している。この教育を通して、倫理的責任に対する国家的な基準と社会参加の文化がパラグアイの若者の間に広まり、社会における安定性の改善に寄与することとなった。

IDPPSとGPFは、パラグアイの政治的・社会的安定性を高めるとともに、国家変革の足場を提供している。２０１０年には、パラグアイ社会の全指導者層および各中南米国家から多くの元大統領クラスが集まる中、アスンシオンで国際会議を共同主催した。この会議で、パラグアイが今後進むべき方向と、守るべき原則・価値についての宣言が記載された「アスンシオン宣言文（Asunción Declaration）」が採択された。

2012年、各中南米国家の元大統領および関係者らは、ラテンアメリカ・プレジデンシャル・ミッション（LAPM）という団体を結成した。プレジデンシャル・ミッションの会員は現在20名余りで、彼らは原則と価値の上に各自の持つ経験をつなぎ合わせ、パラグアイやその他中南米国家の発展に寄与している。こうしたリーダーたちのサポートにより、パラグアイでの活動が、全南米地域の発展のために良い事例を提供するものになると期待されている。また、パラグアイを先例としながら、中南米国家を政治的・社会的に変革し、北米と南米間格差を埋めることにも寄与すると思われる。

新興発展途上国に蔓延する腐敗は、安定的で持続可能な民主主義と自由市場の形成における大きな障害である。それはパラグアイも例外ではない。パラグアイで最も疎外され貧しい地域は、パラグアイ川の西方に位置するチャコ地域だが、チャコでも特にアルト・パラグアイ州は、パラグアイで最も面積が広いにもかかわらず、最も人口が少なく、最も貧しい州と言われている。

アルト・パラグアイは、過去に腐敗した政治家と事業家で構成されたマフィア系の派閥集団によって統治されていた。地域の官僚は、アスンシオンの中央政府から来る資金を横領して側近と共に分け合うことを当たり前のように行っていた。結局、アルト・パラグアイは基本的なインフラすら満足に整っていない低開発、経済麻痺状態に陥っていた。言うまでもなく、政治的・社会的にも不安定な状態で、雇用は不足し、舗装道路や電気、上水道および下水道すら整備されていなかった。こうした中、過激な暴力組織があちこちで生まれていったのである。

ＩＤＰＰＳは、チャコ地域のアルト・パラグアイ開発に必要な計画を立案した。２００９年度を皮切りに、ＧＰＦはプエルト・カサド村の住民のための社会福祉事業を開始した。最初は医療、教育、住宅における基本的な支援を行い、後に養魚場、野菜農場、製パン事業を含め、地域住民の力で持続できる共同事業となるように支援し、範囲を拡大していった。その成果もあり、地域住民たちに雇用が生まれ、経済的収入を得ることで企業家的精神が養われるようになった。このように経済的問題が次第に解決していくに従い、過激派組織の影響も薄れていった。

ＩＤＰＰＳは、中央政府の支援金が地域コミュニティーに生かされるよう、プエルト・カサドの公務員たちにとって効率的で責任ある行政システムが構築されるのをサポートした。過去、こうした政府の支援金は、腐敗地域の政治家や事業家のポケットマネーと化していた。改革の波及力は次第に強くなり、２０１２年、驚くべきことが起こった。以前Ｇ

PFで社会問題担当理事を務めていたマルリン・オカンポスが、アルト・パラグアイの州知事選挙に出馬し、当選したのである。

マルリンはこの地域の出身であるだけでなく、数年にわたってアルト・パラグアイ州で行われたGPFの社会活動に携わってきた。地域社会では広く知られ、尊敬されたリーダーではあったが、まさか彼女が、腐敗した政治既得権体制と争って選挙に勝つとは、誰にも予想できなかった。他の候補者が票を買収等して当選し、地域予算の横領が今後も継続するものだと、誰もが思い込んでいた。オカンポス女史が選挙で勝利した時、おそらく最も衝撃を受けたのは、敗北した候補者たちであったに違いない。

オカンポス州知事の当選は、住民たちの力で成し遂げた小さな革命だった。彼女の地道な活動が住民たちから全幅の支持を受け、金の力による選挙を打破したのである。地域住民たちは足を使って活動してきたそれまでの彼女を知っていた。当時、オカンポス州知事は、地域コミュニティーにおける活動の中で、州内の家々を一つひとつ訪問したことがあった。こうした活動を通して、地域の住民たちは皆、彼女こそが自分たちの生活を改善してくれる確固たる意志の持ち主だと信じたのである。

州知事になっても、彼女の仕事のやり方は変わらなかった。洪水で大きな被害が出た時には、中央政府からより多くの救援を提供してもらえるよう積極的に働きかけ、支援を受けることに成功した。緊急救護資金に私費をはたいたこともあった。州行政の経験は全くなかったが、多くの経験と知識が蓄積されたＩＤＰＰＳからのアドバイスと支援によって業務を処理していった。ＩＤＰＰＳは効果的で革新的な行政プロセスを通して、腐敗した裏取引が行われないための予防にも力を入れている。

実際に、こうした試みはパラグアイに急激な変化をもたらし、国家全体にまでに波及していった。パラグアイのメディアは、チャコのニュースを集中的に報道し、このような変化がパラグアイの未来にどのような意味を持つのか論じた。その波は国境を越え、ウルグアイとアルゼンチンにまで及び、現地でもその話題が報じられるようになった。一成建設プロジェクトの着工式で出会った州知事のひとりは、オカンポス州知事がアルト・パラグアイで行ったのと同じことを自分の州でも実行したいと、ＧＰＦに支援を要請した。

アルト・パラグアイで起こったことは、国家変革に必要な新しいリーダーシップの先例を示すものである。オカンポス州知事は、問題や災難の発生時にはいつも現場を守り、住民たちが必要な支援を確実に受けられるよう配慮している。その時、オラシオ・カルテスパラグアイ大統領は、オカンポス州知事のリーダーシップの在り方への支持を表明して、行動を共にしている。そして他の州知事にも〝人々と共に歩む〟リーダーシップを強く奨励した。

IDPPSは、オカンポス州知事が成功的な州政治運営を行えるように、継続的なサポートを行っていた。2014年6月、IDPPSの理事会において、今後の方向について論議する場が設けられた。理事会の構成員のひとりである政治学者ベルナルディーノ・カノ・ラディール博士は、アルト・パラグアイでの我々の成果が、パラグアイ政界に一種の亀裂を生んだと述べた。これによって政治的反発が予想されるため、このような変化を維持するために、パラグアイの指導者層の強力な支持を確保しなければならないと強調した。

パラグアイの指導者層の中でも特に一部の事業家たちは、私のしていることが何なのか、またその仕事がパラグアイにとってなぜ重要なのか、あまり理解していないように思われた。私がパラグアイの潜在力について言葉で語るのみで、一銭の投資もしていないではないかと非難する者もいた。2014年6月にパラグアイを訪問した際、私はワスモシ元大統領が設けたプライベートの食事の席に、パラグアイの財界人たちと共に招待された。その場を借りて、2008年以降に実施された我々の活動の紹介と、今後のパラグアイのビジョンについて述べる機会を提供された。私は、自分がパラグアイの国民でないにもかかわらず毎年ＩＤＰＰＳとＧＰＦで様々な活動を行い、投資誘致に必要となる政治的・社会的安定の基礎を固めていることを説明した。そして、パラグアイをリードする立場にある者が、率先して祖国の発展のために投資する姿勢を持つべきであると促した。

「私が支援する活動は、カントリーリスクの減少に寄与している。ＩＤＰＰＳは国家繁栄のために予測可能な長期計画を立案し、政治的不確実性の打開に働きかけている。ＧＰＦは社会の安定に寄与する活動、とりわけ喫緊の課題の解決に取り組んでいる。特にオカンポス女史の当選以降、アルト・パラグアイ州全体に蔓延っていた腐敗問題と真っ向から向かい合ってきた」

「こうした努力によって、政治的・社会的危機が減少したとすれば、パラグアイの国難も克服できるはずだ。これはパラグアイへの投資を生かす上でとても重要なことだ。しかし、小さな内需市場規模や、農業中心の産業構造から見て、パラグアイ単独で大規模な投資を呼び込むことは困難である。しかし、もしパラグアイが隣国と友好的な貿易協定を結び、中南米地域の市場全体にアクセスできる、外国人による直接投資の『ハブ』になるとすれば、パラグアイ国家の価値は幾何学的に上昇することになる。地理的に南米大陸の中央に位置する利点を生かして、中南米のシンガポール、スイス、ドバイにもなり得る可能性を秘めている」

私が以上の説明を終えた時、ワスモシ大統領をはじめとして、同席していた財界人たちは皆、その可能性に大きく鼓舞された。

このようなチャンスを掴むための鍵は、まさに投資者の確信にある。パラグアイは、政治的・社会的安定性が改善して財政状態も好転しているが、未だ投資のレベルには至っていない。そこで私は、プライベート・エクイティ・ファンド（Private Equity Fund, 以下、PEファンド）の設立を提案した。基幹施設を建設し、現代的な経済体制を整えるためである。その場にいた財界人たちにファンドを後押しするよう応援を促した。そして、パラグアイ国内の有力な企業家が投資リスクに怯えている状態で、一体どこの外国人投資家がパラグアイの未来に期待できるのかと問うた。もし、この国の集権層が国の未来に対して確固たる意志を示すならば、外国人投資家たちは、潜在的にこれを強力な投資の合図と捉えるだろう。

国家開発プロジェクトのためのPEファンドは、彼らにとって新しい概念である。ファンドは個人に大きなリスクが伴うが、国富の規模で成長するため、はるかに大きな潜在利益を見込むことができる。当時、その席に同席した人たちは、例外なく頑固な実用主義者たちだったが、その彼らが私の話に共感し、実現可能と判断したのである。投資者の信頼を得ることができれば、外国人の直接投資の門が開き、中南米の中央に位置する利点を生かしながら、パラグアイはハブ戦略によって中枢国家として成長することができると見込まれたのだ。

南米の人口は約4億人で、北米とほぼ同水準である。北米では、アメリカとカナダをはじめとした様々な国が提示する条件を検討し、利益が最大化する場所に企業体が設立される。南米でも当然その方法は通用される。こうした点において、パラグアイは多くの特恵を提供できると考えられる。ハブ戦略さえ履行されれば、パラグアイは伝統的に実績のある農業分野の他に、製造や流通、サービスといった産業においても多くのチャンスに恵まれる。

パラグアイは、職を渇望する若い労働力が豊富で、労働コストも安く、製造業に向いた国家である。水力発電による電力輸出国でもあるため、エネルギーコストも低い。また、地政学的優位性によって、交通施設さえ整えば、流通ハブとして魅力的な国家でもある。大西洋と太平洋をつなぐ大陸横断高速道路開発事業であるバイ・オセアニック・ハイウェイ（Bi-Oceanic Highway）がパラグアイを通過している。そこで私は、韓国の基幹施設専門家をパラグアイに呼び、PEファンド設立をリードする役割を担っている。

パラグアイは、地域内に主要な交易パートナーがいる。中南米国家の経済統合が加速するに伴い、金融・法律サービスに対する需要が増加することが予測される。そしてまた、パラグアイは、法人税と所得税率が南米で最も低い。法規制は、生産業や農業だけでなく、どの職種においても事業を行う外国人に好意的で規制がない。また、国家レベルで行われるパラグアイの変貌が、中南米地域全体にかけて、経済分野にとどまらず、あらゆる方面で大きな反響を生むことが予想される。現在（2015年当時）、多数の中南米地域の国家が、ベネズエラ大統領ウゴ・チャベスの国家統制的社会主義に染まりつつあり、アルゼンチンにおいても民主的自由の制限を論じる声が上がっている。パラグアイは伝統的に政治的独立性の強い国家であり、南米共同市場（メルコスール）協約国の中で唯一、チャベス大統領に対して反旗を掲げた国でもある。すなわち、パラグアイが民主憲法の基本原則と人権を守護して繁栄する自由市場国家に生まれ変わることは、中南米の暗鬱な退行を食い止めることのできる強力なソリューションを示すことにもつながるのである。

パラグアイのハブ戦略を実行するためには、強力な助っ人が必要である。パラグアイは今後、既存の農業中心国家から視野を拡大し、現代的な産業国家を目指して成長しなければならない。パラグアイの多くの政治家や企業人たちの思考は、未だ農業経済の枠にとらわれている。こうした点で、一世紀を経ない短期間に、貧しい農業国から先進技術の産業国家に変貌を遂げた韓国の画期的な成長経験は、十分に模倣する価値があるのではないかと考える。

韓国とパラグアイは、協力を通じた上昇効果が期待できるため、私はふたつの国家の連携を一貫して推進してきた。韓国は内需市場が限界に至り、今後、新たな市場を必要としている。またアジア全域においては、中国と日本の間に挟まれ、熾烈な競争構造に晒されている。その点、パラグアイは、韓国の中南米市場進出のために橋頭保の役割を果たすだろう。特に韓国の基幹施設産業は世界的な水準にあるが、その能力は十分に生かされていない。パラグアイはハブ戦略に基づく基幹施設を必要としている。また、韓国がパラグアイから木材、鉄鉱石、マンガン等の天然資源の供給を受けられるのも、両国間の上昇効果に期待できる要素のひとつだ。

韓国は、パラグアイが必要とする、あらゆる開発の経験を持つ国家である。不毛地のような場所から新しい産業を開拓し、セマウル運動のような地域社会開発運動にも成功してきた経緯がある。

何より注目すべきなのは、現在の韓国が、発展途上国の経済開発を支援することに大きな関心を示している点である。パラグアイにおいて、韓国の官民の組織が得る経験は、北朝鮮を開発する場合にも、価値あるものとなることが証明されるだろう。そこにおいて学ぶ教訓は、ドイツ統一より良い結果をもたらすようになる助けになるだろう。パラグアイは南米において最も問題がある国と考えられており、ビジネスが避けてきたところである。北朝鮮は、政治、経済、社会などにおいて、世界で最悪の状態におそらくあるだろう。パラグアイにおいて、発展に必要な、社会的安定と政治的安定をもたらすのに必要なことは、北朝鮮にも必要なことになるだろう。そうした内容すべてが、統一の後、北朝鮮を復興させるために、用いられなければならない。

以前、当時のパラグアイ大統領ニカノル・ドゥアルテとの初会見以降、パラグアイは驚くべき発展を遂げた。国家の歴史的な岐路において、今日のパラグアイは正しい軌道を描きながら、今や原則・価値に根差した現代の民主国家として、地域経済を発展させる態勢にある。

韓国の市民団体とNGO

韓国では、朴槿恵（パク・クネ）大統領が統一がもたらす経済的な機会に焦点を当てる新たな視点を提示した。平和的統一に対する構想を提示したドレスデン宣言や、統一が経済的に〝大当たり〟をもたらすと語った２０１４年の大統領新年演説によって、投資金融会社は鼓舞されている。２０１４年6月1日のフィナンシャル・タイムズの報道によると、現在２つの統一関連ファンドに資金が流入していることが明らかになった。

２０１４年４・5月の2カ月間で、両ファンドの積立金額は、総額３５００万ドルとなった。金額としては少ないようにも見えるが、この期間に35億ドルが韓国の他の投資ファンドに流れたのとは対照的だ。最も大きな収益を上げたのは、シンヨン資産運用（Shinyoung Asset Management）が運営するファンドで、建設、農業、公益事業等、高い収益が予想される統一関連企業に投資された。当該ファンドは２０１３年3月開始後、6・8パーセントの投資収益率を記録したが、ファイナンシャル・タイムズによると、これは国内同種投資ファンドの約2倍に匹敵する数字だと言う。シニョン資産運用最高投資責任者（ＣＩＯ）

である、ホ・ナムグォン氏は、「多くの資産家が、統一が現在の韓国・北朝鮮両方にとって必要なものと見ている」と語った。このファンドの動きは、統一に対する韓国人の期待を表す重要な指標とも言える。こうしたことからも、統一を遠い未来の話として先延ばしする発想は、もはや過去のものと言えるのではないだろうか？　これらの現象は、韓国人の姿勢が変化したことを代弁している。

しかし、たとえその金額が数百億ではなく数兆になったとしても、北朝鮮を変える決定打にはなり得ない。もしそこに、政治・社会・経済すべての分野を統合した、統一以後の戦略が含まれるなら、より高い投資回収が期待されるだろう。これがパラグアイにおける教訓である。投資は始まりではなく、最終的な段階とされるべきであり、全体の絵の一部分にすぎない。成功に導く経済成長を実現するためには、社会的・政治的に安定した土台を先に築かなくてはならない。

私はNGO団体と韓国市民団体、そして在外韓国人が、北朝鮮のための活動で核心的な力になるべきだと考えている。まだ先は長いものの、彼らによって、既に重要な貢献が行われてきた経緯がある。1990年代中盤に発生した大飢饉の間、韓国のNGO団体は、北朝鮮への直接的なアプローチを開始した。南北政府間の関係の変化に影響を受けたところもあるが、政府間の対話が断絶された時ですら、こうしたアプローチは「我民族相互扶助運動」と「good friends」といった団体を通じて、一定のレベルを維持してきた。長年、北朝鮮の政府関係者との業務を通じて実務経験を積みながら、一部の北朝鮮住民に直接アプローチを行い、北朝鮮内部の生活、仕事、社会条件等に関する膨大な情報を入手した。

韓国のNGOは、南北間の関係において、政府を介したアプローチのみでは不可能だったであろう有意義な活動を行ってきた。こうした事実は「慈善からパートナーの関係へ：韓国NGOの北朝鮮関連参加活動」という題名で発表されたアジア財団(Asia Foundation)の論文でも確認することができる。この論文は、統一に向けた運動におけるNGOの役割と、未来の潜在力についてまとめたものである。

「NGOの参加は、南北住民間の和解に向けた第一歩を示す。南北間の大きな経済格差を考慮すれば、北朝鮮内の人道主義・開発要求を解決することのみならず、それ以上に重要なこととして、和解と統一の礎石となる様々なモデルにおける人間的触れ合いを築く必要がある。こうした点において、NGOの参加は、今後も核心的な役割を担うだろう」

また同論文は、ＮＧＯを単なる政府の政策実現のための道具としてではなく、北朝鮮にアプローチする上で不可欠な、独立したパートナーとして扱うことを提案している。ＮＧＯがこの役割を遂行する上で最も大事なことは、団体間の効率的な協力である。各団体が自分たちの利益優先で各々動くのではなく、根本的な原則・価値に基づいた共同の目標のため、互いに協力し合うことが望ましいと考えられる。

ＧＰＦ　Ｋｏｒｅａが、「統一を実践する人たち（ＡＫＵ）」に進んで加入した理由はここにある。この団体は、様々な団体同士の活動を調整する役割を担っている。統一へのプロセスに必要不可欠な重要部分を担当する、市民連合や企業団体、宗教団体および教育機関が参加している。各々が膨大な分野を担い、異なった観点を持ちながらも、コリアン・ドリームのビジョンを共有しながら協力してことに当たるのである。

現在、統一運動を支援する市民団体の特徴のひとつには、政治的思想や党派の外で活動しているという点が挙げられる。政治的スタンスとは関係なく、北朝鮮住民と同じ民族の立場から接している。これは、過去に統一を訴えた韓国の市民団体らが、次第に政治色を帯びて問題となった左翼政権時代とは対照的である。チェ・ワンギュ北朝鮮大学院大学校総長は、こうした変化を目の当たりにして、「統一を論じるにあたって、過去のような保守・進歩の理念の枠を主張することは時代錯誤であるばかりか、時代に逆行することである」と述べている。

ＮＧＯが北朝鮮と交流している一方で、現在、様々な専門分野において、統一と関連のある研究も増えている。このような社会的な動きを受けて、次第に多くの国民が、統一に備えるべきという感覚を持ち始めている。２０１４年４月７日の『週刊朝鮮』の記事には、北朝鮮大学院のゼミに、法律、財務、言論、医療、公共行政、企業経済研究等における各分野の出身者たちが参加し、授業を受けていると伝えた。東國大学校北朝鮮学科のコ・ユファン教授は、週刊朝鮮の記者との対談の中で、「今は、統一が政府の中で処理されて決定されるのではなく、大学を含めた民間領域を通して持続的に開発されるべきという空気が支配的」と述べた。

これはとても重要な観点を指摘している。政治的状況の変化に関係なく、統一以後の北朝鮮開発の長期計画を立てるため、ＧＰＦ Ｋｏｒｅａは、地球村平和研究所と朝鮮半島未来戦略研究院を設立した。そして、学者や専門家による従来の方法とは一線を画した、新しいアプローチ方法を模索している。

本来、コリアン・ドリームを推進するということは、朝鮮民族の歴史から導き出された

「弘益人間」の理想に基づく統一プロセスに、南北の住民の支持を引き出していくことを意味する。GPF Koreaは、これを目標とした活発な運動を展開している。「1000ウォンの奇跡」募金運動や統一アイデア公募展、統一寄付誓約等の活動を通して、韓国国民全体が、統一問題に関心を持つよう働きかけている。

北朝鮮の金剛山地域において練炭ボイラー工場を建設し、暖房や炊事用練炭ボイラーを供給したサービス・フォー・ピース（Service for Peace）の活動は、NGOが北朝鮮住民との協働を通して何を実現できるのかを教えてくれる。

韓国を発った700名以上のボランティアたちは、南北共同奉仕期間に、北朝鮮住民と同じ釜の飯を食べながら、共に文化公演を楽しんだ。このように、人として心を通わせながら共通の目的に向かって協力する中で生まれた個人的体験は、互いに対して抱いていたネガティブな先入観を打破する効果もある。他にも、韓国で生産されたボイラー部品を北朝鮮へ運び、現地の労働者の手で組み立てる方式を採択することで、雇用創出の効果ももたらしている。また南北が各々購入しやすい資材を集め、共同で農村の住宅建設を行った事例は、将来の北朝鮮における農村開発の良い前例になると考えられる。

2007年、サービス・フォー・ピースは、北朝鮮政府関係者に、韓国のボランティアプログラムに対する交換という形で、北朝鮮ボランティアが韓国に来て活動することを提案した。北朝鮮は原則的にはこれを受け入れたが、政治状況の変化によって実現には至らなかった。しかしこのことから、北朝鮮政府関係者の中にも、一定の開放的雰囲気があることが確認されたのである。

原則に基づいた市民活動で、コリアン・ドリームを実現する

世界各地で数多くの市民団体およびNGOが登場しているのは新しい現象であり、これを通して各個人は、より大きな目的のために互いの力をひとつに結集することが可能になった。市民団体やNGOは、個人が効果的に他人や社会のために貢献できるよう組織されたものである。

社会の各分野でNGOの活動が影響を与えているが、その力がひとつに集まった時、さらなる波及効果をもたらすようになる。このことは、パラグアイにおける我々の経験から見ても明らかだ。GPFとIDPPS、そしてパートナーたちとの様々な活動が、国家変革につながる巨大な計画に結実することになった。このことを通して、政治・経済・社会の有力者たちは、原則・価値といったものが現実と懸け離れた抽象的観念ではなく、具体

的に実行可能なものであることを目にしたのである。特にアルト・パラグアイでは、不可能だと思われたことが実際に起こった。アルト・パラグアイは、初めから退歩と腐敗の運命にあったわけではない。だからこそ、正しい原則・価値に基づいた正しい選択によって永遠に続くと思われた腐敗の連鎖が断ち切られ、住民に奉仕する透明かつ効率的な政府の誕生が実現したのである。パラグアイで得た経験は、将来、北朝鮮が変化する過程で生じると予想される様々な困難の克服にも役立つと確信している。

「統一を実践する人たち（ＡＫＵ）」は、数多くの幅広い市民団体で構成された連合体だ。その構成員たちは、今後、北朝鮮に影響を与える様々な活動を展開する計画を立てている。この連合体は政府の手の届かない領域においても運営可能であることから、自然に政府のパートナーとして官民協力関係を形成することができる。さらには、政治的・社会的に幅広い範囲に及んでいることから、広く韓国内部の合意を導く役割にも期待が掛かる。

このようなＮＧＯと市民連合の調和した作業は、北朝鮮に必要な変化を起こす上で欠かせない。アレクシス・ド・トクビルは、２００年も前に新生国アメリカで、市民たちの自発的努力がもたらした社会の変革を目の当たりにした。そして、市民団体が持つ可能性の大きさを理解したという。その活力こそが、統一コリアの実現において喫緊に求められるものなのだ。

この連合体によって、大韓民国の国民は、明確な目標のために努力することが可能になる。その目標とは、単に分断した南北をつなぎ合わせることではなく、韓国の歴史的遺産とアイデンティティーを礎とした統一の実現である。南北統一は、先祖から受け継いだ「弘益人間」の理想に表れた精神的価値と倫理的実践を追求する情熱を根源とする。まさにこれこそ、コリアン・ドリームの本質である。

さらに言えば、コリアン・ドリームは、朝鮮半島統一の実現にとどまるものではない。そのゴールは、全人類に広く益をもたらすという「弘益人間」の理想を実現することにある。つまり、究極的には朝鮮半島のみならず、世界を舞台にその理想を追求することが、朝鮮民族の宿命なのである。次の章においては、朝鮮の世界における役割と、「ワンファミリー・アンダー・ゴッド」のビジョンを進める責任について見ていこう。

第 7 章

世界平和のビジョン

——コリアン・ドリームから "One Family Under God"へ

コリアン・ドリームは、
今日、韓国人に蔓延する
アイデンティティーの危機に対する救済策となる。
また朝鮮半島の統一のみならず、
朝鮮民族が「ワンファミリー・アンダー・ゴッド」のビジョンを抱き、
世界が尊敬する道徳的リーダーとして新しい未来を切り拓くための、
触媒となるだろう。

世界中のすべての
軍隊よりも強いものがひとつだけある。
それは、時に適って生まれた発想である。

ビクトル・ユゴー

20世紀は、分裂と闘争が渦巻く時代だった。しかし、今こそ我々は民族をひとつにまとめ、新しい未来のビジョンに向かって出発しなければならない。前世紀に強いられた状況を脱し、新しい出発をするために、何よりも我々自身が自らの運命の主人になる必要がある。では、その運命とは何か？　私はここまで本書の各章を通して、様々な角度からこの問いに答えてきた。本書の第1章から省察されるように、未来に対する解答は、他ならぬ我々の過去の中に存在する。

本書が執筆される以前、統一を論じるにあたり、歴史を主要なテーマとして取り扱ったケースはあまりなかったように思う。朝鮮半島の状況と朝鮮民族が置かれた立場は実に悲惨だ。昨今の大韓民国は、舵も羅針盤もなく広大な海の上を漂流する船に喩えられる。出発地も不明なまま、どうして目的地が見つかるだろうか？　なぜ我々はこの航海をすることになったのか？　今いる場所にどのように来て、どこへ向かうのか？　統一がなぜ必要なのかという疑問に答えるために私があえて過去に視点を移したのは、これらの問題意識が理由である。

朝鮮民族は、五〇〇〇年にもわたる古代文明からなる固有の歴史を持った民族だ。他の多くの古代文明は征服によって富と領土を拡大してきたが、朝鮮民族は古代より現代社会の情緒と思考にも共鳴する高貴な理想を追求してきた。このような民族固有の特性・思想を再発見し、実現できれば、私たちは再び人類の歴史において特別な存在感を示すことができるだろう。

当時、「弘益人間」は実に革命的だったが、今日でもその不朽の親和性を保っている。弘益人間の理想の中にこそ、祖国を取り戻し、世界に輝く模範となるべき我が民族の目標と運命が説かれている。

祖国の未来を懸けて熾烈な論争が繰り広げられた１９４７年、独立運動家の金九は、その著書で「私は、我が国が他人のものを模倣する国ではなく、高く新しい文化の根源となり、目標となり、模範となることを望んでいる」と語った。

私が「コリアン・ドリーム」を主張する背景には、こうした先駆者の思いが込められている。それは朝鮮民族の建国理念に則った新しい国のビジョンであり、また現代社会においても必要なビジョンなのだ。それは、東西洋の長所を取り入れ、過去・現在・未来を紡いで比類のない精神的遺産を織りなす。コリアン・ドリームは、朝鮮半島統一を超えて、広く人間世界を利する弘益人間の理想の実現という、より遠大な目的に向かって踏み出す第一歩なのだ。

本章では、このような理想から韓国人の運命について探ることを試みる。理想を具体的に実現するため、21世紀、朝鮮民族が朝鮮半島を遥かに飛び越え、東北アジアや全世界が直面した深刻な問題を解決するという重要な役割を果たすためにどのような準備をしてきたか振り返る。こうした点への理解は、韓国人が自らのアイデンティティーに対して無関心な現在、新しい祖国建設を成功させるため、また韓国がグローバル・リーダーになるために、必要不可欠である。

アイデンティティーの危機に直面する韓国人

国家の機能が麻痺した北朝鮮社会と、北朝鮮住民の運命については言及しない。では、韓国はどうだろうか？　50年余りの短期間で、戦争の焼け跡から奇跡的な成長を遂げ、先進国家として成長した大韓民国に対し、世界は賛辞を惜しまない。しかし、「漢江の奇跡」と呼ばれる韓国の急速な復興と成長は、同時に多くの代価を支払うことで成し遂げられた。その成功の陰で、それを成し遂げた韓国人自体のアイデンティティーは失われてしまった。朝鮮民族固有の伝統がもたらす将来に対する社会的・文化的・政治的・経済的効果等は顧みられず、急速な近代化の波の中で、圧され消えていった。

開発と共に韓国に流入した西欧式文化規範が、文化的衝撃として、特に韓国の拡大家族文化に深刻な打撃を与えたことについては第4章で述べた。拡大家庭内での多様な関係性が韓国人の特性であるハン（恨）とチョンソン（精誠）を涵養し、ここから、より大きな善を追求する「ウリ（〝我々〟の意）」という概念が育ってくる。しかし、現代化に伴う核家族化、学歴・キャリア至上主義、そして物質偏重主義は、朝鮮民族が培ってきた貴い精神を色褪せたものに変え、個人主義が蔓延する社会を形成するに至ったのである。

2014年4月16日、檀園高等学校の生徒250名を含む合計304名の命を奪ったセウォル号沈没事件は、韓国国民に大きな衝撃と傷を与えた。納得し難い事故原因に加え、無能な救出活動に対して、全国民が怒りを禁じ得なかった。セウォル号の惨事は、歪んだ大韓民国の肖像を浮き彫りにするものであり、全国民が自戒と反省を強いられる事態となった。

韓国人としての自尊心は無残に崩壊し、それまで黙認してきた韓国社会の根源的な問題が赤裸々に露呈したのである。果たして、我々はいかなる民族であり、どこに向かっているのか？　このような事態を招く国民が、どうやって偉大な国をつくることができるのか？　現代化に伴う代価は、これほどにも大きいものだったのか？　数多くの疑問は、より根本的なひとつの懐疑に結び付いた。本当に朝鮮民族は、その魂と人間性を喪失してしまったのだろうか？

船が沈没していく状況で人命救助の試みすら満足に行われなかったことは、極めて惨憺たる結果をもたらした。この事件を通して、韓国社会は、他人の命を顧みないという最悪の行動をリアルタイムで目撃したのである。そもそも船は決して沈没してはならないものであり、加えて事故の直後、乗客のほとんどは脱出可能な状態にあった。にもかかわらず、船長と乗務員は、乗客に非常脱出の指示を行わなかった。それどころか、船室にいる乗客、特に檀園高校の生徒らに対し、客室内で待機せよという案内放送を行ったのである。結局この事故は３０４名の人命が失われる大惨事となった。救助艇が到着した時、最初に救助されたのは船長と乗務員たちだった。船長が救助されている時でさえ、乗客には何の脱出命令も下されていなかった。

また現場近くには海洋警察と海軍の艦艇がいたにもかかわらず、救助活動は、近くで操業中、もしくは航海中だった漁船や商船によって行われた。事故直後の政府のお粗末な対応は、国民の怒りを買った。政府をはじめとする関連機関の公式発表文は、犠牲者に対する哀悼よりも、国民と世論の批判を回避し、政府の対応の正当性を主張するのに汲々としたものであり、国民の怒りに油を注ぐ結果となった。彼らの怒りが絶頂に達したため、結局鄭烘原（ジョン・フンウォン）首相がその怨声に耐えかねて辞意を表明し、朴槿恵大統領は海洋警察の解体を命じて世論の鎮静化を図ったが、これもまた本当に履行されるか未知数である。

セウォル号を所有していた清海鎮海運とそのオーナーの兪炳彦（ユ・ビョンオン）の行動は、物質偏重主義追求の代価がどれほど甚大なものかを韓国人に見せつけることになった。彼らはより多くの乗客を乗せるために、老朽化した船に客室を増設していた。違法改造によって船舶は不安定になり、韓国船級はバラスト水を増やして貨物を減らすという条件で安全認定書を発給したものの、会社はこの条件すら常習的に無視し、過剰積載を続けていた。理由はもちろん、セウォル号の積載貨物が主な収益源だったからだ。許容重量の2～3倍以上の貨物を積載するケースが数十回にもわたり、貨物を追加するためにバラスト水を抜く等の危険な措置によって、船のバランスは一層不安定になった。こうした故意の違法行為は、ついには利益のために乗客の命すら担保にするという状況にまで至ったのである。事件の余波は収まらず、衝撃は長い期間続いた。韓国国民は、自国がなぜこのような事態に至ってしまったのか、何度も問い続けることしかできなかった。

他に類を見ない大韓民国の経済成長は、戦争の廃墟の中から国を立て直した世代の精神から生まれた。様々な事例を見れば、今日の韓国が、より大きな目的のために身を捧げてきた親世代の文化を喪失しただけでなく、韓国人のアイデンティティーを形成し、歴史を導いてきた朝鮮民族の遠大なビジョンからも断絶していることが分かる。今こそ我々はこの点を重く顧みる必要があるだろう。また私を含めて多くの人々が、国際社会における韓国のリーダーシップに期待しているという点も忘れてはならない。そのためにどのような準備をすべきか、自らに問いかける必要がある。統一のために何を準備すべきか？　こうした問いかけは、政治や経済等でなく、韓国人の品性や精神に関わるものでなくてはならない。未来の方向性を見いだし、新たなチャレンジを行うため、韓国は原点に立ち返らなければならない。我々の持つ豊かな精神的遺産から、長い苦難の歴史の中で培われた朝鮮民族のアイデンティティーを再発見する時、我々は初めて自らの運命を明確に理解することができる。

過去の歴史に対する省察によって、今こそが韓国の進むべき方向を定める決定的瞬間であることが分かった。我々にはふたつの道がある。ひとつ目は、先祖が果たそうとした夢を現実化し、弘益人間の理想に則った新しい国家を建設する道。ふたつ目は、それとは反対に、消費主義のもたらす利己的な満足と安楽の淵に陥り、唯物的で浅薄な、魂を失った社会へ後退する道。前者を選ぶなら、歴史の変革はもちろん、民族の建国ビジョンによって、朝鮮半島、さらには世界の変革を起こすことが期待できる。しかし後者を選び、現状に甘んじるならば、我々が築いた成功は目の前から消え失せ、韓国社会は遠からず安保・経済・社会面において深刻な問題に直面することになるだろう。

私が本書で、こうした歴史的決定の瞬間において朝鮮民族を導く未来のビジョンを再三説明してきたのは、既に読者の知るところである。そのビジョンこそ、他ならぬコリアン・ドリームなのだ。コリアン・ドリームは、今日、韓国人に蔓延するアイデンティティーの危機に対する救済策となる。また朝鮮半島の統一のみならず、朝鮮民族が「ワンファミリー・アンダー・ゴッド」のビジョンを抱き、世界が尊敬する道徳的リーダーとして新しい未来を切り開くための、触媒となるだろう。

コリアン・ドリームの根拠

私は本書を通して、韓国人が今どこに立っているのかを示す明確な地図を描くことを試みた。朝鮮民族が相まみえる偉大な機会のみならず、それを掴むために憤然と立ち上がり、真正面から向き合わなければならない挑戦についても概括した。そして韓国の未来を拓く鍵が、まさにコリアン・ドリームであることについて説明した。

第1章では、韓国とアメリカの建国、モンゴル帝国のチンギス・ハンの歴史を例に挙げ、世界を変化させるビジョンの力について記した。次に、コリアン・ドリームのビジョンを紹介し、これを構成する主な領域について概括的に説明を行った。国家の改革はビジョンと原則、そして価値に根差すものである。我々のアイデンティティーを形成したものが何であるかを説明するため、特に檀君の精神に注目したのは、朝鮮民族と国家の根幹がまさに檀君の精神に基づくものであるからに他ならない。コリアン・ドリームとは、いわば、韓国と韓国人が広く人間世界を利するために生きるべきであるという、弘益人間の教えとその中に表れた朝鮮民族の建国精神を礎とするものだ。

コリアン・ドリームは、朝鮮民族の歴史的体験を通して形成されてきた。弘益人間を中心として、苦難の歴史を克服するために歩んできた闘争の過程は、朝鮮民族に深い精神的悟りをもたらし、生活のあらゆる分野において至大な影響を与えてきたのである。

弘益人間の理想と我々の精神文化は、韓国の拡大家族で養われた人間関係の中で最も深くかつ実践的な表現がなされてきた。また原則・価値についても心情的な表現がなされ、年長者の手本を通して次世代へと受け継がれていった。

これがコリアン・ドリームの要諦と言っても過言ではない。弘益人間の建国理念は、苦難の歴史、そして利他的な生活習慣と深い心情的つながりを育む拡大家族の文化を通して受け継がれ、朝鮮民族のアイデンティティーを形成したのである。このモデルは徳性を備えた個人を養成し、美徳溢れる家庭を築き、歴史を経ながら道徳的国家の礎となり、この中から国と世界の行くべき道を指し示す道徳的リーダーが誕生していった。

コリアン・ドリームは、朝鮮半島の統一を達成するにとどまるものではない。すべての人類のための思想として、国を越え、世界に拡散されるべきものである。私は、弘益人間の思想の上に、韓国が「ワンファミリー・アンダー・ゴッド」を実現する世界的なリーダーシップを発揮する国になることを促しつつ、第1章を締めくくった。

第2章では、自主独立と統一国家を失ったまま20世紀を過ごした朝鮮民族の苦痛について記した。最初に日本統治時代の植民地支配による莫大な人的犠牲について、次に朝鮮半島の理念紛争と朝鮮戦争がもたらした犠牲について記録した。人的犠牲については、離散家族と北朝鮮住民の苦痛は今なお続いている。私の家族もまた、北朝鮮に住んでいる親戚らによってこの歴史と緊密な関わりを持つ。

私の父は、朝鮮半島統一と、新しい国をつくるために人生を捧げてきた。彼は北朝鮮の興南労務者収容所に投獄されたが、朝鮮戦争の最中、国連軍の手によって自由の身となった。そして1991年、故金日成国家主席との歴史的会談を通して、北朝鮮との道を開く先駆的な役割を担った。この事実は、私が記憶する限りにおいて、父の果たした最も大きな功績のひとつである。今はこれが私の使命となり、民族の運命の実現のため、父が果たせなかったことを私が推進している。

私はアメリカに住んではいるが、祖国との因縁を大切に思い、民族の将来のために何かしら貢献したいと望む人間のひとりだ。多くの韓国人、特に若者たちが民族の将来に無関心であることに、私は異を唱えた。

統一は、政府に一任すれば終わりという単純な政治・経済の問題ではない。分断の状況が続けば続くほど、北朝鮮住民の生活は疲弊していく。彼らは他人ではなく、同じ文化と遺産を共有している我々の家族である。彼らの悲惨な境遇を解決することは、大韓民国国民とその同胞らに課せられた道徳的義務であり、これはコリアン・ドリームを具現化することで果たされると確信している。

第3章では、統一を脅かす地政学的状況と、安保および経済的な観点から、様々な課題を考察した。また一方で、その裏に重要な好機が存在していることについても言及した。これによって、特に地政学的状況の急激な変化を実感することができたのではないだろうか。

ソ連が崩壊し、朝鮮半島の分断が起こった冷戦時代の地政学的構造が解体されたことで、もはや当時の脈絡の中で分断された南と北を見ることはない。したがって、我々は今、新しい考え方とアプローチが求められる時代を迎えているのだ。もし北朝鮮が経済的・軍事的な支援を失ったなら、もはや国家として存続できなくなるだろう。北朝鮮は開放と改革に消極的であったため、経済と社会は悪化の一途をたどっていった。

故金正日総書記は、政権を延命させる保険として核兵器を開発した。ソ連が崩壊する中、中国だけが北朝鮮の唯一の支援国となってはいるが、冷戦時代からの変化が感じられる。今中国は、国際社会のリーダーの座を巡る競争の真っ只中にあり、その関心は経済成長と地域の安定にある。北朝鮮は、経済的に中国に依存している上、自らの支援者を刺激するような政策を推し進めている。金正恩第一書記は、父・金正日と同様、中国の反対にもかかわらず核兵器開発に執着し、結局より求められている経済改革の機会を自ら手放している。

北朝鮮は、中国にとって経済発展の障害物へと転落し、頭痛の種と化した。事実上、経済と安保分野に対する中国の利害関係は、北朝鮮より韓国により近づき、中国は韓国にとって最大の投資および交易国となった。習近平は中国国家主席となった後、金正恩にはただの一度も会っていないが、朴槿恵大統領とは数回にわたって会合を持った。

こうした事例からも、北朝鮮がこれ以上、中国から無条件で援助を受けられないであろうことが明確になった。東北アジア地域が劇的に変化し、新たな局面を迎えている中、朝鮮半島の統一は、現実に起こり得るものとして真摯に向き合うべきものとなった。もはや次世代の遠い夢物語ではないのだ。とりわけ、ますます不安定、予測不可能になってきた北朝鮮政権による増大する脅威の中で、実際それは既に避け難いもの、逃してはならない機会となりつつある。

北朝鮮は核兵器開発を通して東北アジア地域の安保における脅威となり、全世界に核拡散の危険性を高めている。さらに深刻な問題は、核兵器が、若く経験の浅い、国際的に孤立した指導者の手に握られていることである。叔父を処刑したことは金正恩の暴力性・残忍性を世に知らしめ、彼が指導者として父・金正日に及ばない器であることが明白となった。金正日が、その父・金日成に及ばなかったのと同様である。

北朝鮮指導部の無能と国家機能の麻痺は、東北アジアに不安定で予測不能な状況をもたらしている。こうした点から、北朝鮮が絡むすべての問題に対する唯一の解決策は統一であると、多くの専門家が声を揃えている。

統一がもたらす経済的機会についても第3章で集中的に言及したが、長期的観点から見れば統一がもたらす利益は予想を遥かに凌ぐにもかかわらず、否定的に捉える見方があまりにも多かった。北朝鮮には、韓国が必要とする豊富な労働力と天然資源が存在する。また、韓国が市場の制約を受ける中、北朝鮮はより大きな国内市場を提供することになる。南と北の潜在的相乗効果によって、経済は全く別次元に引き上げられ、著しい成長をもたらすことだろう。世界的な投資会社であるゴールドマン・サックスは、統一コリアの経済は、世界8位にまで伸びると予測した。また同時に、統一後の北朝鮮は、貿易・輸送・投資面で障害とならないことから、東北アジア全域の経済にも弾みをつけることになる。

このような潜在的チャンスを最大限に活用するために、我が民族は、建国理想の念願と原則および価値、そして本来のアイデンティティーに立脚した行動を取らなくてはならない。第4章では、コリアン・ドリームとアイデンティティーを構成する重要な要素について述べたが、分断67年の歴史は、5000年にわたる我々の歴史に比べれば、なきに等しい。問題は、我々とその歴史との関わりが失われていることである。北朝鮮においては全体主義と主体思想が、韓国においては物質至上主義の消費文化蔓延が、朝鮮民族のアイデンティティーを蝕んでいる。だからこそ、我々本来のアイデンティティーは何だったのか、理解する必要があるのだ。

第1章で既に述べたが、改めて朝鮮民族の建国と歴史の重要性について振り返ってみようと思う。古代朝鮮民族の起源ともなった弘益人間の理念は、朝鮮民族をユニークな存在にする固有のものだ。朝鮮民族の歴史上、弘益人間の理念が、どのように民族精神を形成する原則・価値の試金石として存在し、また朝鮮民族をして苦難の歴史を克服するよう導いたのかについては、既に述べた通りである。

弘益人間の理念は、仏教、儒教、キリスト教等の世界宗教と倫理的伝統を受容し、朝鮮民族の文化の一部として融和させた。彼らは外来の伝統や教えを模倣するのではなく、彼ら固有の視点で解釈し、自身の伝統や思想を中心としながら、主体的に発展させてきた。この文化的特徴は、宗教の領域のみならず、政治と社会にもそのまま適用された。このように、韓国人は外来哲学と文化が持つ洞察力を受容し、これを固有の文化的遺産として昇華させてきたのだ。朝鮮王朝が統治者の力を制限し、国民に一定の権利と自由を保障し、初期形態の権力分立が加味された準立憲君主制を発展させることができたのも、まさにこのような脈絡によるのである。19世紀の東学運動は、弘益人間の思想に基づく「人がすなわち天である」という民族固有の「人乃天」の思想を生んだが、これは社会的にも政治的にも重大な意味をもたらす深い精神的洞察だったと言える。

弘益人間の思想は、20世紀に入っても、民族が直面した逆境と苦難を克服するための強力な原動力となった。1919年、3・1独立運動で民族を代表する33名が読み上げた独立宣言文は、その精神に基づくものであった。先に述べたように、独立運動家たちは、弘益人間の根本精神によって、国の独立にとどまらず、世界の燈火となるような国家を心から願ったのである。

この念願は、大韓民国建国者の信念でもあった。彼らは弘益人間が導く統一した国を夢見て、弘益人間をオフィシャルな学校教育の基礎とした。こうした歴史的事例は、時代の決定的瞬間で、弘益人間が民族の歴史を貫く一貫した流れであることを証明している。独立の愛国志士たちは、檀君の建国理念を統一祖国の運営原則とした。再び統一の可能性が台頭する今、韓国人は建国理念に立ち返り、その精神を回復させ、自らのアイデンティティーを再び見いださなくてはならない。

どのようにして弘益人間が説く〝他のために生きる〟美徳を学び、これを次世代へ伝承することができるのだろうか。それが、韓国固有の拡大家族の役割だ。韓国の拡大家族制は、世界の伝統的家族制度のある文化圏でも例を見ない独特な制度である。これについては、第4章後半部のテーマとして言及した。韓国の家族では、姻戚や遠くの親族にもそれぞれ固有の呼称があり、各々特別な価値がある。

この家族の中で、子どもは祖父母、父母、叔母、いとこ等と心を交わし合い、緻密な関係性の中で保護され成長する。彼らはこうした環境で、自分たちを最も愛してくれる人々を通して、関係性に伴う責任感や道徳的美徳を学んでいく。そしてそれは、倫理的社会のための礎として、世代を通じて継承される。先に述べたように、家庭は市民を養成する道徳教育の場であり、親密感を土台とした最も根本的な道徳的資質を啓発する場所である。

歴史的状況で適用されてきた弘益人間の思想と伝統的拡大家族の中で育まれた美徳は、コリアン・ドリームの核心である。その夢は、すべての韓国人が希求する時に現実となり、それはまず家庭の中で育まれ、社会に拡がり、そして国を変えていく。コリアン・ドリームは政治家や公職者、資本家やビジネスリーダー等にのみ必要なものではなく、すべての韓国人がこぞって取り組むべき使命である。

コリアン・ドリームは、民族の祈願と共通のアイデンティティーに訴えることを通し、65年にもわたって固着化した南北コリアの理念的葛藤を超越するものである。朝鮮民族は政治体制としての統合ではなく、共通の文化と遺産を礎としながら別れた家族が再び出会う、そのような統一を実現しなければならない。

第5章では、大衆の力がもたらした劇的な政治的・社会的変化について、いくつかの事例を紹介した。全権を一手に掌握した独裁政権も、決然とした大衆運動の前に脆くも崩れ去った。我々は大衆運動が勝利を勝ち取った「アラブの春」や、東ヨーロッパの平和革命、南アフリカ共和国のアパルトヘイト撤廃を目撃した。また韓国でも、全斗煥独裁政権下において、1987年に民主化抗争を通じて改憲を実現した例について言及した。

我々は右記に列挙した運動を、怒れる暴徒による暴動と区別して理解しなければならない。独裁政権に抵抗した大衆運動は、はっきりとした目的を持った大衆の自発的取り組みであり、人権と自由を支持する精神的原則と道徳的価値に則り、それに反した不義に抗う運動である。こうした運動は、制度的な国家安保組織すらも無力化するほどの、強い力を発揮した。そのような道徳的権威は、時にガンジー、マルチン・ルーサー・キング、ネルソン・マンデラといった卓越したリーダーたちの中に見られ、東欧民主化革命のように、想いと志を共にする一端の道徳的指導者らの間で大きく広がった。このようなリーダーたちに見られる共通した特徴は、彼らの道徳的権威が、政治や宗教の違いを超越し、各界各層の人々が呼応する普遍的原則・価値を支持する中から生まれたという事実である。

私が焦点をあてた大衆運動のもうひとつの特徴としては、大衆運動が革命的な情報通信技術の力を活用しているという点だ。人々はソーシャルメディアを通じて、ほぼリアルタイムで情報を発信して共有する。特定集団が独占していた言論の力は、今やインターネットが使えるスマートフォン所有者の手に渡ったのである。

インターネット時代では、情報のやり取りは、いつ、どこにおいても可能である。過去の独裁者らがしばしば行っていた情報の一方的統制は、既に不可能になった。今や、国際的な運動を通して高貴な理想を実現できる。我々はこの上なく良い時代に生きているのだ。私は、大衆の力が原則ある目的に向かって収束される時、社会的・政治的変化が起こるということを証明したいと考えた。これが第6章で、市民の関心を呼び起こして動かすことのできる市民団体やNGOの役割を説明した理由である。市民団体は、民主主義を隆盛せしめる心臓として、市民が社会に貢献し、国家的共同体の発展に寄与する媒介体としての役割を持つ。

南北の統一過程においても、政府代表のみならず、南北コリアすべての住民の積極的な参加が求められると同時に、自国の政府のみならず、他国の政府とも関係を結ぶ必要がある。市民団体やＮＧＯは、これを実現できる最良の手段とも言える。政府の手の届かない地域や問題に関与する点で、市民団体と政府の協力は不可欠である。

市民団体の活動範囲は、意外な程広い。様々な分野における彼らの努力が、共通のビジョンと原則・価値を中心にひとつになる時、新国家建設の土台が形成される。ＧＰＦがパラグアイで行った活動は、本書において言及したあらゆる要素が、国家的転換をもたらすためにいかにひとつにまとまって実践されるのかを示す、好事例のひとつである。

私は活動を開始するにあたって、神によって賦与される人権と自由を守護する根本原則・価値の重要性について強調した。また、パラグアイの政治・社会・財界のリーダーたちを前に、北米と南米がそれぞれ全く違った道を歩んだ歴史的理由を説明し、原則と価値が文化に相違をもたらし、さらには一国家の可能性まで決定付けるという事実を認識しなければならないと訴えた。原則と価値こそが、正常的に機能する自由市場と民主主義の礎となるからだ。

そしてＩＤＰＰＳ政策研究所とＧＰＦパラグアイ支部を設立し、パラグアイの長期発展計画の立案と様々な社会活動という形でその原則・価値を実践に移し、政治的・社会的安定の構築を図った。ＧＰＦパラグアイは、リーダー教育、人格教育、そしてコミュニティー開発運動を提供し、社会的変化の転機をもたらすことにより、ＮＧＯの力を知らしめた。

その結果、ついに経済の活性化を促す海外からの投資が可能となった。これらは当初から原則・価値を中心に据えた国家的計画に沿って遂行したすべての作業の結果と言える。こうしてパラグアイ国内の経済発展はもちろん、政治的・社会的安定が確立され、世界経済へ進出する道が開かれた。私は以下の３つの理由から、韓国とパラグアイ間の協力を構築してきた。第一に、パラグアイが低開発から近代的なグローバル経済圏に入るのを積極的に支援することで、韓国の官民機関は国家改革のあらゆる側面について多くを学ぶことができるということである。そして、ここで得られた教訓を北朝鮮社会に適用することで、その経済を立て直すことも可能になる。第二に、韓国がパラグアイの発展に寄与することで、新興国の発展と未来の方向に影響を与える国際的リーダーとしての立場を確保することができるようになる。第三に、この事業が韓国に与える利益として、中南米の、より大きな市場と資源の確保に貢献できる。

パラグアイで行われているすべての作業は、北朝鮮を変革するための事前準備過程であり、今後、統一コリアが進むべき方向であるというのが私の主張だ。南北コリアンがコリアン・ドリームを心に刻み、これを実行するために力を合わせるなら、我々は朝鮮半島に新しい国を建設することができる。韓国とラテン・アメリカとの関係からも分かるように、統一国家〝コリア〟は、経済面のみならず、何よりも道徳的なリーダーシップを世界に示すことができる。つまり、新しい統一コリアは「ワンファミリー・アンダー・ゴッド」のビジョンを先導する役割を担うことができるのだ。

21世紀の歴史的挑戦

人類が危機を乗り越える度ごとに発展を成し遂げてきたように、挑戦なくしては、文明は解体され崩壊するだろう。20世紀は、序盤においては植民地列強間の闘争、後半ではファシズムと共産主義に代表される全体主義の蠢動と、人類歴史上最も暴力的で残忍な時代だったと、歴史家は記している。

ソ連の崩壊で冷戦が終息し、20世紀の苦い経験が今後二度と繰り返されないことが期待され希望された。来る次の一〇〇〇年は、新しい歴史の1ページがめくられ、繁栄と恒久的な平和が約束された新たな国際秩序が構築されると信じられた。しかしその期待とは裏腹に平和は容易《たやす》く訪れることはなく、21世紀は、人類の前に、20世紀よりもさらに解決し難い新たな試練が立ちはだかった。

２００１年９月11日、イスラム過激派によるニューヨークの世界貿易センターへのテロ攻撃は、次の二〇〇〇年が人々の希望とは全く違った方向へと向かうことを予告した。９・11アメリカ同時多発テロ事件への対応から、テロとの戦争が開始され、イスラム教とキリスト教間の世界的な宗教衝突という実質的な危険を、全世界が目の当たりにすることになった。サミュエル・P・ハンティントンは、自著『文明の衝突(The Clash of Civilizations and the Remaking of World Order)』において、宗教によってアイデンティティーを見いだす文化は、互いに争い、しばしば暴力的な結果を生むと予見したが、まさにその予見が現実のものになってしまったのだ。

世界的な対テロ戦争、とりわけアフガニスタンとイラクへのアメリカの軍事介入は、10年以上にわたって莫大な血と財を支払わなければならなかったにもかかわらず、これらの地域にテロの脅威をなくし、より大きな安定をもたらすことはなかった。当時、アメリカ国民の戦争疲れから、オバマ政権は、アメリカが世界で唯一残る超大国であるにもかかわらず、従来のグローバルな役割から手を引くようになった。このような力の空白の中で、地域大国は制約を感じなくなった。ロシアのプーチン大統領は、クリミアを併合し、西側と対立する隣国ウクライナを不安定化させるなど、冒険主義に走った。また、東アジアでは、北朝鮮の脅威が歴史的な緊張を高め、地域の軍事化のリスクが高まっている。

２００７〜２００８年にアメリカの金融機関によって引き起こされ、世界的不況を呼び起こした世界金融危機以降、西欧諸国の経済リーダーシップにもまた疑いの目が向けられつつある。終わりの見えない沈滞と低成長の中、アメリカとヨーロッパの経済は未だ完全に回復したとは言えず、重くのしかかる負債によって二重の困難に直面している。

アメリカ合衆国財務省によると、アメリカの政府債務残高は17兆５０００億ドルにも達すると言われている。高い負債比率と同時に、高齢者人口の増加によって、西欧先進国が行っている包括的な社会福祉プログラムを維持するのが、今後さらに困難になると見られている。

同時に１９６０年代、西欧社会の進歩的社会革命に端を発する文化モデルの変質は、都心地域を中心として、広範囲かつ無差別的に家族解体の引き金となり、社会や人種、少数民族、宗教間の葛藤を深刻化させた。このような先進国内部のネガティブな経済的・社会的状況により、国際的なパワーバランスは崩壊しつつあり、また、発展途上国や開発途上国はこれ以上西欧を自国の開発モデルとは見ておらず、当然視されていた西欧の優越は、もはや内部葛藤と矛盾によって色褪せつつある。

南半球諸国は先進国に比べ、このような試練の影響が比較的少なかったと言える。そして、こうした国々の大部分は、高齢化する西欧諸国とは対照的に若者の人口が多い。冷戦以後、ほとんどの紛争が第三世界で起こっているということを鑑みれば、彼らが共に政治的・経済的・社会的な行動を起こした時、世界に及ぼす影響力は極めて大きいことが予想される。〝グローバル・サウス〟と呼ばれる南半球開発途上国の多くが西欧式モデルからの脱却を企図し、新しい国家政策を構想しているのは、実に望ましいことと言えるだろう。彼らは今後の世界の平和と繁栄のための鍵を握っており、彼らを正しく導く者こそが、21世紀において長く影響を与える者となるだろう。

冷戦以後に登場した世界秩序が、以前とは全く異なる点にも注目しなくてはならない。過去の共産主義と民主主義の対決は、単純にアメリカとソ連という二大強大国間の力比べに近く、残りの世界は彼らの理念戦争に従属していた。また、米ソ間の競争は国際舞台に一定レベルの地政学的秩序をもたらし、弱小国や非国家活動勢力（Non-state actor）の活動を抑制する効果があった。そのためこの秩序が崩壊すると、冷戦時代の地政学的、イデオロギー的な制約がなくなった。その空白の間に、新たな利害関係や派閥が生まれ、それ以来、人類同士が敵対関係となって分裂している。このような状況下、世界には、包括的なイデオロギー体系や地理的なグループによる秩序はもはや存在しない。さらに、現代の交通と通信技術の急速な進歩は、紛争がもはや地域、空間、時間によって制限されることがないことを意味する。暴力やテロの脅威はグローバルに広がっていく。ＩＳＩＳのような新しいテログループは、シリアやイラクの地域社会だけでなく、技術の進歩により、欧米の都市にも脅威を与える可能性がある。

今日、特定国家のアイデンティティーは、行政区域上の区別にすぎない。本質的なアイデンティティー分裂の様相は、民族、特に宗派を中心として拡がりを見せており、現在イラクとシリアで見られるように、その分裂は国境を超越している。西欧国家を含む世界各地において寄り集まったムスリムの過激派は、ボスニア、チェチェン、アフガニスタン、イラク等の地において自発的に争いを起こしている。国籍ではなく宗教によるアイデンティティーの葛藤は、制御不能の山火事のように急激な拡大の様相を呈している。これこそが、未来の世界平和の行く末を左右する21世紀最大の試練と言えるだろう。

鎮静化すると思われた民族間、宗教間の葛藤が、報復戦の形をとりながら再び首をもたげている。例えば、ユーゴスラビアは、共産主義による厳しい支配のもと、多様な民族や宗教が共存しているように見える国だったが、共産主義体制の終幕後に分裂し、ついには民族間の大量虐殺にまで至った。セルビア、クロアチア、ボスニア、コソボ系アルバニア人間の戦争は、民族浄化や大規模な民間人虐殺を招いた。周知のように、民族的・文化的アイデンティティーは、宗教の違いによって強化され、既存の激しい葛藤を増長しながらその強度を高めていくのだ。

このように、暴力の使用を正当化するために宗教を利用する傾向は、最も憂慮される事態だと言える。過激な政治的主張を訴える宗教集団は、狂信による歪んだアイデンティティーに陥りやすく、宗教の教理を捻じ曲げて理解する現象は、現実世界に起こる国際的葛藤の火種となっている。とりわけ一触即発となっている中東地域は危険だ。2014年、シリアとイラクは宗派間の対立を背景とした激しい紛争に発展した。シリアで活動するイスラム過激派グループと、その中でも最も過激なＩＳＩＳがイラクの領土を掌握したのだ。ＩＳＩＳは国境を取り払い、イスラム法に基づくにカリフ制イスラム国を建設することを画策した。

ＩＳＩＳと復活したアルカイダは、自分たちの目的のためにこの地域で戦う若いイスラム教徒を欧州や米国から募集している。彼らは武器や爆発物の訓練を受け、戦闘を経験し、やがてイスラムのカリフ制を確立するという考えと、そのための暴力の行使は神によって承認されているという確信を抱いて西側の故郷に帰っていく。したがって、中東で起きている出来事はそこにとどまっているのではなく、結局は西側諸国の玄関口にまで来ているのである。既に述べたように、飛躍的な交通や通信技術の発達により、第二の9・11の可能性は一層高まっている。

同じイスラム教でも、シーア派とスンニ派との衝突は、シリアとイラク内で勃発している。この衝突は、スンニ派のサウジアラビアをはじめとするガルフ地域と、シーア派のイランが衝突する国際戦争へとつながる危険性がある。スンニ派王家とエジプト軍部統治者らも、大衆に支持されるムスリム同胞団や他の類似組織からの圧力を受けてきた。一方、国民のほとんどがユダヤ人であるイスラエルは、アラブ周辺国家の敵愾心とイランの核兵器保有の可能性という脅威に晒されてきた。

北朝鮮は、東北アジアで絶えず脅威となってきた。さらに昨今、中東地域の葛藤をより不吉にする脅威となっている。なぜなら北朝鮮は、保有する核技術と軍事技術を他国に売却したいと考えているからである。過去、北朝鮮はイランとシリアに弾道ミサイルの開発技術を提供し、2007年9月、イスラエル空軍によって破壊されたシリアのアルキバル核関連施設の建設を支援した。イランや非国家活動勢力等に北朝鮮の核が拡散すれば、地域の不安定さは深刻化する。

このように、アイデンティティーに基づく葛藤は、人類の安全を脅かす。これは、21世紀の人類が抱える最大の試練と言える。地球上のいかなる場所においても、アイデンティティーによる葛藤と無縁な場所は存在しない。国境に関係なく、ガン細胞のように次々と増殖していくのである。増殖しながら分裂を引き起こし、暴力に対してさらなる暴力で応えることで、憎悪と復讐の連鎖が生み出されていく。

部族、民族、宗教によるアイデンティティーの相違は、世界の深刻な問題を引き起こしているように見えるが、部族と民族のアイデンティティーによる葛藤は主に局地的なものである。それは旧ユーゴスラビアのように、国家的な紛争に拡大する場合もある。しかし宗教間におけるアイデンティティーの葛藤は、既に中東全域を揺るがしており、現代史において比類なき規模と強度で世界を混乱に陥れる可能性を孕んでいる。なぜなら、信仰に対する曲解から来る狂信によって煽られるからだ。過激化した宗教が人類最大の脅威となる理由が、まさにここにある。

このような状況下で暴力の連鎖を断ち切る唯一の方法は、他でもなく普遍的真理に基づく精神的なビジョンと教訓であるという事実を、我々ははっきりと心に留めなくてはならない。20世紀は、例を見ない葛藤の時代ではあったが、国家的・世界的なレベルで、社会的・政治的な変化をもたらす運動が起こったことは、注目に値する。第5章で述べたように、世紀を経て、基本的人権や自由といった思想を認める世界人の意識がかつてなく高揚した時期でもあった。このような現象は、狭い思惑を超えて、普遍的なビジョンを提示した指導者たちの、犠牲と勝利の賜物である。それは、アメリカの人種差別、南アフリカ共和国のアパルトヘイト、そしてインドをはじめとする全世界の植民地主義を終息に導き、民族の自決を促す結果をもたらした。

今日のアイデンティティーによる葛藤が招く否定的な影響を克服するため、今まさに世界は、指導者を必要としている。そのリーダーシップは、最初はそれぞれの信仰心から始まったとしても、その宗教の狭い枠組みの利益に縛られることなく、人類一家族のために何が善であるかを追求するものだ。信仰の力は、分裂や葛藤を解消し、倫理的な社会を建設するよう人々を刺激し、導き、動機を付与する役割を果たすことができる。

私はこれを精神的指導者と呼ぶ。それは異なる宗教と背景を持った人々を、共通の願い、原則、価値などの土台を通して一つにし、宗教の過激化や宗教の政治化に対抗する力となる。

精神的指導者VS宗教的指導者――宗派と教派を超えて

教理を歪曲して政治的に解釈する急進的宗教は、全世界の偉大な宗教の伝統を直接脅かしている。アイデンティティーに根差したこのような葛藤は、中東の例のように衝突を巻き起こし、迫害とテロによって他宗教を過激化させる素地をつくり出す。さらにこれらは、西欧社会の平和と安定を脅かすのみならず、核物質が過激派グループや国家の手に渡る恐ろしい見通しを強めている。宗教の旗印の下、暴力的急進主義は行動を正当化しようとする。その主張そのものが間違っていると明示する宗教指導者が必要だ。暴力は、宗教本来の精神や根本原理、価値から全く反していることを、彼らに示さなければならない。

そのためには、宗教指導者自ら、自分の属する特定教派の垣根を越えて、全人類の幸福を願う必要がある。これこそが、精神的ならぬ政治的目的のため、教理を歪め信仰心を乗っ取ろうとする過激派分子に対抗する唯一の手段である。信仰ある人々はこの時代の平和の担い手となるため、過激派の意志とは反対に、普遍的な原則を体現し、各宗教の創設者が教える価値を実践することに懸命であるべきだ。

この点が私にとって、精神的指導者（スピリチュアル・リーダー）と宗教的指導者（レリジャス・リーダー）を区分する基準となる。精神的指導者は、伝統的な宗教指導者の役割を超えて、創造主である神に仕え、全人類に奉仕する人である。

第5章では20世紀の社会的・政治的変革の事例をいくつか紹介した。これらの変革は、原則・価値に基づく熱望によって覚醒した大衆による運動によるものだった。こうした精神的覚醒は、インドのガンジー、アメリカのマルチン・ルーサー・キング牧師、南アフリカのネルソン・マンデラのように、偉大な道徳的権威を持った精神的指導者から生み出されるものだ。彼らは皆、人類共通の良心に訴えるという普遍的な真理を渇望した者たちで、世界各地のコミュニティーを動かし、大きな社会的変化を巻き起こした。そしてその変化は、インドの独立や、アメリカの黒人公民権確立、南アフリカのアパルトヘイトの終息を導いた。

これをなすために、彼らは、人種、宗教、政治などにおける自分のアイデンティティーと目的を乗り越えなければならなかった。ガンジーは、彼が生涯信仰してきたヒンドゥー教の枠組みを超えた活動を行い、その結果、ヒンドゥー教過激派の青年の銃弾に倒れた。キング牧師は、黒人やバプテスト派の牧師としてではなく、より大きな社会の代弁者となった。ネルソン・マンデラは、青年時代の過激な政治的見解を超越し、黒人と白人すべてを包容することで、自身の自叙伝において「民族の自由への渇望が、白人と黒人すべての人々の自由への渇望となった」と告白した。

彼らは自らの人種、民族、宗教的背景を超越することで、道徳的権威を備え、実現すべき普遍的真理を訴えた。だからこそ、彼らが伝えたメッセージは、多様なバックボーンを超えて、すべての人々の良心に響き渡ったのだ。つまり彼らは、特定グループの利益のために語ったのではなく、私たち人類に向けて語ったのである。今日の世界はまさしく、このような人物を必要としている。民族、宗教、人種の枠を超えて、すべての人々が「ワンファミリー・アンダー・ゴッド」の一員という永遠の真理の唱道者となり、平和の担い手となる必要がある。

２０１２年、ジョージア州アトランタで開催されたグローバル・ピース・コンベンションに参席した、マルチン・ルーサー・キング牧師の娘、バーニス・キング女史は、自分の父が民権運動家である前に、卓越した精神的指導者だったと述べた。そして彼の教えは、彼自身が所属していたバプテスト派や人種や政治を超越したものだと強調した。同じく、ガンジーは、一部の追従者から執拗に要求されながらも、新しい哲学や宗教運動には興味を示さなかった。彼は、自分の人生と教えを「永遠の真理を日常生活と課題に適応する」努力だと考えていた。そんなガンジーにとって、新しい宗教運動をつくることはその努力の障害になるばかりか、彼が克服しようとした社会分裂を増長させかねないものだったのだ。

キング牧師とガンジーは、精神的指導者（スピリチュアル・リーダー）の模範であり、宗教的指導者（レリジャス・リーダー）との違いをはっきり示してくれる。宗教的指導者にとって第一の目標は、自分の所属する教派とその伝統の範囲内で活動しながら、その組織を維持、発展させることだ。すると、時として霊的真理や価値よりも、組織の存続がより重要なものとなり、道徳的観点が軽んじられるようになる。ローマ・カトリック教会において数十年間、聖職者が小児性愛を犯していた事実が否認、隠蔽されてきたのも、同様の理論で説明できる。

多くの宗教的指導者や宗教組織は、自分たちの教理や伝統のみが、真理と救済に至る道だと主張している。しかし宗教学を学んだ私の見解としては、〝教理や伝統〟と呼ばれるものの大半は、宗教創始者の死後、これらを制度化しようとした弟子たちによってつくられたものだ。宗教創始者たちが語った実際の教えを紐解けば、多くの宗教における信仰が、互いに相通ずる精神を持っていることが分かる。実に神秘的なことだ。

実際、いかなる宗教も、真理そのものを独占することはできない。真理は普遍的なものであり、これを追求する宗教のほとんどで自然に表現されている。私は、様々な宗教が持つ特有の貢献や美徳をないがしろにしているのではない。信仰の目的が、世俗的目標でなく、精神的目標（スピリチュアル・ゴール）の達成にあるという事実を強調したいのだ。その精神的目標の観点から考えれば、世界の全宗教が、それぞれの教理や信条を除いてすべて同じ目的と原則、価値を共有している、というのが私の見解である。さらには、教義に説かれる「真理」と「信仰」が明白なら、神の願いである「他者のために生きる」ことへの実践が重んじられ、真の平和や調和の世界を実現できるはずなのだ。

神は、すべての偉大な宗教的伝統の創設と発展の背後でインスピレーションを与えたのであり、ある特定の宗教に限定されるのではない。このことを多くの人は認識していないと思われる。このような私の考え方は、私の家庭で受け継いだ内容に端を発するかもしれない。

私の父は、すべての宗教を尊重し、すべての宗教には各々天から賦与された使命があると信じていた。また、宗教の違いは、それが誕生した地域の歴史や文化的な背景を反映したもので、根本的には神の霊性によって創始されたものであると説いた。父は自叙伝において、すべての宗教が平和の理想世界を目指す様相を、流れる川のイメージに喩えている。

「本流の川は、流れ込んでくる支流を追い出さず、すべて受け入れます。そのたくさんの支流をすべて抱きかかえ、同じ流れとなって海に向かいます。世の中の人たちは、この簡単な原理を知りません。本流の川を求めて流れ込む支流が、この世の中の数多くある宗教と宗派です。泉が湧いて流れ始めた根本はそれぞれ異なりますが、求めていく所は同じです。平和に満ちた理想世界を求めていくのです。宗教の間に立ちふさがる壁を崩さなければ、絶対にこの地上に平和は訪れてきません。」

（『平和を愛する世界人として』より）

父はこの確信をもって、平和という共通目的の下、宗教間の和合と団結を実現するために心血を注いできた。9・11アメリカ同時多発テロ事件の直後、2001年10月20日、「神のみ旨からみた世界平和への道」という主題で行った演説では、世界平和の実現のために宗教が持つ役割について、自らの考えを明確に語った。父はこの演説を「世界平和は神の本然の理想である」という言葉で始め、「宗教人たちが和合し協力し合わない限り、世界平和を期待することができない」という主張を力強く訴えた。

父は宗教指導者の真の役割は「人々を平和に導く案内者」であると主張していたが、それはすなわち、宗教指導者が精神的指導者（スピリチュアル・リーダー）にならなければならないことを意味していた。そして続けて、次のように語った。

「もし宗教が、偏狭な教派主義をのみ強調して神と宇宙に対する愛を教えないとすれば、我々は戦争の恐怖から決して自由になれない。現在のグローバル危機を前に、宗教指導者が真の愛を実践し、謙虚に神の意に従うなら、宗教の垣根を越えて手と手を取り合って共に歩まなければならない」

私の父は、信仰が「宗教の内なる力」を通して、個人と社会と国家を変える力を持つことを理解していた。信仰は「我々の心を感動させ、平和な人に生まれ変わらせる」からだ。そして、「信仰はその内において自己主管を実践する能力を培い、我々の中にある歴史的憎悪や恨みを克服するよう働き掛ける。それは真の平和と安定をもたらす根幹となる」と主張し、次の言葉で締めくくった。「もし宗教が互いに対する愛を表し、協力して奉仕するなら、そして特定の教理や儀礼、文化的背景よりも平和というより高い理想を優先するなら、世界は劇的な変化を遂げるだろう」

私の父は、宗教の限界を超越した真の精神的指導者（スピリチュアル・リーダー）である。たとえ多くの人々が父を一宗教団体の創始者と理解していたとしても、彼の考えとその最も大きな目的は、父の自叙伝『平和を愛する世界人として』の中に凝縮されている。私の父は数多くの集会で、信徒たちを前に、人類のためなら喜んで教会組織を犠牲にすると宣言していた。父本人は全生涯を通じて自らの使命を忘れることはなかったが、父に付き従う多くの弟子たちは、その組織と資産の拡大に執心していた。私は、創立者の説教の中に記録されている精神的な教えとビジョンが、世俗的な基盤を築くことに汲々とした弟子たちによって片隅に追いやられてしまった様を目の当たりにした。彼らは、霊的な力は政治権力や財産からではなく、永遠の真理を代弁する道徳的権威から生ずるものであるという事実を悟ることができなかった。

私はこうした経験と観察から、すべての宗教・教派は、その内部で何かしらの葛藤を抱えていると見ている。つまり、理想のための真理に忠実であろうとする人々と、宗教の組織的遺産を固守しようとする者たちとの間の葛藤である。アイデンティティーの違いに端を発する葛藤が人類の存亡を脅かす今日のような世界で、宗教を信仰する人々が各々の創始者の教えに忠実であろうとすることで狭い私欲を克服し、崇高な平和の担い手になることは、道徳的な要請に他ならない。

我々は真理を愛する信仰者として、神がすべての宗教を通して働いてきた事実を認識し、他宗教の深い信念を尊重しなければならない。

また、特定の信仰体系を他人に強要し、人類一家族を分裂させる行為を決して行ってはならない。我々は力を合わせて平和な理想世界を具現化する実践的方案を見いださなくてはならない。たとえ試練の時代を生きているとしても、今世紀こそ、信仰ある人々が率先して平和の担い手となり、人類をアイデンティティーの葛藤の淵から解放するまたとない機会なのだ。

先に述べたように、アイデンティティーによる葛藤が世界を覆う21世紀の大きな試練に立ち向かうには、我々人類全体を奮い起こす強力なビジョンが必要だ。そのビジョンこそが「ワンファミリー・アンダー・ゴッド」である。私は全世界にこのビジョンを伝える重要な使命のため、グローバル・ピース・ファウンデーション（Global Peace Foundation, 以下、ＧＰＦ）を設立した。ＧＰＦは、インターフェイス（Interfaith：宗教間の協力)、ファミリー（Family：家庭)、サービス（Service：奉仕）の３つの柱をもって、その使命を遂行している。またＧＰＦは、精神的なビジョンを持つ国際平和ＮＧＯとして、既存の

「異宗教間交流」とは違った新しいインターフェイスのパラダイムを構築している。我々の目標は、単に宗教間の対話や理解を促進することではなく、普遍的な念願、そして原則・価値を共有して、様々な信仰を持った人々が共に世界平和と共栄のために協力するプラットフォームを形成することだ。

そのためにＧＰＦはこのアプローチを見いだし、精神的指導者にフォーカスして共に活動を展開してきた。このような方法は、とりわけアイデンティティーによる葛藤がコミュニティーと社会と国家を分裂させている地域において大きな反響を呼んでいる。現地の多くの信仰者たちが、日常的に横行する殺人やテロを目撃して、宗教教義の違いを論争しても意味がないことに気付き、自国民を平和に導く精神的指導者となって行動することを選択している。

要約すれば、偏狭な宗教的指導者は、人を宗教の区分で分け、宗教を競争と葛藤の原因にしてしまっているのだ。アイデンティティーに根差す葛藤が深刻な問題として台頭し、その最も過激な衝突が宗教のアイデンティティーに端を発する時代において、宗教そのものが、葛藤の解決ではなく問題そのものをつくり出している。

これとは対照的に、精神的指導者（スピリチュアル・リーダー）は普遍的な真理に訴えることで、宗教間の葛藤と分裂の壁を越える。20世紀における偉大な社会的変化は、人間の良心が覚醒する真理を説いた精神的指導者の存在によってもたらされた。21世紀の試練であるアイデンティティーの葛藤を克服するためにも、こうした指導者の出現が望まれている。

宗教的、民族的、部族的に分裂している世界において、何よりも精神的なビジョンの確立が求められている。「ワンファミリー・アンダー・ゴッド」は、まさにそのようなビジョンを提供するものだ。このビジョンは偏見や私心がなければ誰にでも受け入れられ、その普遍の真理は大きな社会の変革をもたらし、恒久的に平和な世界を建設できるのだ。結論としては、20世紀における多くの例に見られるように、真の平和というものは、政治的・社会的・外交的な手段でのみ達成されるものではない。問題の核心は、精神的・道徳的な課題にあり、それは我々の生き様として現れる普遍的原則・価値に基づいて解決されなければならないのだ。

ワンファミリー・アンダー・ゴッドで実現するコリアン・ドリーム

朝鮮民族が固有のアイデンティティーと運命を見いだす時、悠久の歴史と文化を誇る韓国は、21世紀の精神的リーダー国家としての役割を十分に果たすことができるだろう。

過去大きな試練に耐え抜き、固有の文化である「恨（ハン）」を通して、韓国人がいかに深い精神を育んできたかについては、既に述べた通りである。朝鮮民族は、こうした精神を土台として家族を回復し、新しい国家の創造と、永続的に平和な世界の構築を実現するビジョンを鼓舞しなければならない。そうしてこそ、その建国理想は、自然に彼らを導く燈火になるのだ。

弘益人間の理想は、常に朝鮮民族を人類に奉仕するよう導いてきた。このような事実は、3・1独立運動の精神が宿る独立宣言文にも明確に表現されている。独立運動家たちは民族のためだけでなく、世界の模範となり得る理想国家を建設することを念願した。独立運動家の金九は「それ故に、真の平和が我が国から、我が国によって世界に実現されることを願う。世界平和はまさに我が国祖、檀君の理想である弘益人間を実現することによって叶うのである」と語っている。

韓国は、多くの類似した課題に直面し、それに耐え、今日もなおそのような課題に取り組んでいるので、発展途上の国々と共鳴する。韓国は1世紀の間に、植民地支配の屈辱と侵害、民族のアイデンティティーの喪失に対処し、民族と祖国の不自然な分断に耐えなければならなかった。しかし、このような試練を克服し、より良いものを創造するための内的資源があれば、私たちはその模範を通じて他の人々を鼓舞する道徳的権威を持つことができる。

朝鮮戦争の戦禍によって、半島は満身創痍となり、ほぼすべての施設が破壊されるに至った。しかし、以後60年の間に起こった「漢江の奇跡」は、何でもやればできるという事実を証明するものとなった。このような韓国の経験は、今日の地域派閥、民族紛糾、内戦に苛まれる開発途上国の発展において十分に参考になる事例である。もっと言えば、朝鮮民族は、歴史の全編で西欧の多くの国々と異なり、発展途上国が抱える課題を理解し、支援する準備がある。韓国が次の段階として統一を達成し、新しい国家をつくれば、他の開発途上の国々に対して、正しい原則に基づいた国家変革モデルの模範を示すことができるのだ。

発展途上国の産業と経済発展の側面から見た時、官民の協力を骨子とした包括的な経済成長の計画があれば、韓国の発展プロセスはどこの国でも成功させることができる。私が知る限り、韓国発展の経緯は、世界史を見ても類を見ないものだ。朝鮮戦争休戦後の1954年、大韓民国の1人あたりのGDPは70ドルで、世界最貧の水準だった。当時、韓国より恵まれていた多くの国々は、何十年も停滞し、最近になってようやく発展し始めた。一方、同時期の韓国は、2013年までに一人あたりのGDPが2万4329ドルに達した。1954年に比べておよそ348倍に増加した計算になる。

このような驚くべき発展は、戦後世代の人々の勤勉な働きによるものだ。彼らは自国を世界に誇れる国にしたいと、額に汗し、懸命な努力を重ねてきた。親世代が血と汗によって実らせた果実を食べて育った現世代は、こうした犠牲と献身的な姿勢を決して忘れてはならない。その成果のおかげで、今や韓国は他の発展途上国に夢と希望を与える立場にまで上ることができたのだ。特筆すべきは、大国民教育と同時にコミュニティー開発事業を行ったセマウル運動で、経済政策と社会変革を実現したことだ。発展途上国が直面するありとあらゆる社会的・経済的挑戦を、朝鮮民族はすべて経験し、克服してきた。しかし、世界のリーダー国家としての役割を担うには、朝鮮民族が志を持って積極的に新興発展途上の国々と関係を結んでいかなくてはならない。

文化的な側面から見れば、発展途上の国々は、西欧社会より韓国社会の姿に近い。韓国の家族のように、彼らの社会の基本も伝統的な拡大家族文化なのだ。彼らは今、西欧式産業化と近代化の結果による、伝統文化の深刻な毀損に直面している。西欧式モデルは、発展途上の国々が最も神聖視する伝統や家族関係の悪化を招く、社会的・文化的行動様式も同時に流入させた。世界金融危機と、それによる景気沈滞によって、西欧の影響力が弱まり、次第に多くの国が西欧式発展モデルに批判的な見方を強めている。発展途上の国々は、伝統的にアメリカ式資本主義が誇っていた道徳と倫理的価値が喪失されることで、短期的利益追求と政治的術策により２００７〜２００８年の世界金融危機が触発されたのを目撃している。彼らは、極端な個人主義を煽る、放蕩な物質主義に翻弄される文化の有り様も目にした。拡大家族が解体し、かつてそれが与えていた助け合いのネットワークが政府の福祉政策に置換されると、こうした現象は、貧困層にはもちろん、一般市民の徳性にもマイナスの影響を与えた。そしてさらに、持続不可能な負債を生み出し、社会経済の不安定と大きな社会変動につながった。

発展途上の国々は、自国の文化的価値を保全し、伝統的な社会のネットワークを破壊することなく繁栄を実現できる開発モデルを、冷静な評価と判断で模索している。もし朝鮮民族が弘益人間の民族的アイデンティティーを取り戻すことができれば、彼らは西欧社会よりも韓国に対してより親しみを覚えるだろう。韓国の拡大家族は、徳のある人格を養うのに不可欠な、安定的で倫理的な社会の土台と人間関係の形成を促すものだ。これがまさに、私が韓国の家族文化の重要性を強調する理由である。
韓国人は決して、西欧文化の圧迫を、現代化を達成する上で不可避なものとして受け入れるべきではない。独立運動家の金九が願ったように、朝鮮民族独自のモデルを積極的に開拓していくべきだ。私は朝鮮民族が自らの歴史に目を向けるなら、必ずやそれが実現すると確信している。

民族固有の精神を培った歴史を通して、朝鮮民族が「ワンファミリー・アンダー・ゴッド」というビジョンに基づき天から賦与された偉大な使命を完遂するための準備は整っている。人間に対する神の目的に由来する普遍的な真理として、この真理をもってすれば、アイデンティティーに起因するすべての葛藤の問題の核心に切り込むことができる。繰り返し強調したように、あらゆる自由社会の土台であり根本となる「不可譲」の権利と自由は、人間の力ではなく創造主に由来するという認識によって裏付けられる。これこそがアイデンティティーによる葛藤を解決する力強い洞察であり、我々人間を新しく理解する道にもなり得る。

このような自覚があったがために、朝鮮民族は五〇〇〇年の歴史にわたって、宗教に対する寛容さを維持しながら、そこで発見した真理を固有の文化の中に溶け込ませることができたのだ。同様に、アメリカは、普遍的原則と価値の上に国を築き、良心の重要性を認識して人権と自由、特に宗教の自由のために戦った。このような事実から考察すれば、つまるところ人類は、創造主の中における精神的遺産を共に有しているという根本的な真理を悟るに至る。この神聖な悟りは、換言すれば「ワンファミリー・アンダー・ゴッド」として生きることなのだ。

本書で述べたコリアン・ドリームは、韓国が朝鮮半島統一の先を見据え、混沌とした世界に恒久的な平和をもたらす世界的リーダー国家となることを熱望し、鼓舞するものだ。私は今日の韓国のリーダーシップが、世界平和のための強力な力になり得ることを信じてやまない。その理由は、とりわけ朝鮮民族の歴史とアイデンティティーが、世界的レベルで「ワンファミリー・アンダー・ゴッド」の夢をリードする資格を与えるからだ。ここで韓国は、世界的リーダー国家を目指して、全世界の発展のために価値ある貢献をしなければならない。私は、国内および国際的な多くのイニシアティブを通じて、この目標を奨励し、推進してきた。韓国がこのようなリーダーシップを発揮するために必要なことは何であろうか。

それが、パラグアイにおいて、韓国の開発経験を伝授し、韓国の企業を紹介することを通して、私が成したいことだ。そこにはパラグアイという新しい市場、そしてハブ戦略を通して、ラテン・アメリカの広い市場を開拓するという経済的な目標以上の意味が込められている。これにより韓国は、より重要なリーダーとしての役割を与えられ、パラグアイをはじめとする広大な地域に、持続可能な開発と、政治的・社会的変革および経済発展に必要な様々な要素を提供できるようになる。

このような国家的・地域的変革の事例は、世界の他の地域においても適用できる。パラグアイで行ったように、私は他の主要地域の国でも、GPFやその他の活動を通して、政治的・社会的安定の土台作りに携わっている。東アフリカではケニア、西アフリカではナイジェリア、東南アジアではマレーシア、インドネシア、フィリピン等の国も、パラグアイおよびラテン・アメリカで構想したのと同じ方法を採れば、国家的・地域的変革とハブ戦略開発の求心点となる可能性を秘めている。これらの発展途上国に対し、統一コリアは、他のいかなる国よりも東北アジアに変化をもたらす原動力となるはずだ。

国家改革は、単に経済開発のみを通して開始されるものではない。パラグアイの例で示した通り、経済発展は始まりではなく、最終的な結果として達成されるものだ。国家改革は、政治的・社会的安定の土台の上で行われるものであり、また、安定性は根本となる原則・価値に対する献身と実践を前提とする。安定的な土台を構築するためには、困難な課題に挑戦しなければならず、実践的な活動を通してこのような原則・価値を実行に移さなければならない。例えば、我々がパラグアイで経験したように、GPFは最も大きな病癖のひとつである政府と財界に蔓延した汚職問題に真正面から向かい合った。

GPFは「ワンファミリー・アンダー・ゴッド」のビジョンに基づいた活動を世界各地で展開する中で、アイデンティティーによる世界的な葛藤問題に対処している。2007年、ケニアにおいて、大統領選挙終了後に勃発した部族間抗争の終息に貢献し、「ワンファミリー・アンダー・ゴッド」のビジョンに基づいた国家的統合を維持することをケニア政府に強く要請した。GPFは今後の衝突を予防するために、リフトバレーの様々な団体と力を合わせて、部族間相互協力体制の構築を図った。また、フィリピン南部のミンダナオ島では、数年にわたって宗教間の葛藤が絶えなかったイスラム教コミュニティーとキリスト教コミュニティー間の仲裁の役割を担った。ナイジェリアでは、過激派イスラム教テロ集団であるボコ・ハラムの反乱が長期にわたって続いていたが、彼らはイスラム法を文字そのままに解釈し、国全体で強圧的な適用を試みている。彼らは数多くの村と公共機関を攻撃し、特にキリスト教徒を攻撃目標としている。2014年の前半期だけで75カ所のキリスト教徒の村が攻撃され、１６００名もの人々が殺害された。ナイジェリアは、キリスト教徒とイスラム教徒の人口分布がほぼ同じであることから、全国的な宗教紛争が国家的災禍となる可能性が高い。

２０１３年11月、ＧＰＦは、ナイジェリアの首都アブジャで指導者会議を開催した。グッドラック・ジョナサン大統領は、そこで、「本会議のテーマである『ワンファミリー・アンダー・ゴッド』は、過激派集団が全世界の様々な地域で、神の名の下に宗教紛争に明け暮れている現実と照らし合わせた時、内容はもちろんのこと、時期的にも最も適切と言っていいビジョンである」と述べた。

会議を終えた後、各教派の有力なキリスト教聖職者とイスラム教指導者および部族長たちは、異口同音に宗教紛争反対を唱えながら行進をした。参加した人々にとって「ワンファミリー・アンダー・ゴッド」というビジョンは初めて耳にするものだったが、皆一様に「このビジョンは自分たちの国に必ず必要なもの」と声を揃えた。彼らはこのビジョンが宗教分裂を克服する鍵であることを悟り、キリスト教徒とイスラム教徒が互いに協力し合わなければならないという内容を教育するために、各地方の村で「ワンファミリー・アンダー・ゴッド」草の根運動を開始した。

「ワンファミリー・アンダー・ゴッド」のメッセージは、普遍的原則・価値に従おうとする人々の良心に訴えている。イスラム教徒であり、ナイジェリア副大統領夫人のハジャ・アミーナ・サンボ女史は、女性と青少年を支援する社会事業を活発に展開している。GPFナイジェリア支部のパトロンでもある彼女は、2013年、マレーシアで開催されたグローバル・ピース・コンベンションの参加者たちを前に、「『ワンファミリー・アンダー・ゴッド』のビジョンは神のメッセージであり、あなたは神のメッセージを伝える人であることに誇りを持つべきです」と語り、その言葉にすべての参加者が賛同した。

また、ブラジルのアッセンブリーズ・オブ・ゴッド教団のマヌエル・フェレイラ司教も、「このビジョンが神の与えた使命であることは、私にとって明らかだ。私がこれを守り継続していかなければならない」と語った。その結果、この会議に参加したウガンダやグアテマラ、そしてカンボジア等から来た指導者たちは、「ワンファミリー・アンダー・ゴッド」のビジョンに鼓舞され、GPF世界本部から公式承認が下りるより早く、自国に支部を設立する程の熱意を示したのである。

「ワンファミリー・アンダー・ゴッド」のビジョンは世界に拡がっているが、社会を構成する最小単位であり、その縮小版とも言える家庭の中においてこそ、最初に具現化されなければならない。このビジョンは、あたかも呼吸のように、自然に家族文化の一部として定着するまで、家庭生活における実践で形づくられる。世代を通してこのような文化が発展し花咲く土壌は、家庭という空間をおいて他にない。これを通して無償の愛でつながった伝統的な拡大家族のネットワークが全世界へと拡がっていくのだ。そして、もともと韓国社会には、歴史的にこのような家庭が無数に存在していたのだ。

今日における模範的な家庭は、我々の理想を実現する強力な社会変革のツールとして、手本となる先例を残している。その点、朝鮮民族の家庭文化モデル以上に「ワンファミリー・アンダー・ゴッド」の夢を具現化するのに適した制度は存在しない。朝鮮民族の家庭文化と制度の中には「すべての人に利益を与える」という建国理念が息付いており、「恨（ハン）」と「精誠」といった独自の方式で取り入れた儒教的理想が生きているからだ。このような文化的遺産から見た時、家庭を起点として社会、国家、世界へと拡大して表現される家庭的文化と家庭的社会単位が持つ力への朝鮮民族の理解は、並々ならぬものがある。

絶えず繰り返される戦争の連鎖の中で、「ワンファミリー・アンダー・ゴッド」のビジョンが人類家族を消耗させるアイデンティティーの葛藤を終息させる解決策であるなら、「人間世界に広く利益を与える」という弘益人間の建国理念を持つ民族として、朝鮮民族の運命はこのビジョンと重なり合っている。

朝鮮半島の統一は、統一された国家の枠を提供し、朝鮮民族をひとつにまとめることにとどまらない。不可能と思える状況でも平和・和解が可能であるという全人類の認識に確信を与え、朝鮮民族にはアイデンティティーによる葛藤と正面から立ち向かった民族としての道徳的権威が与えられることになるだろう。また統一によって、朝鮮民族は理念的・社会的・政治的分断を完全に克服し、その過程で、アジアの植民地主義と冷戦の完全な終息を達成できる。そうなれば、かつての韓国と似たような課題に直面している発展途上国に対して道を示すことになる。朝鮮民族の文化と歴史は、新興発展途上国を鼓舞し、21世紀を歩む人類歴史に影響を与えることになるだろう。

結論——我々に課された挑戦

今、韓国は、歴史的な選択の岐路に立っている。いつ起こるか分からない戦争の可能性を抱えた現在の分断状況を受け入れたまま生き続けるのか、歴史の運命を自覚し、統一祖国を実現することで、「すべての人々に利益を与える」道を選び取るのか……どちらを選ぶのか、今を生きる韓国国民にその舵が委ねられている。この本を読むあなたが韓国人か、もしくは韓国を助けることに関心のある方なら、本書はそれを決定する上で重要な指針を提供できたと思う。もちろん私がどの道を選ぶのかは明確だ。また、本書を手に取った読者のあなたの選択も同じであることを信じてやまない。

朝鮮民族が進むべき道は、歴史の運命を受け入れ、弘益人間の理念に基づいた新しい国をつくる道だ。それ以外に道はない。移りゆく世界の力学的関係を鑑みれば、時代は今、朝鮮民族の建国精神を蘇らせ、20世紀に先人たちが夢半ばにして達成し得なかった、統一した独立主権国家をついに実現できる絶好の機会を迎えている。朝鮮半島の統一は、悲劇的な冷戦と植民地主義の歴史に終焉を告げ、朝鮮民族の歴史と世界史に新たな1ページを飾ることになるだろう。その新たなページを刻むのは、「ワンファミリー・アンダー・ゴッド」のビジョンを通して世界平和の幕開けをする韓国のリーダーシップであるべきだ。

今日、世界の主軸は、大西洋を隔てたヨーロッパとアメリカから、アジアおよび太平洋地域へと移っている。五〇〇〇年の歴史を有する韓国は、伝統文化と先端技術、先進経済が調和を織りなす文明国である。朝鮮民族の文化の根源には、人間を大切にする弘益人間の普遍的な理想が根付いている。西洋は、約２００年前になってようやく、人権と自由は神からもたらされたものであるという現代的思想を、アメリカ独立宣言書にしたためた。韓国は、長い歴史を通して中国の隣国であり、今日のアメリカと似たような建国理想を通して特別な関係を結んでいたため、自然に東洋と西洋、特に中国・アメリカ間で媒介の役割を担うことができる可能性がある。

世界の動きが大西洋から環太平洋に移りゆき、新しい国際秩序が求められた。西欧式発展モデルが影響力を失いつつある中、多くの国々が新しい代案を求め始めている。統一が実現されれば、韓国は変化する環境で世界にリーダーシップを示すことができ、韓国式発展モデルが有力な代案として採択される可能性を秘めている。韓国は記録的な成長を達成したばかりでなく、西欧の先進国とは違い、他の発展途上国と類似した歴史や体験を共有しているからだ。こうしたことから、韓国は、当該国家の文化的遺産を保全する健全な政治的・社会的変化の土台の上で、経済発展のバランスを取る国家改革モデルを提供することができる。

現在の新興発展途上国は、将来、核心的勢力として台頭することが予想される。彼らの前には多くの課題と機会が同時に横たわっている。これらの国家においてリーダーシップが求められる理由が、まさにここにある。現実的にこれらの国々は、貧困や腐敗、アイデンティティーによる葛藤等、さまざまな問題が噴出している。こうした問題は、どうやって解決すべきなのだろうか？

答えは明確だ。先のふたつの問題、すなわち貧困と腐敗は、現在パラグアイで行われている国家改革モデルを適用することで解決に導くことができる。朝鮮半島の統一が実現すれば、このモデルは北朝鮮の状況に合わせて細かい修正を加えながら、統一国家の青写真となる。開発計画よりもまず重要なのは、政治的・社会的安定であり、これは普遍的念願と原則、価値を主唱し実行することによって達成される。このような実践と土台を設けた後、法のシステムに則った経済開発に着手することで、健全な発展を遂げていくことが可能になる。

先に論じたように、21世紀に地球レベルで最大の脅威となるのは、アイデンティティーによる葛藤だ。この対応策については、既に述べた通りである。真の平和は、経済的、政治的、外交的な努力によってのみ構築されるものではない。その解決策は、共通の念願と原則、そして価値に根差した真理の中に存在する。人類の良心を動かし、許しと和解、平和、そしてこれを可能にする力がまさに「ワンファミリー・アンダー・ゴッド」のビジョンなのだ。

今、決断の時を迎えている。我々を取り巻くあらゆる環境が、民族の行く末を決定する歴史の岐路として、目の前に立ちはだかっている。20世紀と異なり、朝鮮半島と東北アジア、そして世界の未来が我々の手にかかっていると言っても過言ではない。このチャンスを果敢にものにし、未来に備えるなら、我々はきっとその夢を成し遂げることができるだろう。コリアン・ドリームは我々にとって未来を拓く道であり、「ワンファミリー・アンダー・ゴッド」のビジョンは、恒久的平和世界を創造する我々の地球レベルでの使命である。この考えを実現できるかどうかは、あなた方次第である。

「ワンファミリー・アンダー・ゴッド」を自然に唱道し得る強みを、朝鮮民族は持っている。深い精神文化を培いながら苦難の歴史を超えていく中で、弘益人間の理想を温め、「恨」と「精誠」に代表される固有の拡大家族文化を形成してきたからだ。朝鮮民族の運命は、建国理想に則った理想国家を建設し、「広く人々を利する」ことだ。ビクトル・ユゴーは、「世界中のすべての軍隊よりも強いものがひとつだけある。それは、時に適って生まれた発想である」という言葉を残した。

その思想とはまさに、「ワンファミリー・アンダー・ゴッド」のビジョンで明示された、コリアン・ドリームに他ならない。今がその時だ。

第 8 章

夢の実現

──大義を果たす先導者となって

統一に向けた推進力が大きくなっている状況で
アメリカ、北東アジア、世界と共にコリアンが直面する
最も重要な戦略的質問は
「我々はどのような統一をするべきか?」
「我々は新しいコリアがどんな国になることを望むか?」
であろう。
これが朝鮮半島の未来を決めるコンパスである。

何事も
成功するまでは
不可能に思えるものである。

ネルソン・マンデラ

この100周年版を執筆している今、朝鮮半島における状況は再び、不安定さを増している。2018年初頭には、平和的再統一に向け、劇的な変化が起きるような好機もあったが、2つのコリア間はあまりにも見慣れたデタント（緊張緩和）状態に、いつの間にか陥ってしまった。この「デタント」こそ、過去74年間半島を蝕んできたものであるにも関わらずだ。韓国は戦略的ビジョンも同盟国との協調もなく、過去の努力を彷彿とさせる日和見的な関与政策を続け、北朝鮮は軍事ミサイル計画を再開し、脅しと交渉の間で揺れ動く熱冷外交のパターンを続けている。このような凝り固まった状態を前にして、どうすれば前に進むことができるだろうか？　また、統一についてどのように話すことができるだろうか？

とは言え、とりわけ2019年は「3・1朝鮮独立運動」の100周年ということで、大きな進展があったことも知っている。その1年を通して、アクション・フォー・コリア・ユナイテッド（AKU）の所属団体会員は、コリアンを1919年の独立運動の精神につなげるために熱心に活動してきた。記念すべきその1年間を、私たちの先祖の心に火をつけたビジョンを実現しようと献身的に努力を傾けてきたのだ。

このビジョン、すなわちコリアン・ドリームは、変わることのない大志であり、私たちコリアンの宿命である。この私たちのＤＮＡに刻まれたビジョンは、私たちを絶えず向上させるために駆り立て、歴史の中で最も困難な時期を乗り越え、導いてきた。今、この時代の暗闇を照らすのは、このビジョンである。

私は、すべてのコリアンが世界に益をもたらすという摂理的使命を果たすべく召命された民族であることを思い起こさせるために、『コリアン・ドリーム：統一コリアへのビジョン』を執筆した。この本は、私たちの古代の哲学である弘益人間に根差したコリアン・ドリームのビジョンを明確に表現した教科書であり、このビジョンを持って行動するコリアン主導の世界的な市民運動に必要な取り組みを鼓舞させ、また体系化している。

この１００周年記念版は、先人たちの過去と勇気を称えるためだけに用意されたものではない。それは行動への呼びかけであり、新鮮な目で未来を見て、コリアン・ドリームで具現化された理想と原則を受け入れることへの呼びかけだ。つまり、３・１独立運動で表現された変わらない大志を反映し、朝鮮半島に新しい統一国家を建設することにほかならない。

本章では、まず２０１７年以降の朝鮮半島の動きとその影響を地政学的に分析し、コリアン・ドリームのアプローチが韓国や世界でどのように大きな影響を与えながら適用されているかをまとめる。

不確実な未来のカジ取り

この２年間、朝鮮半島とその周辺で起きている出来事は、ますます不安定で予測不可能なものとなっており、私たちの活動はより一層緊急性を増している。韓国の多くの人々は、武力による戦争が起こり得ることを否定してきた。半島にいる多くの人々は、北朝鮮がかつて使用した「脅し・危機・会談・譲歩」という悪循環にあまりにも慣れきっている。２０１７年の出来事が、それを一変させた。

金正恩が実行した核・ミサイル実験に対抗するため、世界は強力な制裁体制に入った。トランプ政権の下で、朝鮮半島情勢はアメリカにとって国際的な最優先事項となった。厳しい制裁を課し、かつそれを実施するために世界の支持を集め、北朝鮮の従来の同盟国である中国とロシアまでもが追随するようになったのである。これは、第二次世界大戦後、朝鮮半島の力学を支配してきた冷戦の枠組みから、初めて短期間に脱却する状況であった。同時に、北への制裁は、北に対するアメリカの確かな軍事的脅威によって強化され、さらに、その脅威はアメリカのシリア空爆の実例によってより現実味を増した。このアメリカの積極的な対応は、国際社会、特に北の旧同盟国の全面的な支持を得て、金正恩を孤立させ、窮地に追い込むことになった。

これは、朝鮮半島に大きな変化をもたらす「壊滅的状況」であり、正しい戦略的ビジョンさえあれば分断の平和的解決につながる可能性があった。2017年末、ソウルで開催されたワンコリア国際フォーラムにおいて、私は当時の近視眼的な政策に警告し、半島に恒久的な平和をもたらす「第3の道」、すなわち朝鮮民族の建国理想に鼓舞された草の根の市民運動が主導する朝鮮半島の平和統一を提案した。私は韓国と国際的指導者に、この目標を支援するためにアプローチを見直すよう促したのだ。

しかし、この短いチャンスは無駄にされ、あっという間に閉ざされてしまった。金正恩は危機を脱したいと思い、パートナーとして選んだのが韓国の文在寅大統領であった。金大中と盧泰愚のラインを継承する文大統領が、北の申し入れを「太陽政策 2・0」を推進する好機だと捉えたのは自然なことだった。そうすれば、彼と彼の政党の政治的資本を国内的に築くことができ、国際的には平和の仲介役としての名声を勝ち取ることができると考えたからである。

文大統領の「平和構想」は、前例のない南北首脳会談を実現させたが、アメリカが北朝鮮に対して韓国を断固として支持するという外交上の前例は破られてしまった。アメリカと韓国がそれぞれ独自に北朝鮮に対応したため、韓米日の三国同盟にひずみが生じたのだ。その結果、金正恩はこの機会につけこみ、中国との関係を修復し、ロシアとの関係を新たにすることで、金正恩に対する圧力は弱まってしまった。

こうした状況を踏まえ、私は２０１８年末にワシントンD.C.でワンコリア国際フォーラムを緊急に開催し、過去1年半の驚くべき頻発する混沌とした出来事に対処するよう呼びかけた。このフォーラムには、東アジア、アメリカ、ヨーロッパの政策専門家、学者、元政府関係者が集まった。私はそこで、アメリカの既存の戦略について分析を行い、非核化に焦点を絞ることは、解決するよりも多くの問題を生み出すことになると警告した。

CVIDの問題

シンガポール・サミットと変化する米朝関係において、同盟国の韓国や北朝鮮との関係で悩む他の多くの課題を無視し、アメリカが北朝鮮の「完全かつ検証可能で不可逆的な非核化」(CVID)を狭義に交渉できるという甘い考え方をもっていたことに問題があった。

アメリカは、核開発計画の破棄を約束する見返りとして、低迷する北の経済を支援し、金正恩体制の保護と存続を確保する用意があった。しかし、そうすることは、今日の世界で最も専制的な独裁政権を支援することになり、さらに重大なことは、半島の永久的な分断に同意することになるということだ。

北は、広範でどうとでも取れる言葉でこれらの条件に同意したが、ほとんどの韓国人は金正恩がこの合意を守るつもりはないと信じていた。アメリカは、北の核開発計画が単に西側の侵略に対する保険以上のものだということを理解できていなかった。北朝鮮にとって、核開発とは、敵対する世界を前にした金正恩の最高の成果なのだ。それは個人的、国家的な誇りの源泉であり、外国の影響からの大胆な独立を証するものでもある。それを証明するように、脱北者の多くが北朝鮮は核保有国であることに誇りを感じていたと告白している。

南と違って北は、国家のリソースに対して莫大な犠牲を強いて、国際社会との外交関係を緊張させ開発した核以外に、何の成果もない。20世紀を通じて外国に運命を左右された朝鮮民族にとって、独立自決の欲求は強い力であり、それゆえ金正恩のような独裁者が独立自決を発揮しても称賛されるのである。

しかし、首脳会談の直後、北は旧式の核実験場の閉鎖、米軍兵士の遺骨返還、ミサイル発射実験などの挑発行為の停止など、いくつかの譲歩を提案した。これらの譲歩は、西側諸国ではアメリカの対北関係の大きな成果として歓迎された。トランプ政権は、それらを両国の間で培われた「友好」だと捉えた。米大統領と金正恩は、交渉が非核化につながると信じ続けていたのだ。トランプ政権は、制裁はまだ有効であり、北が合意に従わない限り制裁を緩和する理由はないと国民に説明し、安心させていた。

戦略的ビジョンの欠如と地域協力の衰退

シンガポール・サミット以前から、北東アジア地域におけるアメリカの行動は、制裁体制を崩壊させるような事態を次々と引き起こしていた。首脳会談が発表された後、中国の習近平国家主席は金正恩政権発足後初めて、金総書記を中国に招いた。皮肉なことに、この首脳会談が、当時険悪だった北朝鮮と中国の関係を修復するきっかけになった。同様に、ロシアもセルゲイ・ラブロフ外相を平壌に派遣した。

この両会談は、中国とロシアが北朝鮮に対する制裁のための過去の合意を破ったという内容であったことが、その後の証拠から推測することができる。実際、アメリカが北朝鮮と二国間協議に意欲を示したことは、そもそも北朝鮮を交渉のテーブルに着かせた圧力を無にする結果をもたらした。アメリカが率先して北朝鮮に対応するのであれば、中国とロシアは敵対的な立場で事態を注視するはずであった。

文在寅はトランプと金正恩が会談できるように段取りし、自らの政策的野心の道筋をつけることができたことで、最初の結果に満足していたことは間違いないだろう。文大統領は、シンガポール・サミットの発表後すぐに、北朝鮮に代わって世界的な制裁措置の緩和に力を入れた。２０１８年９月26日の国連総会では、「今は北朝鮮の新たな選択と努力に国際社会が積極的に対応する番だ」と述べたのである。同年10月19日には、ヨーロッパ各国の首脳との懇談会で対北制裁の緩和を呼びかけ、金正恩に代わってローマ教皇フランシスコなど著名な指導者との会談を設定しようとさえした。

文大統領のアプローチは、アメリカの政策と同じように独自の別々の道を歩んでいた。両者の間に深い連携はなく、地域の同盟国を統合する中心的な総合戦略もなかった。第二次世界大戦の終結と冷戦の始まりの中で、必要に迫られて形成された韓米日同盟に深い亀裂を生じさせた。そして、平和構想によって世界的な共産主義や北朝鮮の侵略という脅威が消えると、各国は国益のために動き、３国同盟を弱めていった。これらのすべてが金正恩の術中にはまったのである。

その後、韓国にとって、北との協力関係をさらに深める政策が展開された。文政権は、「制裁の緩和」と、2つのコリアとアメリカ間の「終戦宣言」を重視し、アメリカと日本を困惑させた。2018年9月、文大統領は平壌を訪問した際、ルンナド競技場での演説で、金正恩と「自分たちの言葉で共同の繁栄と統一の未来を急ぐ」と誓い合ったと述べた。この発言は、「我々自身の運命を我々自身が決定する民族自主の原則」、つまり朝鮮半島の2国が他国の影響を受けずに、ということである。これは民族自決の立派な表明のように聞こえるかもしれないが、北朝鮮の長年の地政学的な狙いは、韓国をアメリカや日本の同盟国から孤立させることであった。

私たちが明確に理解すべきことは、金正恩や北朝鮮の支配層のエリートたちは、世代を超えて権力を受け継ぐ独裁制を守っており、金正恩の祖父である「永遠なる首領様」の金日成の夢、すなわち北とそのイデオロギーが支配する統一半島を捨てたわけではないということだ。このようなことが現実になるとは考えにくいかもしれないが、朝鮮戦争を引き起こしたのが金正恩の祖父であることを忘れてはならない。統一は常に南北両コリアの目標であり、北は韓国の労働組合やイデオロギー的左派たちとの結びつきによって何十年も前から準備してきた。

北は統一コリアというより大きな戦略的視野を持ち、自国の核兵器能力の威力をもって韓国経済の利益を享受することを目論んでいる。そして、武力で達成できないものは、地政学的な策略と韓国内の偏ったイデオロギー的分裂を利用することによって達成しようとしているのだ。２０１７年から２０１９年にかけての直近の北朝鮮核危機の大きな文脈を見ると、国際社会全体が警戒すべき北の統一に対する野心の全貌が明らかになっている。

すでに見てきたように、北朝鮮は朝鮮戦争の公式的な終結を求め、それによってアメリカが半島から軍事的プレゼンスを撤収するように圧力をかけ、文在寅政権がそのために動いているのである。そして、韓国の進歩的左派の反米・反日勢力に自決を訴え、北東アジアにおける韓米日同盟を瓦解させ、自国のイメージに基づく新しい国家を建設する機会をつかもうとしている。

それが北朝鮮の目標であることは、シンガポールでの合意に反して核・ミサイル開発の継続が衛星写真で明らかになったことからも明らかである。これは、多くの韓国人や懐疑論者がすでに懸念していたことを裏付けるものであった。首脳会談では、制裁を緩和する雰囲気が生まれ、北朝鮮と韓国の不健全な協力関係が生み出されることになり、その結果、韓米日の同盟関係を脅かしたり、北朝鮮の核の野望を削減する意図が損なわれたりする形となった。２０１８年と２０１９年の出来事を客観的に評価すると、金正恩は潜在的な惨事を個人的な勝利に変えたのは明らかである。

新たな戦略的フレームワークの必要性

こうした懸念から、私はアメリカに対し、「コリアン・ドリーム」のパラダイムに基づく再統一という最終目標を明確に定義した上で、コリアに対する新たな戦略的枠組みを採用するよう促した。そのためには、この目標を支持する国際協力を構築し、地域の同盟国、特に韓国と日本と緊密に協力することが必要である。さらに私は、このような政府レベルの努力を補完するために、韓国の市民社会のイニシアティブと国際的な公的支援が必要であることを強調した。

２０１８年末にワシントンD.C.で開催された「ワンコリア国際フォーラム」での私の基調講演は、朝鮮半島統一のための「コリアン・ドリーム」アプローチを支持する韓国系アメリカ人の団体と個人の草の根ネットワーク「アライアンス・フォー・コリア・ユナイテッドUSA」設立のきっかけとなった。演説の主旨は好評で、私は社説を書き、朝鮮半島問題への斬新なアプローチとして『ニューズウィーク誌』に掲載された。

ワシントンでのフォーラムから3カ月もしないうちに、トランプ大統領と金正恩はベトナムの首都ハノイで2回目の首脳会談を行った。この首脳会談では、シンガポールでの初会談以降、非核化について実質的な進展が見られないことへの対応が求められた。先回の首脳会談が好意的に受け止められていたことから、アメリカや国際社会の多くは、何らかの合意が実現することを期待し、〝ビッグディール（大きな取り決め）〟や〝スモールディール（小さな取り決め）〟の可能性を口にしていた。

ハノイでの会談が始まる前、私は『新東亜』誌のインタビューで、サミットは「ノーディール（取り決めゼロ）」に終わると予測した。北朝鮮が自国をどう見ているかについての認識が甘く、完全かつ検証済みの核軍縮に向けて北朝鮮と交渉しようとする米政権の盲目的な試みからは、好ましい結果がもたらされないことが分かっていたのだ。さらに重要なことは、その議論の結果に最も影響を受ける韓国と韓国国民が、そのテーブルに着いていないことであった。2月28日、ハノイで交渉が行われていた時、私はソウルで開催された「グローバル・ピース・コンベンション2019」で基調講演を行っていた。講演の直後、私の予測が正しかったことをニュース報道が告げた。トランプ大統領が突然、ハノイの交渉の席から立ち去り、首脳会談を早く終了させたのだ。

これを受け、私は改めてアメリカは非核化に向けて狭い二国間アプローチを見直すべきであると強調した。第二次世界大戦後のヨーロッパのマーシャル・プランやマッカーサーによる日本再建のように、アメリカは目指すべき結果をビジョンとして明確にした包括的な戦略的枠組みを持つ必要があるのである。狭義のCVID目標がどうにかして達成できるという誤った思い込みや、北朝鮮が誠実に交渉する用意があるという妄想を捨てなければならない。そんなことはあり得ないということは歴史が証明しているし、常に予期せぬ結果を考慮する必要があるのだ。

もしアメリカが、事実上、非核化と引き換えに金正恩体制の存続を保証するならば、それは危険な新しい外交政策の前例となり、民主的自治と基本的人権と自由の擁護者としてのアメリカの道徳的権威を損なうことになるであろう。第二次世界大戦の終結から湾岸紛争に至るまで、血と財貨によって支払われたこの遺産は、近視眼的な外交的利益のために伝統ある原則と価値を捨てようとするアメリカの姿勢によって影をひそめることになるだろう。しかし最も重大なことは、アメリカが半島の永久的な分断を認め、支持することを意味し、最終的に祖国の統一を見たいというコリアンの願いに反することになるのだ。これは、アメリカが独裁者とその冷酷で腐敗した政権をなだめるために、新しい統一国家を作ろうとする主権国家の人々の意志を無視するという、最初のケースとなるだろう。

アメリカ、韓国、その他の国々は、半島の危機に対する現在のアプローチを再調整しなければならないことは明らかである。アメリカは、朝鮮半島に対する焦点を広げて、「非核化」だけでなく、「統一」という、より大きな視点を持つべきだと私は信じる。文在寅と金正恩の南北会談後、両コリアにとって「統一」が既に公式のゴールになっているからである。アメリカのリーダーシップは、世界的な支持を固め、地域的な戦略的ビジョンと協力を提供するために不可欠であろう。朝鮮半島の統一は、地域の安定と経済的繁栄に加え、半島の非核化を達成するために必要な戦略的ステップとなるだろう。

統一への弾みがついた今、コリアンにとって、アメリカ、北東アジア地域、そして世界にとって最も重要な戦略的論点は、「我々はどのような統一を実現するのか？　新しいコリアがどのような国にしたいのか？」なのだ。ここに半島の未来を賭けた戦いがある。

コリアン・ドリームのアプローチ

私は、本書で述べてきたように、明確で幅広い戦略的枠組みを積極的に推し進めてきた。まず、コリアン・ドリームのパラダイムの基本的な命題は、統一を「全人類のために生きる」という朝鮮民族に与えられた弘益人間の建国理念に沿った理想国家を創造する機会として理解すべきであるというものである。これにより、このビジョンは、解放後、外国勢力が朝鮮民に課した半島南北の冷戦パラダイムや、韓国の国内政治における左派と右派の党派分裂に挑戦するのだ。

それはすべてのコリアンに、五千年にわたる私たちの共通の遺産と歴史的文化遺産を共有し、私たち民族が激動の過去を通じて計り知れない困難を克服することを可能にしてきたことを思い出させる。つまり、70余年の分断によって、我々の５０００年の共通の遺産を再定義することはできないということである。したがって、コリアンの必然的な宿命は、分断と紛争の廃墟の中から、世界の平和と繁栄に貢献する新しいモデル国家を創造するということなのだ。

これらの理想と関連する原則は、過去に朝鮮民族のアイデンティティーを形成し、現在の激動と混乱の中では、コリアンとコリアという国に意味と目的を与えることができる。これらの理念は、20世紀を通じて「統一された、独立した、自由なコリア」を目指す原動力となったし、今世紀においてもその目標を達成するために中心的な役割を果たすだろう。

重要なことに、１９１９年の朝鮮独立運動の指導者たちはこのようなビジョンの大切さを理解していたのである。弘益人間は、日本の植民地支配からの解放だけでなく、高い理念に根差し世界の模範となる理想国家をつくるという独立運動の志を形成した。このことは、私の曽祖父の弟であり、当時最も影響力のあったキリスト教牧師の一人である文潤国師を含め、さまざまな宗教や市民団体の指導者が集まって作成した「朝鮮独立宣言書」に表れている。

この宣言書が、朝鮮人と日本人の双方に「旧来の誤りを正し、真正なる理解と同情とを基本とする友好の新局面を打開する」ことを求めていることは注目に値する。憎しみや恨みを超えて、敵に対する威厳と抑制を求め、同時に日朝関係を植民地と被植民地の関係からアジアの平和を推進する相互パートナーへと転換する希望に満ちたビジョンを提示しているのである。今日、朝鮮独立運動の例は、高い理想を持った統一コリアを目指すコリアン・ドリーム運動の指針となり、インスピレーションを与えるものである。

第二に、コリアン・ドリームのアプローチは、コリアの文化と歴史に深く根差した原則に基づいている。この原則は、すべてのコリアンに求めるもので、1945年以降のイデオロギー的分裂をはるかに超えた哲学的・道徳的枠組みを提供するものだ。これは消えた過去への郷愁の念に満ちた訴えではない。弘益人間の理念と関連する原則は、過去に朝鮮民族のアイデンティティーを形成しただけでなく、現在もコリアンに意味と目的を与え続けているのである。

この原則の中には、個人の尊厳と責任が天と結びついていること、つまり私たちの基本的人権と自由は創造主から授かったものであるという理解が含まれている。この原則が朝鮮の建国理念の中に表現されていることは、非常に重要なことである。人権と正当な統治のためのこの基本原理は、西洋の構築物ではなく、伝統的な朝鮮にルーツを持つ普遍的な理想なのだ。これは、コリアンの新しい国がこのような理想に基づいて建設されなければならず、北朝鮮と韓国の双方における根本的な改革が必要であると、私たちは主張している。

第三に、コリアン・ドリームのアプローチでは、あらゆる階層のコリアンが参加し、私たちが望む統一と新国家について、広く大衆の理解と合意を形成する必要がある。新しい統一祖国の未来は政治指導者だけで決定されるべきものではなく、学者や政策専門家、宗教家、弁護士や人権専門家、経済人や企業人、そしてもちろん、日常生活で暮らす市民の積極的な参加が不可欠である。そして最も重要なことは、市民社会運動に結集された人々の力が、このプロセスを推進することだ。

第四に、コリアン主導の統一プロセスに対する国際的な支援が重要である。そのための自然な基盤は、世界各地の在外コリアン社会で構築することができる。アメリカ、日本、中国、英国など多くの主要国に深く根差しているコリアン・コミュニティーは、すでにコリアン・ドリームを支持するＡＫＵ運動に積極的に参加している。また、国際的な政策専門家やシンクタンクは、それぞれの国の政策を形成する上で重要な分析と視点を提供している。政策立案者、学者、機関の世界的なネットワークが拡大し、統一コリアという最終目標に向けた重要な支援と合意形成が行われている。

第五に、コリアン・ドリームのアプローチは、音楽、芸術、芸能、スポーツを通じた文化の力を活用し、統一コリアに対する認識と支持を高めるものである。韓国では、Ｋ－ＰＯＰアーティストが音楽と有名人の力でコリアン・ドリームを広め、これまで統一にほとんど、あるいはまったく関心がなかった韓国の若者層に効果的に働きかけている。国際的にも、音楽と韓流の力でワンコリア・グローバル・キャンペーンの認知度と影響力を各大陸で拡大を続けるだろう。

そして最後に、コリアンがたどった旅路そのものが、世界中の人々の願望に訴えかけている。北も南も、すべてのコリアンが故郷と呼ぶことができ、弘益人間の理想に刻まれた根本的な価値を支持する新しい国が作られるとするならば、世界中で起こっている他のアイデンティティーの違いに基づくイデオロギー的な対立に対処するための画期的なモデルとなり得る。植民地支配と分断から抜け出し、深い貧困から脱した韓国の経験は、多くの発展途上国と共鳴し、各国の未来のための手本を提供することになる。本質的に、コリアの統一は、新たな成長と繁栄のモデルを求める発展途上国にインスピレーションを与え、世界平和に貢献することができるのだ。

ムーブメントを構築する——すべての人々のためのビジョン

今日、コリアン・ドリームという統一パラダイムは単なる概念ではない。これは、両コリアの歴史上、最大の市民ベースの朝鮮半島統一のための連合を支える原動力となるビジョンである。２０１２年に３００の団体で発足して以来、２０１９年には約１０００の団体に拡大し、ＡＫＵはコリアン・ドリームを追求するコリアンの積極的な参加と団結のための傑出したプラットフォームとなった。現在、在外コリアンのコミュニティーへの拡大により、コリアン・ドリームのアプローチは世界的なＡＫＵ運動の成功の基盤となっている。

AKUは、先駆者として歴史を作ってきた。10年足らず前では、韓国の世論において統一は後回しにされていた。しかし、私たちは統一の必要性と利益に関する潮流を変え始め、世論の方向性を無関心から期待へと動かした。かつて統一は不可能だと信じていた人たちが、今では想像以上に近いと考え始めている。つまり、コリアン・ドリームを追求するすべての人とすべてのパートナー団体が、周囲の人々に影響を与えたということだ。時間をかけ、一貫して努力することで、統一に対する市民の意識も変わり始めたのだ。

2014年、『コリアン・ドリーム――統一コリアへのビジョン』が最初に韓国で発行されて以来、韓国の大統領候補は皆、統一推進を掲げて出馬した。統一を国家的優先課題としたのは当時の朴槿恵大統領だと誤解している人もいるかもしれないが、実はドレスデン宣言の数年前からこのプロセスを始めていたのはホワイトハウスのインターネット請願サイト「We the People（ウィ・ザ・ピープル）」であった。私たちにはまだ多くの課題と多くの仕事が待ち受けているが、コリアン・ドリームの明確なビジョンと、そのプロセスに参加する一般市民への呼びかけは、より多くのコリアンだけでなくコリアン以外の人々にも統一のために働くよう促し続けている。

近年になって朝鮮半島統一の流れが変わったのは、政府や上層部のイニシアティブではないことを理解することは非常に重要である。私たちは、「世界の中で見たいと思う変化になる」ためには、私たち自身のイニシアティブと努力が不可欠であることを認識しなければならない。私たちはもはや、外部の力が私たちの運命を支配しているという考え方にとらわれてはならない。現在の現実を変える力と責任は私たち市民にあることを知らなければならないのだ。

第二次世界大戦終戦の朝鮮半島解放74周年にあたる2019年8月15日、イルサンにあるキンテックス・コンベンション・センターで行われた「Action for Korea United Festival」には、2万人のコリアン・ドリーム活動家が参加した。キンテックス・コンベンションホールを埋め尽くした2万人は、AKUの活動家のごく一部であることは知られているが、彼らの熱情的な参加は韓国の国民的ムードの劇的な変化を告げるものであった。私は集会で、この記念行事は過去や日本とのつらい歴史だけに焦点を当てるべきでないことを強調した。むしろ過去から学び、1919年、1945年のどちらの時代にも多くのコリアンが目指したが果たせなかった未来を築くべきである。そして、コリアン・ドリームが私たちコリアンに、再び周辺環境の犠牲になることなく自分たちの未来を共に決定する力を与えることを主張したのだ。

主催団体のひとつは、約150万人の退職警察官が所属する「大韓民国在郷警友会」。同会の会長は歓迎の挨拶で、「韓国の警察官は臨時政府樹立以来100年間、我が国の安全を守ることを誓ってきた。また、統一コリアの新時代に向け、共に努力する覚悟である」と述べた。

彼の言葉は、私たち一人ひとりが信じていることを表現していた。私たちは、100年にわたるコリアン・ドリームへの投入を体現しているのである。先祖の夢と希望が私たちの血の中に流れている。100年分の努力を、あらゆる手段を使って実現するのは私たち次第である。高校生であれ、100万人規模の組織のリーダーであれ、私たち一人ひとりが統一コリアの建設に貢献することができるのだ。

3・1運動の始まりをよく見てみると、今日の私たちの運動と明らかに類似していることが分かる。メソジスト牧師、仏教の僧侶、大学生、そして朝鮮独立宣言の精神に感化された一般市民が、自分の信徒、学生、友人、そして家族と夢を共有したのである。一人ずつ、世界中のコリアンが、「万歳（マンセイ）」という言葉で表現された世界の光となることを願う新しい共和国への悲願のために立ち上がったのである。

AKUフェスティバルの最後には、コリアン社会を代表する2万人の活動家が手を挙げ、統一への希望を共に歌った。

私たちの願いは統一
夢でも願いは統一
この真心を尽くして統一
統一を成し遂げよう
この同胞を生かす統一
この国を生かす統一
統一よ、早く来い
統一よ、来い

この歌詞には、過去と現在を結びつけ、新しい明日を築きたいという思いが込められている。８月15日に結集した声は、日々成長し続ける先駆的なムーブメントである。彼らの間で燃え上がったビジョンとスピリットが、周りの人たちを刺激し、この活動に参加するよう促し続けていくことだろう。その日、私は一人ひとりが半島と世界のすべてのコリアンたちにコリアン・ドリームを広めるよう挑戦したのだ。

国際的な支援の構築

1919年3月1日の独立運動の指導者たち、そして第二次世界大戦の終わりに統一された自由で独立したコリアの樹立を目指した人たちは、国際的な支援の重要性を知っていた。そして在外コリアンは、アメリカ、中国、ロシアをはじめとする国際的な利害関係者の援助を得るために、積極的に現地協会を設立した。

第一次世界大戦末期、十四か条の平和原則の民族自決の範囲を朝鮮にも拡大することをウィルソン米大統領と会って説得するため、一人の代表者がヴェルサイユに送られた。しかし、当時、既存の列強は朝鮮の独立した代表権を認めてはいなかった。このような国際的な支援がうまく調整されなかった影響で、朝鮮半島分断の種がまかれたのだ。

現在、北朝鮮が、韓国、アメリカ、中国、ロシア、日本の非協調的な取り組みを利用して、互いに対抗させようと目論んでいるのを伺うことができる。地域の同盟国を統合する総合的な衷心的戦略がなければ、またコリアンが自決を主導できるようにならなければ、国際的な関与は歴史の過ちを繰り返し、朝鮮半島の危機を永続させるだけである。

私はコリアン主導の統一を強く主張するが、アメリカのリーダーシップの重要性を否定するものではない。むしろ、統一プロセスを導き、やる気を掻き立てるためには不可欠である。私たちはこれを、ジョージ・H・W・ブッシュ大統領のドイツ統一へのアプローチに学ぶことができる。ブッシュ大統領は、東ドイツをはじめとするワルシャワ条約機構諸国の民主化市民運動を静かに支援したが、アメリカが正面から主導することはなかった。その結果、ソ連に対して、より積極的な反応を示すであろう公の挑戦は行われなかった。今日、アメリカが同様のアプローチを取りコリアン主導の課題を推進する一方で、南北間の動きには直接介入しないようにすれば、地域の平和と発展のための重要なファシリテーターとなるであろう。さらに、アメリカはその世界的影響力を活用して、他の国々にも同様のアプローチを取るよう促すべきである。

さらに、もしアメリカがこの戦略をヨーロッパにおけるマーシャル・プランや1945年以降の日本の再建に相当する現代版のようにバックアップするならば、アメリカの援助と保護は、人々の自由の発露としての国や地域レベルの変革のための重要な支援を提供することになるであろう。戦後、アメリカが行ったヨーロッパと日本への戦略的投資は、今日に至るまでアメリカと世界経済全体に大きな見返りをもたらしてきた。将来の統一コリアの可能性と、その中心である極めてダイナミックな地域を考えるとき、南北コリアの統一に向けた初期投資は、第二次世界大戦後のリターンに匹敵するか、それ以上の配当をもたらすと私は信じている。

ワンコリア・グローバル・キャンペーンは、このようなアプローチを国際社会に提唱する上で欠かせない存在となっている。このキャンペーンは、ヘリテージ財団、イーストウェスト研究所、戦略国際問題研究所（ＣＳＩＳ）などの国際的に有名なシンクタンクと協力し、専門家、政策立案者、市民社会のリーダーを対象としたフォーラムや会議を開催してきた。朝鮮半島統一の展望、市民社会主導の努力の重要性、コリアン主導の取り組みを支援する国際社会の役割などを探っていたのだ。

これらの会議は、朝鮮半島統一に関する議論を変化させ、市民社会の重要性とモンゴルやインドなど6カ国協議に含まれていない国の役割にも意識を向けさせる点で役立ってきた。さらに重要なことは、原則に基づく統一、民族の自決、国際関係の潜在的なモデルを指し示す長期的、未来志向で、ビジョン重視の観点で当面の危機に対処するための貴重なプラットフォームとなったことである。

アメリカ、英国、日本では、在外コリアンが統一とコリアン・ドリームを支持し、ＡＫＵの活動に参加している。アメリカのアライアンス・フォー・コリア・ユナイテッドは、アメリカと韓国の深い絆や、韓国系アメリカ人の3・1独立運動との歴史的な結びつきを利用して、統一コリアへの強い支持を構築し、米韓パートナーシップを強化し、韓国人とアメリカ人の友情の絆を深めている。

日本のAKUは、人権問題や日韓の複雑な関係、特に過去の恨みを超えた前向きなアプローチで、在日コリアン・コミュニティーに働きかけている。そして英国では、脱北者が多く住むニューモルデンの多様なコリアン・コミュニティーが、コリアン・ドリームによって活力を得て活性化し、そのコミュニティーの中から南北の分断の解消に向けた効果的なモデルを作ろうとしている。

私たちは、ウガンダ、フィリピン、タンザニア、アイルランドなど、思いがけないところで強い関心と支持を得ることができた。私たちの建国の理想を反映した国を作ろうとするコリアン・ストーリーは、決して特殊なものではない。それはほとんどの民族や国がもつ共通のストーリーである。私は世界中を旅して、ほとんどの国が国民を一つにし、人々を鼓舞し、その実現のために協働させる時代を超えた夢を持っていることを発見したのだ。

2018年にウガンダで開催されたグローバル・ピース・リーダーシップ・カンファレンス（GPLC）で講演した際、ムセベニ大統領は、植民地主義を超えた新しい時代を開き、伝統的な価値に基づく持続可能な社会・経済システムを育成するという私のメッセージに共鳴した。私は前年、フィリピンで開催されたグローバル・ピース経済フォーラムでビジョンと価値に基づく国家改革に関する同様のメッセージを伝え、フィリピンのメディアが大きな関心を持って報道した。これらのフォーラムを通じて、朝鮮半島統一の課題が、政策立案者や専門家だけでなく、現地の指導者や世界中の人々にとって、常に関連性の高い問題として前面にクローズアップされるようになったのである。

コリアンが長年にわたる民族の分裂を解消し、冷戦の名残を断ち切り、世界に貢献したいという思いで一つになるならば、私たちはすべての人にとって希望の光となることができる。その光は、他のすべてのアイデンティティー由来のイデオロギー的や宗教的な対立を必ず解決でき、次の世代のために平和で豊かな未来を確保することができると確信する。すべては可能である。私たちはただ、コリアン・ドリームのオーナー（主人）を必要としているのだ。

音楽と文化の力

ＡＫＵに加盟してくる新しいメンバーは、それぞれ独自の貢献を運動にもたらした。これは、AKUの活動家一人ひとりがオーナーシップを持っていることの証しである。この運動はメンバーの取り組みによって推進され、コリアン・ドリームを世界中のコリアンの日々の生活の一部にするために、常に新しい創造的な方法が生まれている。

ワンコリア・ソング・キャンペーンは、AKUの機運をさらに勢いづけることに大きく貢献した。後にグローバル・キャンペーンとして発展できたのは、韓国国内だけでなく、より広い世界的コミュニティーで韓国のポップミュージックが持っている影響力とリーチを使って、人気あるAKUの文化プログラムを作り出したからである。

長い間、韓国のアーティストがアクセスしにくい市場であったアメリカでK-POPスターは、2012年までに熱い若いファンを獲得した。2019年には、世界中でK-POPスターが有名になり、アメリカではBTSなどがビルボード200で上位を占めるようになった。K-POPの曲やスターに対する若者の熱狂は、アメリカの人気ミュージシャンがかつて、ある社会的目的のために活躍していたことを思い出させた。アメリカのフォーク歌手や作曲家は、ベトナム戦争の終結に大きな影響を与えていた。そして、音楽の力で反戦を訴えることで、大衆の支持を集め、戦争終結にも影響を与えたのである。

このような歴史を踏まえ、私たちは韓国芸能界で最も有名なポップスター、歌手、作曲家、作詞家、プロデューサーなどの有名人の力を借りて、ワンコリア・ソング・キャンペーンを開始した。コリアン・ドリームのビジョンを共有した多くの人々は、自らの才能を意味のあることに使いたいと思うようになったのだ。音楽、芸術、文化を通じてコリアン・ドリームを推進するこの活動には、世界的なK－POPスターであるBTSやPsy、トップ男性グループのEXO、SHINee、CNBlue、Astro、女性グループのMomoland、Red Velvet、AOA、ソロのヤンパ、キム・ジョハン、ハ・ソンウンなどの有名な人々が続々と参加した。作曲家のキム・ヒョンソクと作詞家のキム・イーナは、すでに2度タッグを組み、コリアの統一のための楽曲を制作した。

初のコリア統一ソングは、特筆すべき創造的なコラボレーションによって始まった。楽曲「ワンドリーム・ワンコリア」は、2015年10月にソウルで開催された「ワンKコンサート」で、4万人の若者の前で30人以上のK－POPアーティストによって披露され、その様子はSBSテレビのネットワークを通して全国で放送された。これに続いて、統一をテーマにする全く新しいK－POPのジャンルを生み出すことになった。数年後、この楽曲は2018年の南北首脳会談の閉会式で使用され、世界的な認知度を獲得したのだ。

自国でこのような印象的なインパクトを与えてスタートしたワンKキャンペーンは、すぐに韓国を超えて広がり、人気の高いコリアン・オーストラリア人のダミ・イムやフィリピンのYouTubeで有名なサブリナやゼンディ・ローズのような受賞歴を持つ世界各地の歌手、作曲家、プロデューサーを巻き込んでいる。２０１７年にはフィリピンで、２０１９年には韓国の国会議事堂前広場でワンＫコンサートが開催され、世界中で放送され、コリアの統一と世界平和のメッセージで何百万人もの人々の心を動かした。

フィリピンでのコンサートは特に重要な意味があった。それは、韓流とその若いミュージシャンたちをアジアの若い海外ファンとつなげ、そのファンたちがコリアの文化と統一の大義に参加できるようにしたことである。ワンＫの歌は、ブラジルやケニアに至るまで、数百万人のＫ－ＰＯＰファンに届き、朝鮮半島の平和的統一への支持を表明したのだ。フィリピンの「ワンＫグローバル・ピース・コンサート」では、１万人の海外Ｋ－ＰＯＰファンが「ワン・ドリーム、ワン・コリア、ワン・ワールド（一つの夢、一つのコリア、一つの世界）」と叫んだ。

朝鮮半島の再統一に対する国際社会の幅広い支持は、多くの意味で、コリアが平和な世界に貢献するという極めて重要な役割を担っていることを裏付けるものである。グラミー賞を受賞した音楽プロデューサーであるジミー・ジャムとテリー・ルイスは、ニューヨークの国連本部で開かれた国際青年指導者会議での演説で、「朝鮮半島の統一は、違いがあっても人類が一つになれることを示し、それが世界平和への希望をさらに高める。そしてそれは、誰もが支持できることである」と語った。

音楽だけでなく、この運動は韓国の二大放送局であるMBCとSBSによる「コリアン・ドリーム」ドキュメンタリー番組の制作にも影響を与えた。また、韓国美術協会は、韓国美術祝典をプラットフォームとして、北朝鮮と韓国の芸術家の作品に焦点を当て、コリアン・ドリームへの認識を広めた。あまりにも多くのプロジェクトや取り組みがあるため、すべてを言及することはできないが、壁画、芸術作品、歌、ドキュメンタリー、奉仕事業、教育に関する取り組み、起業家プログラム、文化ツアーなどは、コリアン市民が日々の生活の中でコリアン・ドリーム実現に向けて行っている活動の一例である。

行動への呼びかけ

2019年は、コリアンにとって極めて重要な年であった。1919年3月1日の朝鮮独立運動から100年、日本の植民地支配から朝鮮半島が解放されてから74年という節目の年であったからだ。私たちは、これらの歴史的な転換点のような可能性と希望に満ちた入口に立っているのだと信じる。コリアン・ドリームを実現するための可能性は、手で触れるところまで近づいている。

１００年前、私たちの祖先はコリアン・ドリームを言葉にし、朝鮮独立宣言を書いた。その言葉は、大衆運動を生み出し、半島全体だけでなく、世界中の在外コリアン社会が抗議活動を展開した。しかし、このような機会が再び訪れるまでに、20年以上の歳月が必要だった。そして、その機会が再び訪れたとき、私たちは外部の勢力に服従し、その後70年間、私たちの運命を決定づけ、イデオロギー的対立に巻き込まれたのである。

１００年の歳月が流れたが、私たちはその夢を守り続け、朝鮮民族の拡大家族の文化の美徳の中で代々受け継ぎ、より大きな全体の利益のために生きる運命があるという倫理が一人ひとりの心に植え付けられている。弘益人間の精神は、私たちの家族の中に生き続けているのだ。このように、私たちは、コリアン・ドリームのオーナー（主人）たちが大勢いることを容易に想像することができる。私たち一人ひとりに内在したコリアン・ドリームの火を蘇らせるだけだからだ。

私たちの前にある機会は、１９１９年と１９４５年の時と同様である。しかし今は、私たちにはＡＫＵが先導する運動があり、韓国だけでなく北朝鮮や在外コリアンも含めたコリアンの決意を結集している。そして、国際社会はコリアン・ドリームを実現するために、私たちを支援する用意があるのだ。

私たちコリアンが先導しなければならない。私たちを分断する虚飾や外勢を排斥して、私たちの共通のアイデンティティーを再び結びつけなければならない。過去70年余りの分断は、私たちコリアンが一つの家族であり、一つの民族であるという事実を否定することはできない。私たちは我が国の誕生以来、追求してきた一つのアイデンティティーと一つの大志を共有しているのである。

歴史を学ぶ者として、私は崇高な目的のために団結した人々の変革の力を理解している。コリアンもまさにそうである。朝鮮半島の歴史における大きな変化は、すべて民衆が主導したものであった。20世紀初の非暴力の市民抗議活動を起こしたのも、壊滅的な戦争の後に団結して貧困から抜け出して経済的奇跡を起こしたのも、政府に軍事独裁から真の近代共和制への移行を迫ったのも、コリアンの「民衆の力」であった。コリアンが共通の目的を持って団結すれば、どんな苦難も消化し、どんな障害も克服することができるのだ。

本書の冒頭で、私はチンギス・ハンの「夢の力」という深遠な言葉を引用した。共有された夢、多くの人々に受け入れたビジョンは、世界を変えることができる。朝鮮半島にはまだ解決すべき大きな課題があり、中には一見克服できないように見えるものがあるが、私は今、すべての変革が可能な、重要な変曲点にいることを確信している。障害物を乗り越え、困難に見える違いを解決するために最も必要なものは、包括的なビジョンである。最高の理想を持つ国として統一されたコリアに導くビジョンがまさに、コリアン・ドリームなのだ。

過去の悲劇にとらわれず、今の現実にもめげず、コリアンの大志と価値を反映した新しい国の建設に取り組む決意をしようではないか。そうすることで、植民地主義という章を閉じ、冷戦の名残を断ち切り、わが国と北東アジア地域、そして世界のために自決と発展の新しい時代を切り拓く、国家変革の新しいモデルを作り上げることができる。

３・１運動の精神を受け継いだコリアン・ドリーム運動は、私たちの時代の新しい独立運動となるだろう。本章の冒頭でネルソン・マンデラの言葉を引用したように、「何事も成功するまでは不可能に思える」のである。私は、世界中の友人と支援者とともに、すべてのコリアンが、私たちの先祖と同じ決意を呼び起こし、この崇高な大義のオーナー（主人）となってくれることを心から要請する。彼ら先祖たちの時代の現実とは異なり、今日、私たちは、弘益人間の理想に一致したモデル国家を作る運命を完成することができるのだ。

皆がこの歴史的な運動に参加し、人類に利益をもたらす統一されたコリアを建設するコリアン・ドリームを共に実現していこう。

反響と評価

ヘリテージ財団 創設者

エドウィン・J・フォイルナー博士

私自身の職業生活を通じて、朝鮮半島に深い関心を持ち、その人々と心を通わせていた。今日、朝鮮半島は重要な転換点に立っていると私は信じている。しかし、その半島は分断されたままである。

朝鮮半島の分断は、この地域の将来の経済的繁栄にとって最大の障害であると同時に、世界の安全保障にとっても脅威であることに変わりはない。この状況を打開する過去の努力が失敗してきたことを前にして、学者や政策専門家は、統一は困難ではあるが、これまで以上に必要な道であると考えている。

統一はどうあるべきか、どうすれば実現できるのかが問われているのだ。そのため、ムン博士の著書『コリアン・ドリーム』は、最もタイムリーなものとなっている。さらに重要なことは、ムン博士の視点が朝鮮半島の統一に関する議論に、ユニークな貢献をしているということだ。本書の内容は驚くほど幅広いもので、朝鮮の歴史、文化、社会関係に基づき、統一が地政学的、経済的にもたらす結果にまで言及している。

そしてさらに、『コリアン・ドリーム』の最も注目すべき独創的な点といえるのは、統一コリアの包括的なビジョンとそのビジョンを導くべき原則の重要性、そして統一を追求する上で中心的な役割を果たす活発な市民社会の必要性を強調していることである。本書からはアメリカ人の一人として、アメリカ建国と独立宣言に深く敬意を表しながら、ムン博士の強調する根本的原則の重要性を理解することができる。統一コリアの意義は大きく、また刺激的である。彼はそのようなコリアを、第二次世界大戦以来存在する現在の人為的なイデオロギーと政治的分裂から一歩外に出た視点から見ている。

むしろ、彼は、何千年にもわたってコリアンを結びつけてきた歴史、文化、民族性といった共通の価値を重視する。その中核となるのは、朝鮮の文化と歴史を導いてきた根本的原則に注目していることだ。彼は「弘益人間」という原則を強調している。これは「人類の利益のために生きる」という意味であり、まさに朝鮮民族の起源と関連する原則である。

この原則は、朝鮮の歴史を通じて、崇高な理想と道徳の試金石として機能してきた。『コリアン・ドリーム』は、統一の追求を政府の独占的な領域から、国民全体の支持を得る必要性を強く示す。彼は、まず韓国国民、次に在外コリアン、特にアメリカや、日本、中国のコリアンについて考察している。

市民社会組織は、この関与を生み出すための中心的な手段である。アレクシス・ド・トクヴィルの著作を敬愛する私は、長い間、市民社会を形成し、広範な市民が関与する健全で活気に満ちた民主主義の表現である民間の任意団体の重要性を提唱してきた。

共通の理念、特に統一という共通の目標のもとに市民グループを動員することは、朝鮮半島の両地域に住むコリアンの将来にとって大きな意味を持つだろう。著者は、コリアンの平和で豊かな統一された未来のために尽力する団体の連合体である「Action for Korea United」の設立を通じて、そのようなプロセスの始まりを描く。私はこの連合の大きな会議に2度参加したが、そこで生み出されるエネルギーと希望は、統一された一連の原則が実践的なイニシアティブに転換されたことを証明するものであった。これはまさに、市民社会の最高の実例である。

現実的に朝鮮半島に大きな変化が起こる可能性がある。そして、北朝鮮がかつての支援国であり同盟国であった中国やロシアの支援を当てにできなくなることで、その可能性はより高まるかもしれない。統一に向けた動きと統一後の政治シナリオの両方において、現実的な課題を過小評価すべきではない。しかし、木を見て森を見ずではいけないのだ。

最後に、成功する市民社会の基盤は神の存在に対する信念であり、この信念が原則に基づいた人間の相互作用の基礎を形成するというのが私の確信である。これは、朝鮮半島だけでなく、より広い世界の将来の平和の基盤を見据えるムン博士の『コリアン・ドリーム』にも表現された見解である。

歴史的な転換期には、より広い視点が求められ、それは実用性だけでなく、原則がなくてはいけない。『コリアン・ドリーム』は、朝鮮半島の統一に向かう歴史的な動きにおいて、何が指導理念であるかをタイムリーに提供している。

ソウル大学校 名誉教授
朝鮮半島先進化財団 常任顧問

故・朴世逸（パク・セイル）博士

２０１４年初頭、朴槿恵大統領が統一大当たり論を唱えた後、統一に関する関心が急激に高まっている。統一に対し負担や費用として考えてきた国民の考えが、機会、または祝福と見る観点に変わりつつある。「大韓民国は統一に対して消極的ではないか」と見ていた隣国の専門家たちの考え方も大きく変わっているようだ。今では「大韓民国は統一に対して確固とした意志を持っているではないか」という考えに変わっている。大変望ましい変化である。

統一か分断か？　私たちの民族は、大きく決断すべき時へ急速に近づきつつある。北朝鮮は体制失敗の程度が深刻になっており、中国の国力は朝日が天空に昇るごとく極めて勢いがあるため、韓国が統一に対して消極的な立場を取り、後ろ向きになっていれば、北朝鮮の中国化（中国の辺境属国化）が速く進んでしまう危険は大きい。したがって、今こそが私たちの統一に対する意志と統一のための準備がとても重要な時点であるのだ。

そこで、私たちの社会では「どんな統一をするのか」「どのように統一するのか」「統一すれば、どんな利益があるか」等の議論、すなわち統一の政治・経済学的議論が活発になっている。ところが、こうした政治経済学的議論をする前に不可避ともいえる「私たちは、なぜ統一しなければならないのか」「統一の目的・価値・大義は一体何なのか」という統一の哲学と思想に対する議論はあまり行われていないように思われる。統一に対する議論において「いかに」だけがあって、「何故」がないと言うことだ。統一の〝方法〟に関する主張は多いが、統一の〝ビジョン〟に対する主張は見られない。

こうした状況の中で、統一の哲学と思想、統一のビジョンを論ずる本が出た。ムン・ヒョンジン会長の『コリアン・ドリーム』である。まさに、ここに本書が貴重な価値を有する理由がある。本書は長い期間にわたる多くの省察と思索を通して書かれたものと判断される。これは基本的に統一の哲学と統一の思想について話している。朝鮮半島統一の思想を、私たちの朝鮮民族伝来の民族哲学であり世界的包容性と人類的普遍性を有する思想「弘益人間」哲学から見いだしている。弘益人間の哲学を統一の哲学・統一の理念としなければならないという主張である。弘益人間が持っている他の宗教と民族に対する「大きな包容性」と人間の合理と理性を尊重する「大きな普遍性」こそ、私たちの民族の精神的資産であり誇りだという主張である。この誇り高き哲学と思想を国内外に広く知らせ、この思想に基づいて朝鮮半島の統一を成し、さらには東アジアはもちろん、全世界にこの思想の実現のための実践と努力が必要だという主張である。このような大きな使命感とビジョンを持って、まず朝鮮半島で弘益人間思想の実践に努めることが、まさに朝鮮半島統一の道であるという主張である。たいへん共感できるものである。

弘益人間は、決して過ぎし過去の時代の思想ではない。事実は、今後来る未来の思想であり先進思想である。弘益人間を統一の哲学として、さらに進んで東アジアの未来哲学として立てることができるという主張に全面的に同意する。合理的に左と右を調和させ、先進国と後進国を調和させ、東洋精神と西洋文明を調和させることができる思想が弘益人間である。この精神とこの思想に基礎を置いた時、朝鮮半島統一は朝鮮半島だけの祝福として終わるのではなく、東アジア、さらに進んで地球村すべての祝福として発展することができると考える。

政治経済学的にも朝鮮半島の統一は、明らかに東アジアの平和と繁栄の転機となるだろう。一方、朝鮮半島が統一に失敗すれば、北朝鮮が中国の辺境属国（蛮族）となる危険が大きくなる。つまり、中国の影響圏内に入る危険が大きくなるということだ。そうなると、南と北の紛争が激化するのはもちろん、東アジアには日米と中ロ間に熾烈な対決と敵対の時代、つまり、21世紀の「新冷戦時代」が開かれるだろう。したがって、多くの専門家たちは、朝鮮半島の統一なしに東アジアの平和と繁栄は不可能だと見ている。朝鮮半島が統一されてこそ、南と北の経済は相互補完の効果を期待することができ、大きく跳躍するであろうし、さらには中国の東北3省とロシアの沿海州と極東シベリア地域が同時に高度成長の時代に入ると思われる。そして、その結果、「東アジア経済共同体」と「安全保障協力体制」が登場するだろう。つまり、東アジアの繁栄と平和の時代が始まると見る。

しかし、新しい東アジア共同体の時代を開くには、経済的理解と安保的理解が一致するだけでは不十分である。必ず東アジア人すべてが共感して受け入れ、指示する「普遍的で先進的な思想と哲学」がなければならない。そうしてこそ初めて、東アジア共同体が成立することができる。普遍的な思想なしに、共同体が成立することはない。本書で主張する韓国伝来の弘益人間思想はまさに、東アジアの未来思想となり得るという主張に全面的に賛成する。つまり、弘益人間は、朝鮮半島統一の思想であるだけではなく、東アジア共同体の思想であり、さらに進んで21世紀の全人類の哲学となり得ると考える。

本書では、これまで人類が持っていた普遍的理想として、チンギス・ハンの夢、米国のアメリカンドリーム、そして統一朝鮮のコリアン・ドリーム、この3つを挙げている。興味深い主張である。これまで、私たちは解放以降、建国↓産業化↓民主化のために努力しながら、常に西欧から学ぶことに汲々として、私たちのもの、私たち伝来の素晴らしい伝統と思想と文化と価値を忘れて生きてきた。今や21世紀、私たちの大韓民国は、世界一等国家、つまり、先進化を志向する発展段階に来ている。単に西欧を模倣する段階から離れて、私たち伝来の思想と西欧の文明を創造的に融合する努力をすべき「創造的先進化」の段階に来ている。このように見た時、本書が強調するコリアン・ドリームの方向は、非常に正しいと思う。

また、本書では「大家族制度」の重要性を強調している。西欧の利己主義的個人主義の弊害を克服する道として、我が国伝来の大家族制度の復活を強調している。見方によれば、過去の伝統への復帰を主張しているようにも見えるが、私はむしろ、深みのある洞察だと考える。

これは特に今後、高齢化時代が本格的に展開する時、さらに深く考えるべき社会政策の方向である。私はまず、その方向は正しいと考える。問題は、どのように大家族制度というフレームを21世紀の経済的・技術的・精神的・文化的状況の中で具体化し制度化するかということである。大家族制度が成立し得る経済・社会的、精神・技術的環境をいかに作っていくかが問題になるだろう。

本書で主張する宗教指導者と霊性指導者を分けて理解する視覚も非常に興味深い。私たちの歴史には「ソンビ」という概念がある。ソンビとは純粋な韓国語で、私たちの民族の政治的・精神的・道徳的指導者を意味する。檀君は最初のソンビである。ところが私たちは、いつからかソンビ精神を失ったまま生きており、ソンビ文化が消える社会に生きている。単に特定宗教の指導者ではなく、宗教を越えた霊的指導者という概念は、韓国ではソンビと類似した概念ではないかと考える。私は普段、ソンビ精神を重視する「ソンビ民主主義」と「ソンビ資本主義」の必要性を主張してきたが、かなり類似した主張、すなわち、霊性指導者を重視する主張に本書を通して出会うことができ、さらに興味深かった。

しかし、ひとつ、もどかしいことがある。問題は、弘益人間の旗を掲げて統一を成す歴史的主体の問題である。誰が「弘益人間的統一」を推進するのかという問題である。本書では、NGOの重要性をかなり強調している。正しい話だ。しかし、新しい歴史創造のためには、市民社会、知識人、または宗教集団の覚醒だけでは足りない。もっと決定的なことは、政治的主体が先頭に立たなければならない。「弘益人間的統一」の旗を高く掲げ政治的主体たちが先頭に立ってこそ、初めて歴史が変わり始める。ところが、今私たちの政治の現実はまったくそれができていない。これが本書を読みながら感じる最も大きなもどかしさである。果たして、誰がこの「弘益人間的統一」を実践するのかというもどかしさだ。

現在の韓国では、国政の混乱がひどい。そのため国民の心配するところが大きい。国政混乱の原因は何だろうか。最も重要なことは、国家ビジョンの喪失、国民的夢の喪失、民族的理想の喪失から来るのではないか。

だから新しい国家ビジョンのために「統一大当たり論」を語り、そのビジョンを実現するために「国家改造」の必要性を主張する声が大きくなりつつある。しかし、重要なことは統一に関する単純な議論と戦略でもなく、単純な国家改造の当為性や政策の方向性でもない。本当に重要なことは統一の哲学であり、国家改造の思想である。「私たちはいかなる統一哲学と国家改造の思想を持って、統一の時代を準備しなければならないか」この問題がとても重要なのだ。

この問題について、本書はかなり考えている。そして、その答えを提示している。本書の出版を契機に韓国でもっと多くの統一哲学と統一ビジョン、そして国家思想と民族精神に関する研究と議論が活発になることを懇切に期待する。これまで私たちは、産業化と民主化のために西洋の思想的指針を受容し学ぶことに汲々としてきた。今や私たちの大韓民国が、地球村全体に新しい思想的指針を発信する時代を開くことができることを期待する。私たちの大韓民国が混乱している今日、地球村に光明を与える「東方の大きな灯」となる時代を開くことができることを切実に期待する。本書の出版を祝賀し、民族と国を愛して人類の平和と繁栄を祈願する多くの方々に一読をお勧めしたい。

元統一研究院院長

米国イースタンケンタッキー大学校 名誉教授

郭台煥（カク・テファン）博士

『コリアン・ドリーム』の著者・ムン・ヒョンジン博士は、歴史家・思想家・世界平和運動家・超宗教指導者、そしてダイナミックなスピーカー（dynamic speaker）でありながら情熱的な統一運動家である。博学な知識と未来に対するビジョンを記した彼の本に推薦の辞を書くことができることは真に光栄なことであり、この文章が読者たちが本書を理解する一助となることを願う。

ムン・ヒョンジン博士と私が初めて出会ったのは、２０１1年ソウルでグローバル・ピース・ファウンデーション（ＧＰＦ）が開催した朝鮮半島統一をテーマとした国際会議の場だった。そのイベントでムン・ヒョンジン理事長の基調講演を聴いて大きな感銘を受け、著者が提唱するグローバル平和論に興味を持ち、ＧＰＦのミッションをこれまで、情熱的に支持してきた。当時、彼は本書で紹介しているコリアン・ドリームを唱えていた。情熱的でダイナミックな英語のスピーチで、彼は自分が構想している朝鮮半島統一が追求すべき未来のビジョンを歴史的観点から提示し、世界各国から来た参加者を感動させ、情熱的な拍手喝采を受けた。南北の平和統一のための彼の構想と、地球村でＧＰＦが実践している様々な活動は、私に大きな感動と新鮮な衝撃を与えた。

私は、生涯を通して朝鮮半島問題解決のために研究してきた国際政治学者として、また韓国政府のシンクタンクである統一研究院（Korea Institute for National Unification）の元院長として、昨今の朝鮮半島問題が迷宮に陥っており、南北関係がますます硬直している様相を見た時、無念さを禁じ得ない。また保守と進歩間の統一に関する議論自体が南南葛藤のもう一つの要因となり、合意点を見いだせずにいる現実に対して胸を痛めている。

ムン・ヒョンジン理事長は、今後朝鮮半島問題をいかに解決し、平和的統一をいかに成して行くかについて、本書で唱えるコリアン・ドリームを一つの代案として提示している。彼は、私たちが平和的に南北統一を実現するためには、何よりも統一コリアが今後どのような国になるかについての未来のビジョンをまず決定し、国民的合意を得なければならないと強調する。

私は、朝鮮半島の統一を実現するための具体的な方案を研究してきた学者として、この斬新で革新的な朝鮮半島統一の未来のビジョンと構想に感動した。私の心を完全に揺るがし魅了する内容が本書にすべて書かれており、弘益人間の理念に基づいて朝鮮半島統一の当為性が説得力を持って整理されている。

著者は、南北統一を通してなさなければならないワンコリア（One Korea）の新しい国は、単に南北コリアを一つにすることに満足するのではなく、新しい国・先進国家建設でなければならず、その新しい国はまさに私たちの民族が5000年間、理想として夢見てきた新しい祖国建設とならなければならないと強調している。特に彼は、私たちの朝鮮民族の歴史を回顧することを注文する。

筆者は、私たちの朝鮮民族は非常に重要な歴史的事実を見落としていると説破している。日本植民地からの解放と朝鮮戦争、そして体制競争で過ごした数十年間、先祖が代々に渡って成そうとして来た理想と目標があったことを、私たちの朝鮮民族は忘れて生きてきたと証言する。血統だけではなく、理想（ideal）と目標において私たちが一つであったという事実を忘れており、この最も重要なことを忘れたまま、私たちは統一の話をしてきたのだ。ところが、著者はまさに私たちが戻らなければならない私たちの本来の姿、私たちの本来のアイデンティティー（identity）こそがまさに統一の目標であり、この最も重要な部分を忘れてはならないと強調する。そして、統一の目標に対する合意なしに、手続きと過程を計画することは望ましくないと強調している。

朝鮮半島の統一は、休戦ラインをなくし、一つの政府を構想することが最終目標ではない。それは過程に過ぎず、何よりも重要なことは、私たちの民族が本当に一つになることだと強調する。彼は「それでは何をもって私たちの民族は一つになるのか？」と尋ねる。彼は現在の韓国の国論が統一されていると言うことはできないし、進歩と保守間の葛藤は激しい平行線を辿っており、私たちは何一つ国民的合意を得ることができない状況に処していると主張する。さらにこうした状況で南北統一をすれば、何をもって私たちの民族を一つにし、和合と繁栄を成すのかと反問する。したがって私たちのすべての民族が共感できるアイデンティティーを発見することは、何よりも重要なことであり、このアイデンティティーが統一の基礎となるべきだと彼は強調する。

彼は、私たちのアイデンティティーを5000年歴史の中から発見しようとする。私たちの民族は、5000年の歴史の出発から「弘益人間」という建国理念を持って歩みだし、この弘益人間の理念は私たちの民族の歴史を貫いて理想的政治体制と民族共同体建設のための基本となっており、私たちの民族の人生に投影されて、非常に特別な民族性を形成してきたという事実をうまく指摘している。

著者、ムン・ヒョンジン博士は、世界の人々の前で、私たちの民族が夢見てきた国は、人間の価値と尊厳性を最も重要なものと考える国であり、誰もがワンファミリー・アンダー・ゴッド（One Family Under God、神の下の一家族）として生きる国となることだと大胆に主張しているが、私はこれに共感する。したがって統一コリアは、左右の対立、宗教文明間の葛藤を超宗教的に解消し、洋の東西の文化的長所を融合して新しい文明を創造し、北東アジアの平和を越えて、地球村の平和と繁栄を導く新しい国家建設が彼の「コリアの夢」であり、私たち民族すべての夢となることを願うと強調する。

著者は、南北分断を克服し南北統一という長期的な目標を実現するためには、私たちの夢は大きく偉大なものでなければならないと主張する。私は、本書が、偉大な夢だけが南北コリアのすべての国民の心を揺さぶって目覚めさせ、新しい統一国家を建設することができると強調することにより、その偉大な夢を抱くようにする道案内の役割をしていると確信する。著者がGPFの人道主義的事業と活動を通して全世界で展開している努力は、ムン・ヒョンジン理事長自身の夢であるに違いない。南北統一と世界平和のため彼の活動は、北東アジアだけでなく、南北アメリカ、アフリカ、東南アジアなど、5大洋6大州でグローバル平和事業とビジョンを中心に躍動的に、そして黙々と実践・履行されている。このように彼の名声がコリアン世界平和主義者として浮上していることを、私は本当に誇りに思うし、彼の努力に心から感謝する。

また著者は、激動する国際体制の根本的変化と北朝鮮の内部状況を鋭く分析して、南北統一が遠い未来の問題ではなく、短期的に私たちがそのために準備すべきことであると強調する。そして、その運命の主人は外国勢力でも政府でもない、まさに私たち自身であるとして、私たちの覚醒を促している。市民社会、NGO、宗教指導者、海外同胞たちが、いかなる重要な役割をすべきかについても具体的な提案をしており、特に今後、南北関係が進むべき方向も提示している。著者は本書で韓国史と世界史、西洋近代哲学と民族思想、普遍的原則と価値を説明することにより、個人と共同体が追求すべき道徳と倫理基準を提示し、またテロとの戦争の原因である宗教文明間の衝突問題に世界的な解決策を提示している。彼はまた、遠大なコリアン・ドリームを論じながらも、狭い民族優越主義に陥ることなく、世界的な観点で全人類のための私たちの民族の使命についても論じており、本書の価値をさらに高めている。

最後に、私は本書が南北統一を準備しながら民族的覚醒を促す稀な力作だと考える。本書から著者の博学な知識と鋭く洞察力ある分析、未来のビジョンと提案に多くの読者が共感することを期待する。本書が持つ核心的メッセージを考慮した時、大韓民国の国民だけではなく、世界各地で暮らしている海外同胞もぜひ読むべき必読書だと考え、積極的に推薦したいと思う。特に本書を北朝鮮の同胞と指導層が読んでくれたらと願う。

コスタリカ国立大学教授

オスカル・アルバレス・アラヤ博士

グローバル・ピース・ファウンデーション創設者・理事長のヒョンジン・P・ムン博士の『コリアン・ドリーム――統一コリアへのビジョン』という素晴らしい著書を私は推薦する。ムン博士は著書の中で次のように書いている。父が金日成に会った後、北朝鮮への門戸が開かれた。しかし、この時は、その機会を発展させるための明確な国家ビジョンも、共有する目的や戦略がなかった。良い知らせは、今まさにムン博士が著書の中で、統一コリアのためのこのビジョンと戦略を書いていることである。世界の平和指導者が、政治的や経済的統合以上のものを提供し、普遍的な原則と道徳的価値に基づいた北東アジアの平和プランを私たちに与えてくれている。

グアテマラ共和国元大統領
中米統合のためのエスキプラス財団 創設者・会長
マルコ・ビニシオ・セレソ

ヒョンジン・P・ムン博士は、私たちがワンファミリー・アンダー・ゴッドであることを尊重する平和の人である。本書は、統一コリアへのビジョンと力強い夢に基づいて、彼の平和の原則を通して希望を与え、朝鮮の歴史的な哲学である弘益人間（人類の利益のために生き働く）を追求することの価値と重要性を私たちに思い起こさせ、読み応えがあるインスピレーションである。私たちが調和してワンファミリー・アンダー・ゴッドとして生きることができるように、世界的な平和運動を構築する彼の献身とリーダーシップに感謝する。

フィリピン共和国元下院議長（5回）
ホセ・デ・ベネシア

ヒョンジン・ムン博士は、北東アジアと世界における平和、安全、和解のための信頼できる道徳的力である。本書では、朝鮮半島の再統一をもたらすビジョンを語っている。実際に、彼はトラック2外交で市民社会を動員し、紛争を減らし、家族やコミュニティーを強化し、小さいが評価できる方法で、人類の経済・社会発展に寄与している。

ドーレー証券グループ 創設者
元駐コートジボワール米国大使
ハロルド・E・ドーレー・ジュニア

今、世界のホットスポットのひとつは、北朝鮮と韓国の終わりの見えない不安である。本書は、この二つの国と一つの民族の統一のために、朝鮮半島の対立の解決と彼らが直面している課題にアプローチしている。また、北朝鮮で実験され、改良されていると私が考えているイランの核爆弾能力のような世界的な危機も取り上げている。したがって私は、読者にムン博士の『コリアン・ドリーム』を研究することをお勧めする。この著書は、朝鮮半島と世界の平和に向かう説得力のある道筋を示している。

セイシェル共和国 初代大統領
故・ジェームズ・R・マンチャム卿

『コリアン・ドリーム』の出版に際して、ヒョンジン・ムン博士におめでとうと言いたい。私の経験から、ムン博士が強調する、万人にとって良い共通の夢に基づく統一と、権利と責任の両方を強調する高潔な普遍的で枠を超えた原則は、朝鮮半島、あるいは、民族、宗教、イデオロギー、政党によって分断されたいかなる国の統一をも実現するために必要であると証言する。

伝道師・作家

ロバート・A・シュラー博士

ヒョンジン・P・ムン博士の個人的な友人として、私は彼が人類に対して心からの尊敬と愛を持っていることをお伝えする。彼の魂の奥底には、世界中に平和を創り出すという願いがある。朝鮮半島はその筆頭である。朝鮮半島を統一するための彼のビジョンは人から人へと広がっていくものだ。彼の洞察と計画は実行に移されなければならない。朝鮮半島が平和を経験する機は熟した。成功は可能だ。夢を信じよう。本書を読んでほしい。

忠南大学校政治外交学科 教授
平和問題研究所 所長

申 進（シン・ジン）博士

本書は、朝鮮半島統一について、既存の通念を越え、非常に素晴らしいアプローチを試みている。本書で著者は、全世界に広がっている朝鮮民族を一つに統一することができる新しい国家建設についてのビジョンと洞察をよく示している。著者の洞察は、現在の政治的変化と朝鮮民族のアイデンティティーを、統一がもたらす実質的な利益、安全と経済成長に対するビジョンにつなげている。本書は大学での教材として使用されるだけの十分な価値がある。

韓国語版の推薦の言葉より抜粋

小説家

卜鉅一（ポク・コイル）

『コリアン・ドリーム』は、統一を大きい脈絡の中で扱った著作である。著者ムン・ヒョンジン氏は、統一に関する現実的な議論を始めるためには、同じ朝鮮民族として誰もが共感することができる共通分母が必要だと指摘する。そして「新しい国家建設の基礎となる原則と価値、統一に対する念願や夢に関する真摯な議論がまず起こらなければならない」と強調する。政治及び経済システムをはじめとする統治制度に関する議論は、その後の話である。統一した後に私たちが共有する未来に対する姿についての議論が、統一の過程に関する議論に優先されなければならないという指摘は卓見である。

北朝鮮民主化委員会 委員長
大統領所属 国民大統合委員会 委員
ホン・スンギョン

『コリアン・ドリーム』は、統一朝鮮の未来である。ムン・ヒョンジン博士は、彼の著書で「コリアン・ドリームは朝鮮半島に平和と繁栄をもたらし、統一国家として北東アジア地域と世界に利することだ」と規定している。「コリアン・ドリーム」は、統一朝鮮の新しいモデルであり構想であるが、それに対する詳細な分析と内容、それを実現するための具体的な方案まで詳細に明示することで、私たちの目標を明らかにしてくれる貴重な著書である。ムン博士は、コリアン・ドリームを実現するためには統一を成すことが最初の課題だと記述することで、私たちの世代の課題を明白なものにした。

韓国言論人会 論説委員
元世界日報論説室長
チョ・ギュソク

著者は、弘益人間を理念とする朝鮮半島統一を、民族の念願とするだけでなく、北東アジアと世界の未来につなげて把握している。弘益人間の理念とその理念で統一された朝鮮半島は、北東アジアの安定だけではなく、世界平和実現のためにも絶対的な要件だということだ。本書『コリアン・ドリーム』を、一般人はもちろん、政府の統一政策当局者、学界の統一問題研究者たちが一読することをお勧めする。

慶熙大学校 政治外交学科 客員教授
イ・ジンゴン

ムン・ヒョンジン氏の『コリアン・ドリーム』は、世界史的・文明史的次元で朝鮮民族の統一を見つめて語っている。彼は、私たちの民族の精神的表象であり所望である「弘益人間」の実践を通して統一をなし、世界一家族となるという遠大な夢を披歴している。「広く人間に利する」という私たちの民族の理想で「恒久的平和を謳歌する地球大家族」をなすことが彼の夢であり、『コリアン・ドリーム』の結論であると理解する。「すべての人たちが共に見る夢は現実となる」『コリアン・ドリーム』は、その夢への招待状である。

詩人

金芝河（キム・ジハ）

私の夢、あなたの夢、私たちの夢。この3つの夢がひとつの夢として融合したものが、まさに「コリアン・ドリーム」である。

コリアン・ドリームを実現する
3・1独立運動100周年記念版の紹介

『コリアン ドリーム――統一コリアへのビジョン』の出版から数年が経とうとする中、この本は常に提示したビジョンを実現するための触媒となってきた。

2014年以来、朝鮮半島への認識を世界的にもたらし、分断された半島が再統一に向かうための重要な前進がなされた。グローバル・ピース・ファウンデーション（GPF）とアクション・フォー・コリア・ユナイテッド（AKU）は、コリアン・ドリームのアプローチに対する理解と支持を国際的に、とりわけ韓国の中で進めるために協力し、政策専門家や大学、一般市民、特に若者たちを巻き込んできた。

『コリアン・ドリーム』は、市民社会連合体のAKUのダイナミックな市民運動に刺激を与えている。AKUは2011年に発起され、2012年に設立されて以来、急速に成長しており、現在ではコリアン・ドリームを支援する千以上の団体が加盟するまでになった。最近では、AKUのネットワークを拡大し、世界194カ国に740万人以上いる在外コリアン、特に大きな拠点がある日本と米国で、彼らの参加を呼びかけている。

コリアン・ドリーム統一アカデミーは、このテーマに関する公開フォーラムを継続的に実施するために活動している。4千人以上の大学生がセミナーに参加し、韓国政府との協力により、中高生向けの教科書も出版してきた。

GPFは、韓国でコリアン・ドリームと統一に関する専門家による政策フォーラムを開催している。ワシントンD.C.では、米国の代表的な国際問題シンクタンクである戦略国際問題研究所と共同で、統一に関する5回シリーズのフォーラムを開催。これらのフォーラムは、朝鮮半島の統一が政策立案者や専門家の最重要課題であることを示すのに貢献した。

アウトリーチは、専門家、学校、大学の枠を超えて行われている。また、ワンKグローバル・キャンペーンを通じて、文化的なアウトリーチも積極的に行う。キャンペーン開始時のハイライトは、韓国を代表する作曲家とのコラボレーションによる「新時代の統一の歌」の制作だった。楽曲「One Dream One Korea」のミュージックビデオには、K－POPアーティストと党派を超えた政治家が参加し、連帯感を表現した。2015年10月にソウルで開催された第1回ワンKコンサートでは、4万人の若者を前に30以上のK－POPアーティストが出演。この楽曲はこのコンサートで最高の盛り上がりを作った。この全プログラムはSBSで全国放送されたのだ。2018年に板門店で開催された歴史的な南北首脳会談では、この楽曲がテーマソングとして使用され反響を呼んだ。

このキャンペーンは、その後、グローバルに展開した。2017ワンKコンサートは、フィリピン、マニラのモール・オブ・アジア・アリーナで開催され、ピーボ・ブライソン、ダミ・イム、エドレイ、ゼンディー、サブリナなどの世界的アーティストが、Psy、SHINee、CNBlue、BAP、BtoB、AOA、B1A4などのK－POPスターとともに参加した。グラミー賞受賞者のジミー・ジャム&テリー・ルイスがプロデュースしたこのコンサートで、新しい統一の歌「コリアン・ドリーム」が初公開された。

2019年3月1日の第3回ワンKコンサートは、1919年3月1日の朝鮮独立運動100周年記念事業の一環として、ソウルの国会議事堂前広場で数十人のワンKスターが出演し、3・1運動から100年を祝い、統一と平和の未来を描くために開催された。

他にも、多くの人々が統一の課題を実践的に理解できるプログラムがある。毎年行われる統一プロジェクトや学生を対象とした統一作文コンテストもその一例だ。「1000ウォンの力」キャンペーンは、若い学生が、毎日少しずつお金を貯めて、北の孤児たちに食事を提供するパン工場を支援する活動である。AKUはまた、韓国で増え続ける北朝鮮脱北者と積極的に関わり、彼らが現代の都市生活に適応できるよう、実践的な支援を行っている。また、北朝鮮に残してきた人々に情報を送ることを希望する脱北者グループとも連携して活動している。

このようなコリアン・ドリームへの支持の高まりは、韓国メディアによってその詳細が報じられている。日刊紙、主要雑誌、テレビ局のすべてで取り上げられ、SBSは2019年3月1日のイベントの放送パートナーとして韓国全土で生放送し、その後も複数回再放送した。さらにSBSは特別番組を制作し、アジア地域のネットワークを通して放映された。ビデオメッセージ・ドライブなどのソーシャルメディア・キャンペーンは、世界中の何万人もの人々にコリアの課題を伝え、コリアン・ドリームを実現するための意識と関心を向上させているのだ。

2019年は、1919年3月1日「独立宣言書」に表現された理想の国家ビジョンによって朝鮮民族が結集してから、100年を迎えた。この重要な節目に、『コリアン・ドリーム』100周年記念版を出版した。この重要な100周年記念版が、私たちの夢である「一つのコリア」のビジョンの実現を進展させていくことを希望する。

『コリアン・ドリーム』3・1独立運動100周年記念版編集チーム

著者プロフィール

ヒョンジン・プレストン・ムン（Hyun Jin Preston Moon, 文顯進）

ヒョンジン・プレストン・ムンは、弘益人間理想を中心として朝鮮半島を再統一する運動の推進者である。ムン博士は、韓国内外の専門家が統一は不可能と見ていた２０１０年に「コリアン・ドリーム」の枠組みを発表した。このフレームワークは、朝鮮半島統一のための最大の草の根組織である「アクション・フォー・コリア・ユナイテッド（ＡＫＵ）」を中心とした世界的な運動へと発展している。

ＡＫＵは、何千人もの韓国国民が、共通の歴史と願望に基づいた平和的統一のための自主的なイニシアティブを開発しながら、統一の取り組みに参加している。現在、ＡＫＵの会員には千を超える市民団体が含まれる。また、日本、米国、英国にも支部が設立され、在外コリアンのコリアン・ドリーム活動への参加も呼びかけている。

ムン博士は、朝鮮の独立とその発展に4世代にわたって重要な役割を果たした家系に生まれた。この32年間、愛国心と世界への奉仕という一族の遺志を継いできた。ムン博士は

18歳の時、ソウル・オリンピックで韓国代表の馬術競技チームの最年少選手として出場。4年後の1992年、スペイン・バルセロナで開催された夏季オリンピックに再び韓国代表として出場した。そして、オリンピック選手としての国家的な貢献が認められ大統領府から表彰された。

アメリカのコロンビア大学では、歴史学者ケネス・ジャクソン博士のもとで歴史を学び、戦間期の朝鮮半島をテーマとした卒業論文を書いた。その後、ハーバード・ビジネス・スクールで経営学修士号（MBA）を取得。その他、統一神学校で宗教教育修士号、ブラジルのウニアニャグエラ大学ゴイアス・センターで名誉教授、韓国の鮮文大学で名誉博士号を取得した。

ムン博士は、父である故ムン・ソンミョン師と協力し、韓国の経済発展や世界の人道支援に大きく貢献する国際的な財団を設立するなど、その生涯の大半を父と共に歩んできた。1991年、ムン師は韓国の公人として初めて金日成主席と会談するという画期的な北朝鮮訪問を実現させた。この歴史的な会談は、離散家族が対面する道を開いただけでなく、関連会社や他の韓国企業による製造業や観光業の開業にもつながった。

父が北朝鮮を国際社会に開放してから10年後の2001年、ムン博士は世界的な非営利団体サービス・フォー・ピース（Service for Peace）を設立し、世界各地でボランティアが継続的に地域開発プログラムに参加した。サービス・フォー・ピースは、韓国と北朝鮮の共同プロジェクトを促進するために、北朝鮮入国が許可された最初のボランティア団体となった。現在では、国連から特別諮問機関としての地位を得ている。

さらに、韓国への貢献だけでなく、世界各地でのリーダーシップ育成や人道的活動でもよく知られている。深い信念と確信を持つムン博士は、次のように考える。

――平和を構築するために最も重要な要素は、精神的な原則と価値に導かれた道徳的かつ革新的なリーダーシップである。

この信念に基づき、30年以上にわたって、世界的な平和構築の取り組み、国家建設のロードマップ、家族強化の取り組み、宗教的過激派に起因する紛争を含むアイデンティティーに基づく紛争解決に取り組んできた。２０００年初頭から、ムン博士は父とともに、普遍的な原則、共通の価値観、平和大使としての共同行動に献身する指導者の世界的ネットワークを構築し、人類が直面する重大な課題に取り組むなど、普遍的な平和を追求する活動を通じて国際的かつ宗教間における平和構築の取り組みに力を注いできた。

２００９年に、グローバル・ピース・ファウンデーション（ＧＰＦ）を設立し、現在理事長を務める。20カ国以上で活動するGPFは、「ワンファミリー・アンダー・ゴッド」のビジョンに基づき、革新的な価値に基づいた平和構築のアプローチを推進・実践している。GPFは、そのビジョンを共有するパートナーとのネットワークを拡大しながら、世界各地でアイデンティティーに由来の葛藤・摩擦の解決に取り組むためのコミュニティー主導の平和構築モデルを効果的に作ってきた。アフリカでは、2008年以来、ケニアにおける選挙後の暴力を緩和し、同国が新憲法を策定・批准する際に根本的な理想の重要性を推進する上で、GPFが不可欠な役割を果たしたことが評価された。

また、ナイジェリアの最も困難な紛争地域で実施された「ワンファミリー・アンダー・ゴッド平和構築キャンペーン」は国際的に高く評価され、他の多くの地域でも成功裏に展開している。米国において、GPFは都市の平和構築の取り組みに積極的に参加し、連邦・州・地方機関と協力しながら暴力的過激主義や標的型暴力の防止に努めている。またアジアでは、共通のビジョンと精神的原則で結ばれた多世代・多部門・異宗教間の強力なリーダーシップネットワークを育成し、ミレニアム平和フェスティバル、グローバル・ユース・サミット、平和と開発を確保するためのオールライト・ビレッジ・プロジェクトなどの革新的な取り組みを生み出してきた。GPFはヨーロッパを紛争地域の指導者たちが平和を学ぶ場として活用している。

さらに、ＧＰＦはラテンアメリカ、特にパラグアイにおいて、新たな視点と革新性を追求しながら、国家を変革するプロセスを提示してきた。これらの地域で、精神的な原則と価値に基づき、道徳的で革新的なリーダーシップによって国家を変革するプロセスを実証してきた。また、パラグアイの著名なシンクタンクであるＩＤＰＰＳ（Instituto de Desarrollo del Pensamiento Patria Soñada）や、10数カ国の元首脳によるラテンアメリカ大統領ミッションなど、良き統治、社会統合、持続的発展を促進する重要な組織の設立に尽力している。

２０１７年、ムン博士と妻のジュンスク・ムン博士は、ファミリー・ピース・アソシエーション（ＦＰＡ）を共同設立した。ＦＰＡは、平和な世界の土台となる神中心の家庭を築くために、個人、家庭、団体に働きかけている。ジュンスク・ムン博士はジュリアード音楽院で学んだピアニストであり、グローバル・ピース・ウィメン（ＧＰＷ）の議長を務めている。２人はアメリカで30年以上にわたって結婚生活を続け、９人の子どもの両親であり、現在７人の孫がいる。子どもたちのうち２人はアメリカ陸軍士官学校を卒業し、１人は現在同校に在学中である。

著者プロフィール

ヒョンジン・プレストン・ムンに関する詳細は下記からご覧ください。

Website	www.hyunjinmoon.com
Twitter	HyunJinPMoon
Instagram	hyunjinpmoon
Facebook	hyunjinpmoon（英語）
Facebook	moonhyunjin.jp（日本語）
YouTube	HyunJinPMoon（英語）
YouTube	ヒョンジン・P・ムン（日本語）

本書についての
ご意見・ご感想はコチラ

KOREAN DREAM
統一コリアへのビジョン
3・1独立運動100周年記念版

2023年1月31日　第1刷発行

著　者　ヒョンジン・プレストン・ムン
発行人　久保田貴幸

発行元　株式会社 幻冬舎メディアコンサルティング
〒151‐0051　東京都渋谷区千駄ヶ谷4‐9‐7
電話03‐5411‐6440（編集）

発売元　株式会社 幻冬舎
〒151‐0051　東京都渋谷区千駄ヶ谷4‐9‐7
電話03‐5411‐6222（営業）

印刷・製本　瞬報社写真印刷株式会社
装　丁　うちきば がんた
検印廃止

Printed in Japan
ISBN 978-4-344-94472-5 C0030
幻冬舎メディアコンサルティングHP
https://www.gentosha-mc.com/